荊木美行著

東アジア金石文と日本古代史

汲古書院

東アジア金石文と日本古代史　目次

東アジア金石文と日本古代史

第Ⅰ部　金石文の研究

第一章　集安高句麗碑の発見とその意義

―『集安高句麗碑』の刊行に寄せて―

一、新たな発見

西暦二〇〇四年に西安で発見された井真成の墓誌、そして西暦二〇〇六年、同じく西安でみつかった祢軍墓誌は、いずれも日本古代史の研究にも関聯の深い、重要な史料である。これらの新発見によって、金石文に対する関心が再燃したといってよい。また、これと前後して国内でも、福岡市郊外の元岡古墳群のG6号墳から西暦五七〇年にあたるとみられる「庚寅」の干支を刻んだ鉄刀が出土。さらに、直接の発見ではないが、広開土王碑の未公開拓本や所在不明だった水谷悌二郎旧蔵拓本が確認されるなど、金石文研究に刺戟を与える出来事が相次いだ。

こうした貴重な新発見はそう続くこともあるまいと思っていたが、今年一月になって、中国で大きなニュースが報じられた。西暦二〇一三年一月四日附の『中国文物報』に「吉林集安新発見高句麗石碑」と題する記事が出たことは、記憶に新しい。これによれば、広開土王碑の所在地で知られる、高句麗の旧都集安（かつての国内城、現在の中華人民共和国吉林省通化地級市集安市）から、この碑ときわめて深い関係にある石碑が発見されたとのことである。これは、集安市麻線村の村民が麻線河に石を採集に行ったときに偶然発見したもので、その後、専門家による鑑定によって、高句麗時代の石碑と認められたという。のちに「集安高句麗碑」と名づけられる新史料である。

高句麗時代の石碑としては、前述の広開土王碑と中原高句麗碑の二つが知られていたが、今回の発見はそれに次ぐ。『中国文物報』には、碑文の全文（判読できる部分のみ）とともに、その史料的価値についても言及されており、それを読んだわれわれ日本の研究者は、一刻もはやくその詳細を知りたいところであった。筆者も、正式な報告書の刊行を心待ちにしていた一人だが、このたび、吉林大学出版社から、集安市博物館編著『集安高句麗碑』が刊行されたことは、慶賀にたえない。刊行は、奥付によると、西暦二〇一三年一月第一次印刷とある。石碑の発見が西暦二〇一二年七月二十九日だから、発見からわずか五箇月のスピード出版である。

ただし、筆者が、予約を依頼した東方書店を通じて実物を入手したのは、六月に入ってからである。一月発行とあるので、あるいは、『中国文物報』の記事も、報告書の刊行に合わせた記者発表などをもとにしたものかとも思われた。しかし、『中国文物報』の掲げる釈文では二一八字中一五〇字だったものが、このたびの報告書では一五八字に増えている。そうなると、どうも、『中国文物報』報道も、報告書の記載をもとにしたとは思われない。また、記事には、この石碑の研究のために専門家によるチームが組織されたことがしるされてはいるが、報告書の刊行についてはいっさいふれていない。そこから判断すると、どうやら、『中国文物報』紙上の報道は、報告書の刊行前のものらしい。いずれにしても、正式な報告書が刊行された以上は、これにもとづいて考える必要がある。そこで、小論では、報告書の紹介もかねて、この石碑の意義についてのべてみたい。

二、『集安高句麗碑』

はじめに、以下の記述のよりどころとなった『集安高句麗碑』について、かんたんに説明しておく。

前述のように、同書は、集安市博物館編著で、版元は吉林大学出版社。Ａ４判総二一六頁に及ぶ大冊で、カラーをふくむ図版四三点を随所に掲げた豪華版である。石碑の発見されたのは二〇一二年七月末のことだが、直後の十一月には国家文物局と吉林省文化庁・文物局が専門家からなるチームを結成し、石碑の研究にあたった。チームには、広開土王碑の研究で知られる耿鉄華氏や徐建新氏も加わっておられるが、こうした研究者が中心になり、釈文を確定し、内容を分析したのが、本書である。本文は、「一、集安高句麗碑出土記」「二、集安高句麗碑調査」「三、集安高句麗碑釈文」「四、集安高句麗碑文書体比較」「五、集安高句麗碑研究」「六、集安高句麗碑価値」「七、集安高句麗碑技術保護報告」「八、集安高句麗碑日誌」からなる。

一は、出土状況や発見の経緯、二は出土地の環境や石碑の現状について、それぞれ解説したもの。三の「釈文」では、拓出した文字を拓本によって一字一字写真で示すとともに、個々の文字の大きさや形状をこまかい数値で示す。さらに、四において、集安高句麗碑とかかわりが深いと思われる広開土王碑・中原高句麗碑・冉牟墓誌の字形との比較を示す。書体の関聯性などを解明するうえで参考になるデータである。また、つづく五は、集安高句麗碑の碑文の内容についての研究だが、この部分は本書の命脈ともいえるので、のちに詳しく紹介したい。六は、集安高句麗碑について、他の金石文をも紹介しつつ、その歴史的価値・藝術的価値を論じたもので、七は、石碑の保存処理についての記述、最後の八は調査日誌である。

なお、附録として広開土王碑・中原高句麗碑・冉牟墓誌の写真と釈文を掲げており、きわめて行き届いた編輯である。以下、この『集安高句麗碑』によりつつ、集安高句麗碑とその内容についてみておきたい。

三、発見者と発見場所

石碑は、吉林省麻線郷麻線村の村民馬紹彬氏が、麻線河に石を拾いに行って、河原で発見して掘り起こしたものである。鍬を使って掘り出してみると、それは大きな石板で、しかも、表面には文字が書いてあることが判明した。文物にちがいないと思った馬氏は、ショベルカーを雇って石板を自宅の玄関前に運ばせて保管し、文物保護派出所に聯絡したというから、この貴重な発見は、彼に負うところが大きい。慾をいえば、出土現場に石碑を留めたまま聯絡すべきだったろうが、一市民にそこまで望むのは無理である。ただ、中国出土の墓誌には、出土地も定かでない盗掘品が少なくないことを思えば、集安高句麗碑は出土地点がはっきり確認できるだけでもありがたいといわねばならない。報告書は、この第一発見者の馬氏の写真だけでなく、本人の生年月日・経歴・家族構成までしるしているが、これは、発見の経緯に嘘いつわりのないことを暗に主張しているのであろう。

石碑が出土した麻線河は、老嶺山脈の南麓に源流があり、北から南にむかって、麻線溝盆地を経由して鴨緑江に注いでいる。

集安高句麗碑は、この麻線河の右岸で出土したが、じつは、このあたりは、洞溝古墓群麻線墓区の中心地帯である。洞溝古墓群には、万を超える高句麗時代の墳墓がある。その範囲は、東西は青石鎮長川村から麻線郷安子溝に至り、南は鴨緑江附近、北は連山に及んでいる。距離にして、東西約四〇キロ、南北は二〜四キロといったところである。

古墓群の総面積は一一三三四・六八ヘクタールだが、のちに新しく定めた洞溝古墓群の保護範囲は、三九一四・〇二ヘクタールに及ぶ。『一九九六年実測洞溝古墓群索引』によれば、洞溝古墓群の古墓の総数一一二五七、六つの墓区にわけられる。その内訳は、下解放墓区が五一、禹山下墓区が三八八三、山城下墓区が一五八三、万宝汀墓区が一五一六、七星山墓区が一七〇八、そして麻線溝墓区が二五一六である。二〇〇五年五月に再度調査と測量が実施されたが、これによって、川古墓群も洞溝古墓群の範囲にふくめることになり、古墓の総数は一一四九四にまで膨らんだ。

このうち、麻線墓区は、洞溝古墓群のもっとも西側に位置していて、高句麗の旧都国内城の西、鴨緑江の右岸に位置する。東は七星山墓区と接し、西は安子溝まで及んでいる。麻線河の両側は、古墓が密集している地帯で、麻線墓区の古墓は総数は二五七六。それらが分布する面積は三五四ヘクタールに及び、紅星片墓地・麻線片墓地・建彊片墓地・石廟子片墓地に四地区に区分されている。なお、麻線墓地のうち、千秋墓（ＪＭＭ一〇〇〇）・西大墓（ＪＭＭ〇五〇〇）・ＪＭＭ〇六二六・ＪＭＭ二一〇〇・ＪＭＭ二三七八の五基は、高句麗王陵として世界遺産に登録され、一般にもよく知られている。

前述のように、麻線墓区は、国内城の西、鴨緑江の右岸に位置しているが、このあたりは高句麗の住民の居住区域で、王陵の近くには守墓人烟戸が居住し、村落を形成したと考えられる。集安高句麗碑は、麻線墓区の中心地帯にあり、千秋墓に一番近いことから、千秋墓のために立てられた碑の可能性がある。

この千秋墓は、麻線溝の東岸二〇〇メートルの傾斜地に位置し、一辺八五×八〇メートル、高さ一五メートルの方壇階梯積石塚で、太王陵よりも大形である。各壇は五層前後の積石が施され、頂部は厖大な積石で覆われており、「千秋萬歳永固」「保固乾坤相畢」という銘文のある磚が出土したことでも知られている（東潮・田中俊明『高句麗の歴史と遺跡』〈中央公論社、平成七年四月〉一九一～一九二頁）。

この墳墓は、高句麗第一八代王故国壌王の陵墓として有力視されている。故国壌王は、いうまでもなく、広開土王の父である。後述のように、この石碑が、広開土王によって建てられた先王の墓碑の一つだとすると、王は、亡父の陵墓に碑を建てたことになる。

四、碑と碑文の現状

つぎに、石碑そのものについてのべておくが、まず、碑の形状から書く。

集安高句麗碑は粉黄色の花崗岩で構成され、圭形をしている。圭形の器物に関しては、西周時代の玉圭が確認されているが、このタイプの碑形は漢代から始まったと考えられる。報告書では、河南省孟津県平楽鎮新荘村で灌漑用水路を掘るときに偶然発見された、漢代の圭形の石碑をはじめ、いくつかの事例を紹介しているが、煩瑣になるので、小論では省略にしたがう。

集安高句麗碑は、上が狭く下は広い形状で、左右両面は少し加工が施されている。碑の表裏両面は叮嚀に加工され、表面はきわめて滑らかである。ほぼ完形に近いが、惜しむらくは右上の角に少し欠けた箇所がある。

石碑の高さはおよそ一七三センチ、幅は六〇・六～六六・五センチ。下部の真ん中に臍《ほぞ》があり、高さは一五～一九・五センチで、幅は四二センチで、厚さは二一センチである。もとは碑座があったはずだが、今は残っていない。石碑の正面は陰刻で、隷書体の文字が全部で一〇行、第九行までは毎行二二字、最後の一行は二〇字、全部で二一八字あるが、右上部分の欠損のため、一〇字程度を缺いている。裏面には一列の文字しか残っておらず、しかも、腐蝕が甚だしく、判読が困難である。また、左側に人為的な掘り痕跡があって、筆畫がかすかに残るものの、字形は判別しづらい。

集安高句麗碑と広開土王碑をくらべると、まず大きさがかなりちがう。高さでいうと、集安高句麗碑は広開土王碑の四分の一程度と、はるかに小さい。また、広開土王碑は自然石をほぼそのまま利用しているが、集安高句麗碑のほうは石材を加工・修整し、表面を平滑にしたうえで刻字しているのである。

ただ、二つの碑に彫られた文字の書体はいずれも隷書体で、よく似ている。広開土王碑のほうは、石材にあわせた、刻みやすく、読みやすい字体を採用している。これに対し、集安高句麗碑の隷書体は変化に富んでいる。字体は規格どおりで、四角く端正である。一畫一畫の太さもちょうどよい。ちょっとみると、稚拙な感じだが、よくよく鑑賞すると、独特の味わいがあり、広開土王碑の書体よりも洗練されている。

石の材質が異なるため、字体は微妙に異なり、字の大きさもちがう。広開土王碑の小さめの文字は、たとえば、第三面の第八行の第三九字「五」、長さ六センチ、幅八・五センチ。第一面の第九行の第三〇字の「王」は、長さ七センチ、幅八・五センチである。なかには、やや大きめの字もある。たとえば、第四面の第一行の第一九字の「奥」は、長さ一二・五センチ、幅は一二センチ。第四面の第四行の第三五字の「家」は、長さ一一・五センチ、幅一一・五センチである。

これとくらべると、集安高句麗碑の文字は全体に小ぶりである。小さめの文字でいうと、たとえば、第一行の第一〇字の「自」は、わずかに長さ三・三センチ、幅は二・五センチ。大きめの字でも、たとえば、第四行の第一五字の「売」は、長さ五・二センチ、幅四・八センチの大きさである。

なお、字数の点でも、広開土王碑は一七七五字が刻まれているのに対し、集安高句麗碑のほうはわずかに二一八字と、かなり差がある。これは、日本古代の金石文でいえば、多賀城碑の碑文よりすこし多い程度で、情報量はそれほど豊富とはいえない。

五、碑文の内容

つぎに、碑文の文字である。文字の配置はひじょうに規則的で、上から下へ、右から左へ縦に書かれている。一行に二二字を排し、全部で一〇行あるが、最後の一行は二〇字しかなく、全部二一八字となることは、前述のとおりである。右上が缺損しているため、一〇字ほど缺けており、また、石碑が長期間河床にあったため磨滅が甚だしく、一部の文字が模糊としている。研究チームの解読によって、現時点では、一五六文字が判明しているが、その釈文は以下のとおりである。

1 2 3 4 5 6 7 8 9 10 11 12 13 14 15 16 17 18 19 20 21 22

Ⅰ□□□□世必授天道自承元王始祖鄒牟王之創基也
Ⅱ□□□子河伯之孫神靈祐護蔽蔭開國辟土繼胤相承
Ⅲ□□□□□□烟戸以此河流四時祭祀然而□備長烟
Ⅳ□□□□烟戸□□□□富足□轉賣□□守墓者以銘
Ⅴ□□□□□□□罡□太王□□□□王神□□輿東西
Ⅵ□□□□□□追述先聖功勛彌高悠烈繼古人之慷慨
Ⅶ□□□□□□□□自戊□定律教□發令其修復各於
Ⅷ□□□□立碑銘其烟戸頭廿人名以示後世自今以後
Ⅸ守墓之民不得擅自更相轉賣雖富足之者亦不得其買
Ⅹ賣如有違令者後世□嗣□□看其碑文與其罪過

前述のように、集安高句麗碑は、広開土王碑にくらべると文字数はかなり少ないが、現在判読できる文字から推測すると、碑文の内容は、おおよそつぎのとおりである。

碑文は、まず、始祖鄒牟王が国家の基礎を切り開き、神霊の加護により、新国家を建て、相次いで王位を受け継いできたことをしるす。そして、Ⅲ・Ⅳ行目では、一定の数量の烟戸を配して、彼らに四季を通じて祭祀せしめたが（Ⅲ―20に「備」の字があるので、広開土王碑を参考にすると、このあとには「洒掃するのに備えさせる」といった意味のことが書かれていた可能性がある）、その後烟戸の売買がおこなわれ、守墓人烟戸に錯誤が生じたことをのべているようである。

さらに、Ⅴ～Ⅶ行あたりでは、広開土王が統治していた時期のことを記述しているようである。王は、領土を切り開き、功績は著しいので、その先王のために碑を立て、勲績を記述して、守墓条令を公布したといった意味のことがしるされていたようである。

そして、守墓人烟戸頭二〇人程度の名前をしるし後世に示し、最後に、「自今以後、守墓之民、不得擅自更相転売、雖富足之者、亦不得其買売。如有違令者、後世子嗣並罰、看其碑文、与其罪過」と刻んで、今後は、守墓の民を勝手転売することを禁じ、たとえ富裕層でも売買してはならない、もし、法令に違反するようなことがあれば、子孫に罰則を与える、と布告する。

『集安高句麗碑』によれば、碑文の裏の左側に人為的な破損があり、筆畫の痕蹟は不明瞭であるという。同書は、それが二〇人の烟戸の名前かも知れず、子孫に累を及ぼさないために消した可能性が考えられるとみているが、いかがなものであろう。

六、広開土王碑との関聯性

この碑文の内容をみて、誰もが頭に思い浮かべるのは、広開土王碑の銘文である。

高句麗広開土王碑は、高句麗の第一九代の王である広開土王（碑文では「國岡上廣開土境平安好太王」）の事蹟を称えたるために、彼の子の長寿王が西暦四一四年九月二十九日に建てたものである。好太王碑（こうたいおうひ）とも呼ばれる。集安に現存する巨碑で、附近には、広開土王の墓だとされる将軍塚という巨大な墳墓が存在しているので（大王塚を広開土王墓とする説もある）、この碑は、王墓に附属する墓碑だったと考えられている。

広開土王碑は、清朝末の光緒六年（一八八〇、明治十三年）ごろに発見され、翌年関月山よって拓本が作成されたが、日本には、明治十七年（一八八四）、当時陸軍砲兵大尉だった酒匂《さかわ》景信《かげあき》が紹介したのが、最初である。酒匂は、参謀本部に所属する諜報員で、この拓本も、当時、朝鮮半島や中国大陸に関する情報を蒐めていた参謀本部の諜報活動の一環として、日本にもたらされた。これが、いわゆる「酒匂本」である。ただし、これは、墨を使って直接碑から写し取ったものではない。水谷悌二郎氏は、碑の上から縁取りして文字の輪郭を忠実に書き写した「双鉤加墨本」だとみたが、末松保和氏によれば、「酒匂拓本」は原石拓本に朱を入れたものを上からなぞって製作したものであり、「墨水廓填本」と呼ぶのが相応しいという。

ちなみに、酒匂は、拓本を作るにあたって、碑文の一部を削り取るか、あるいは、不明確な箇所に石灰を塗布して改竄したとする李進熙氏の説がある。氏によれば、参謀本部も、酒匂の捏造を隠蔽・補強するために、碑の全面に石灰を塗布したという。「石灰塗付作戦」と名づけられた、この説は、発表当時、学界に大きな衝撃を与えた。しかし、その後、徐建新氏が、潘祖蔭旧蔵の「墨水廓填本」を発見・紹介したことによって、こんにちでは、そうした改竄はなかったことがあきらかになっている。

碑は、高さ約六・三九メートル、幅約一・五メートルの巨大な柱状の自然石で、表面にいくらか加工のあとはみられるものの、ほぼ原石をそのまま石碑に転用している。四面には、はがき大の大きさの文字で、総計一七七五字に及ぶ漢文の文章が刻まれていたが、現在では、風化や劣化によって判読不能な箇所もかなり存在する。

七、広開土王碑文の内容

碑文の内容は、三段落から構成される。第一段落は、始祖鄒牟王に始まる王家の由来を綴り、第二段落では、広開土王の功績（おもに外国との戦績）について編年体でしるし、最後の第三段落では、みずからの墓の管理についての広開土王の遺言や守墓人のことを詳しく書いている。

日本で広開土王碑といえば、倭との戦闘についてしるす第二段落がよく知られているが、第一・三段落の内容も重要である。餘談になるが、京都の古代研究会でこの碑文に関する上田正昭氏の研究発表をうかがったことがあるが、このとき、先生は、鄒牟王が卵から生まれたとしるす高句麗の始祖神話（いわゆる卵生神話）をしるした第一段落の記述の重要性を強調しておられた。

さて、まず、碑の文章を掲げておこう（武田幸男氏の釈文による。ただし、一部常用漢字体に改変）。

第一面

惟昔始祖鄒牟王之創基也出自北夫餘天帝之子母河伯女郎剖卵降世生而有聖□□□□□□□命駕巡幸南下路由夫餘奄

利大水王臨津言曰我是皇天之子母河伯女郎鄒牟王爲我連葭浮龜應聲即爲連葭浮龜然後造渡於沸流谷忽本西城山上而建都焉不樂世位天遣黃龍來下迎王王於忽本東罡履龍首昇天顧命世子儒留王以道興治大朱留王紹承基業遝至十七世孫國罡上廣開土境平安好太王二九登祚号爲永樂太王恩澤洽于皇天威武振被四海掃除□□庶寧其業國富民殷五穀豊熟昊天不弔卅有九宴駕棄國以甲寅年九月廿九日乙酉遷就山陵於是立碑銘記勳績以示後世焉其辭曰　永樂五年歳在乙未王以稗麗不□□人躬率往討過富山貟山至鹽水上破其三部洛六七百營牛馬羣羊不可稱數於是旋駕因過襄平道東來侯城力城北豊五備海遊觀土境田猟而還百殘新羅舊是屬民由來朝貢而倭以辛卯年来渡海破百殘東□新羅以爲臣民以六年丙申王躬率□軍討伐殘國軍□□因攻取壹八城臼模盧城各模盧城幹弖利城□□城關弥城牟盧城弥沙城□舍蔦城阿旦城古利城□利城雜珍城奥利城句牟城古須耶羅城莫□□□□城□而耶羅城瑑城於利城農賣城豆奴城沸□□

第二面

利城弥鄒城也利城太山韓城掃加城敦拔城□□城□婁賣城散那城那旦城細城牟婁城于婁城蘇灰城燕婁城析支利城巖門□城味城□□□□□□利城就鄒城□拔城古牟婁城閏奴城貫奴城彡穰城□□城儒□盧城仇天城□□□城□其國城殘不服義敢出百戰王威赫怒渡阿利水遣刺迫城□□侵穴□便圍城而殘主困逼獻□男女生口一千人細布千匹跪王自誓従今以後永爲奴客太王恩赦先迷之愆録其後順之誠於是得五十八城村七百將殘王弟并大臣十人旋師還都八年戊戌教遣偏師觀帛慎土谷因便抄得莫□羅城加太羅谷男女三百餘人自此以來朝貢論事九年己亥百殘違誓与倭和通王巡下平穰而新羅遣使白王云倭人滿其國境潰破城池以奴客爲民歸王請命太王恩慈稱其忠誠特遣使還告以□計十年庚子教遣歩騎五萬往救新羅従男居城至新羅城倭滿其中官軍方至倭賊退　□□背急追至任那加羅従拔城城即

歸服安羅人戍兵□新羅城□城倭□□潰城六　十九盡拒□□安羅人戍兵滿□□□
□其□□□□□□言

第三面

□□□□□□□□□□□□□□□興□□□□□□□□□□辞□□□□□□□□□□□□□潰□□□□安羅人戍兵
昔新羅寐錦未有身來論事□國罡上廣開土境好太王□□□□寐錦□□僕勾□□□□朝貢十四年甲辰而倭不軌侵入帯
方界□□□□石城□連船□□□王躬率□□從平穰□□□鋒相遇王幢要截盪刺倭寇潰敗斬殺無數十七年丁未敎遣
歩騎五萬□□□□□□□□□師□□合戰斬殺蕩盡所穫鎧鉀一萬餘領軍資器械不可稱數還破沙溝城婁城□住城□□
□□□那□城廿年庚戌東夫餘舊是鄒牟王屬民中叛不貢王躬率往討軍到餘城而餘城國駭□□□□□□□□□王恩
晋覆於是旋還又其慕化随官来者味仇婁鴨盧卑斯麻鴨盧椯社婁鴨盧肅斯舍鴨盧□□□鴨盧凡所攻破城六十四村一千
四百守墓人烟戸賣句余民國烟二看烟三東海賈國烟三看烟五敦城民四家盡爲看烟亐城一家爲看烟碑利城二家爲國烟
平穰城民國烟一看烟十訾連二家爲看烟俳婁人國烟一看烟卌三梁谷二家爲看烟梁城二家爲看烟安夫連廿二家爲看烟
□谷三家爲看烟新城三家爲看烟南蘇城一家爲國烟新来韓穢沙水城國烟一看烟一牟婁城二家爲看烟豆比鴨岑韓五家
爲看烟句牟客頭二家爲看烟求底韓一家爲看烟舍蔦城韓穢國烟三看烟廿一古須耶羅城一家爲看烟炅古城國烟一看烟
三客賢韓一家爲看烟阿旦城雜珍城合十家爲看烟巴奴城韓九家爲看烟臼模盧城四家爲看烟各模盧城二家爲看烟牟水
城三家爲看烟幹弖利城國烟一看烟三弥鄒城國烟一看烟

第四面

七也利城三家爲看烟豆奴城國烟一看烟二奥利城國烟二看烟八須鄒城國烟二看烟五百殘南居韓國烟一看烟
五太山韓城六家爲看烟農賣城國烟一看烟七閏奴城國烟二看烟廿二古牟婁城國烟二看烟八瑑城國烟一看烟八味城六
家爲看烟就咨城五家爲看烟彡讓城廿四家爲看烟散那城一家爲國烟那旦城一家爲看烟句牟城一家爲看烟於利城八家
爲看烟比利城三家爲看烟細城三家爲看烟國罡上廣開土境好太王存時教言祖王先王但教取遠近舊民守墓洒掃吾慮舊
民轉當羸劣若吾萬年之後安守墓者但取吾躬巡所略来韓穢令備洒掃言教如此是以如教令取韓穢二百廿家慮其不知法
則復取舊民一百十家合新舊守墓戸國烟卅看烟三百都合三百卅家自上祖先王以来墓上不安石碑致使守墓人烟戸差錯
唯國罡上廣開土境好太王盡爲祖先王墓上立碑銘其烟戸不令差錯又制守墓人自今以後不得更相轉賣雖有富足之者亦
不得擅買其有違令賣者刑之買人制令守墓之

八、集安高句麗碑との比較

ところで、新しく出土した集安高句麗碑を、この広開土王碑と比較してみると、両者が深く関聯するものであることがわかる。たとえば、広開土王碑・集安高句麗碑がともに隷書体で書かれている点である。むろん、石材の材質も異なるので、いちがいに比較はむつかしい。報告書も、集安高句麗碑の書体は、広開土王碑のそれと比較すると、流暢だと指摘している。一部の学者がいうように、高句麗が漢字の隷書を公式書体としていたことを示すかどうかは、さらに検討が必要だが、いずれにしても、これの碑文の書体は、高句麗の文字書法を研究するうえで貴重な資料である。

さらに、書体だけでなく、両者の碑文の字句に一致する箇所がみられ、内容についても共通点があることは注目すべきである。以下、具体的にみていこう。

まず、集安高句麗碑のⅠ・Ⅱ行目には「□□□□世必授天道自承元王**始祖鄒牟王之創基也**」「□□□子**河伯**之孫神靈祐護蔽蔭開國辟土繼胤相承」とあって、始祖鄒牟王にはじまる高句麗王家の由来に関する記述があるが、広開土王碑第一面にもこれに相当する記述がある。

惟昔**始祖鄒牟王之創基也**出自北夫餘天帝之子母河伯女郎剖卵降世生而有聖□□□□□□命駕巡幸南下路由夫餘奄利大水王臨津言曰我是皇天之子母**河伯**女郎鄒牟王爲我連葭浮龜應聲即爲連葭浮龜然後造渡於沸流谷忽本西城山上而建都焉不樂世位天遣黃龍來下迎王王於忽本東罡履龍首昇天顧命世子儒留王以道興治大朱留王紹承基業

〔書き下し文〕

惟《こ》れ、昔、始祖鄒牟《すうむ》王の創基せるなり。北夫餘自《よ》り出ず。天帝の子、母は河伯の女郎《むすめ》なり。卵を剖《さ》きて世に降り、生まれながらにして聖□有り。□□□□□駕《が》を命じ、巡幸して南下し、路《くるま》は夫餘の奄利《えんり》大水に由《よ》る。王、津《しん》に臨みて言ひて曰《いは》く、「我は是れ皇天の子、母は河伯の女郎《むすめ》、鄒牟《すうむ》王なり。我《わ》が爲に葭《よし》を連ね龜を浮かべよ」と。聲に應じて、即ち連葭《れんか》・浮龜《ふき》を為《つく》る。然《しか》る後に造渡して、沸流谷《ふつりゅうこく》の忽本《こつぼん》の西に於いて、山上に城《しろきづ》きて建都す。世位《せいい》を樂しまず。天、黃龍を遣はし、来り下りて王を迎へしむ。王、忽本の東罡《とうこう》に於いて、龍の首に履《の》りて昇天す。世《せい》子《し》の儒留王に顧命し、道を以て興治せしむ。大朱留王、基業を紹承す。（武田幸男氏による。一部改変）

集安高句麗碑は簡略なうえに一部に読めない文字があるため、正確な文意は把握しがたいが、傍線部分などはまったく表記も表現も一致する。したがって、集安高句麗碑の冒頭の部分も広開土王碑と同様に、高句麗は鄒牟王の創基にかかるものであり、代々その子孫によって王位が継承されてきたことをのべていると思われる。「□□□子**河伯**之孫」の部分は、広開土王碑に「天帝之子母河伯女郎」、牟頭婁塚出土の墓誌に「河伯之孫日月之子鄒牟聖王」とあるのを参考にすれば、「天帝之」ないしは「日月之」の三字が入るのであろうが、いずれにしても鄒牟王のことを指しているのであって、集安高句麗碑とこれらの銘文との緊密な関係がうかがえる。

さらに注目すべきは、広開土王碑と集安高句麗碑がともに記載する守墓人について、関聯・共通する記述が目につく点である。ちなみに、広開土王碑では、高句麗王家の由来についてのべた段落につづいて、碑文の主人公である広開土王の事蹟（勲績）について詳しい記述があるが、これに相当するような記述は、集安高句麗碑にはない。集安高句麗碑では、高句麗王家の由来につづいて、守墓人とその制度のことが取り上げられており、しかも、Ⅲ行目から最後の行に至るまで、ことごとくその記述で占められている。

□□□□□□烟戸以此河流四時祭祀然而□備長烟」□□□□烟戸□□□□富足□轉賣□□守墓者以銘」□□□□□□□罡□太王□□□王神□□輿東西」□□□□□□追述先聖功勛彌高悠烈繼古人之慷慨」□□□□□□□自戊□定律教□發令其修復各於□□□□立碑銘其烟戸頭廿人名以示後世自今以後」守墓之民不得擅自更相轉賣雖富足之者亦不得其買」賣如有違令者後世□嗣□□看其碑文與其罪過

これに対し、広開土王碑でも、第三面の途中から広開土王陵の守墓人について、あとで掲げるような詳しい記載があるが、その最後のところには、

自上祖先王以来墓上不安石碑致使守墓人烟戸差錯唯國罡上廣開土境好太王盡爲祖先王墓上立碑銘其烟戸不令差錯又制守墓人自今以後不得更相轉賣雖有富足之者亦不得擅買其有違令賣者刑之買人制令守墓之

とあって、傍線を施した部分が、さきに示した集安高句麗碑の記載と一致するのには、驚くばかりである。

なお、守墓人の制度については、集安高句麗碑の眼目でもあり、『集安高句麗碑』にも「守墓人烟戸制度」の一章を

設けて詳しい解説があるので、これについては、のちにあらためて取り上げてみたい。

ところで、このほかにも、広開土王碑には、

> 遝至十七世孫國罡上廣開土境平安好太王二九登祚号爲永樂太王恩澤洽于皇天威武振被四海掃除□□庶寧其業國富民殷五穀豊熟昊天不弔卅有九宴駕棄國以甲寅年九月廿九日乙酉遷就山陵於是立碑銘記勲績以示後世焉

という文言がみえるが、これまたおなじ文言が集安高句麗碑にも用いられている。さらに、集安高句麗碑に「罡□太王」とみえる大王名も、おそらくは、広開土王碑に「國罡上廣開土境平安好太王」「國罡上廣開土境好太王」としるされる広開土王の名の一部ではないかと考えられる。かかる字句・表現の一致からも、集安高句麗碑と広開土王碑が密接な関聯をもつことは疑いないところである。とくに、両者の共通点が、守墓人烟戸とその自由な売買を禁じた部分の文言に集中しているところは注目される。集安高句麗碑にみえる「定律」「発令」という用語は、碑文にしるされたことがらが、守墓人烟戸制度にかかわる法律条文であることを示唆しているが、これも、広開土王碑の引く「制」と密接にかかわるものであろう。

九、建碑年代の推定

では、集安高句麗碑は、いったいいつ誰の手で建てられたものなのか。つぎにこの点について考えてみたい。

まず手がかりとなるのは、碑形である。すでにのべたように、碑は先端の尖《とが》った圭形をしており、これは漢代からみられる、中国の伝統的な碑石のスタイルである。ただ、こうした圭形の碑は、明清時代まで継続して用いられたから、碑形から、建立年代を推測することは不可能である。

ところで、『集安高句麗碑』では、碑文の内容から、建立の時期を推定できるのではないかとしている。つぎに、この点について紹介しておこう。

前述のように、この碑は、守墓人烟戸の売買行為を禁止することに主眼がある。これは、裏を返せば、古来、高句麗王陵の守墓人烟戸が売買され、その員数に錯誤が生じていたことを意味する。中国正史や『三国史記』などには、高句麗王陵の守墓人烟戸についての記載はみあたらないが、これについて多大な示唆を与えてくれるのが、ほかならぬ広開土王碑である。

さきにもふれたように、広開土王碑の最後の部分には、

> 上祖・先王自《よ》り以来、墓の上《ほとり》に石碑を安んぜず、守墓人の烟戸を使《し》て差錯せしむるに致れり。唯《た》だ國岡上廣開土境好太王のみ、盡《ことごと》く祖・先王の爲に墓の上に碑を立て、其の烟戸を銘《しる》して、差錯せ令めざりき。又た制《せい》したまう、「守墓人は、今自り以後、更相《たがひ》に轉賣するを得ず。富足の者有りと雖も、亦た擅《ほしいまま》に買ふを得ず。其れ、令《れい》に違《そむ》きて賣る者有らば、之を刑《けい》す。買ふ人は、制令《せいれい》もて守墓せしむ」と。

という記述があり、広開土王以前には墓のほとりに石碑を立てることもなく、守墓人の烟戸が混乱していたこと、広開土王の代になって、はじめて、上祖・先王のために、すべての墓のほとりに石碑を立て、守墓人の烟戸を銘記したこと、守墓人の転売を禁止する法令を定めたこと、などがしるされている。この点から判断すると、この碑の年代は広開土王碑の年代に近いことが知られるのである。

これに関聯して注目されるのは、碑文の第七行の第九〜一三字に「自戊□定律」とある字句である。『集安高句麗碑』では、この「戊□」が干支による年代表記かも知れないとして、以下のような、興味深い推論をのべている。

惜しむらくは、「戊」の下の字は腐蝕して、認識できないが、残畫から「子」ないしは「午」ではないかと推測され

代数	王　号	王　名	前王との関系	在位時間	備　考
1	東明聖王 鄒牟王	朱蒙、鄒牟 衆解		前37～前19	
2	瑠璃明王 儒留王	類利 儒留	父子	前19～18	
3	大武神王・大朱留王 大解朱留王	無恤 味留	父子	18～44	
4	閔中王	解色朱 解邑朱	兄弟	44～48	
5	慕本王	解憂 解愛婁	叔侄	48～53	
6	太祖大王 国祖王	宮 於漱	叔兄弟	53～121	『三国史記』では53～146
7	次大王	遂成	父子	121～126	『三国史記』では146～165
8	新大王	伯固 伯句	父子	126～179	『三国史記』では165～179
9	故国川王 国壌王	男武	父子	179～197	『三国史記』或名伊夷模
10	山上王	延優 伊夷模	兄弟	197～227	『三国史記』一名位宮
11	東川王 東壌王	憂位居 郊彘 位宮	父子	227～248	
12	中川王 中壌王	然費	父子	248～270	
13	西川王 西壌王	薬盧 若友	父子	270～292	
14	烽上王 雉葛王	相夫 歃矢婁	父子	292～300	
15	美川王 好壌王	乙弗 憂弗	叔侄	300～331	
16	故国原王 国岡上王	斯由 釗	父子	331～371	
17	小獣林王 小解朱留王	丘夫	父子	371～384	
18	故国壌王	伊連 於只支	兄弟	384～391	『三国史記』では384～392
19	広開土好太王 好太王、永楽太王	談徳 安	父子	391～412	『三国史記』では392～412

（『集安高句麗碑』118頁掲載の表をもとに作成）

るという。そこで、広開土王の在位時期に近い戊子年と戊午年を洗い出してみると、戊子（美川王二十九年、西暦三二八年）・戊午（故国原王二十八年、西暦三五八年）・戊子（故国壌王五年、西暦三八八年）・戊午（長寿王六年、西暦四一八年）・戊子（長寿王三十六年、西暦四四八年）・戊午（長寿王六十六年、西暦四七八年）、の六つの候補が浮かび上がってくる。

一つ目の「戊子年」と「戊午年」は、広開土王以前の時代である。『三国史記』によれば、高句麗において律令がはじめて頒布されたのは、小獣林王三年（三七三）だから、美川王・故国原王の時代には守墓人烟戸に関する法令条文は、まだ存在しなかったと考えられるので、これらは候補から外してよかろう。

あるいは、「戊□」が「戊子年」ならば、故国壌王の五年（三八八）が候補となる。故国壌王は西暦三八四年に即位して、西暦三九一年に歿しており、そのあとに広開土王が即位する。そこから、広開土王の父故国壌王が歿する三年前、息子の広開土王と、先王の守墓人烟戸が流失したことについて、法律を制定しようと相計り、広開土王は父が歿したあとそれを実行に移した、という想定が可能である。

また、かりに「戊□」が「戊午年」だとすれば、長寿王六年（四一八）とみることが可能である。しかし、広開土王碑にもしるされているように、広開土王はすでに諸先王のために碑を建てていたはずである。それが、つぎの長寿王の時代まで「定律」がずれ込んだとするのはいささか晩きに失した感がある。だとすれば、これよりさらに時代の下る長寿王三十六年の「戊子」（四四八）と同六十六年の「戊午」（四七八）も相応しくないので、これらも除外できる。

そのように考えていくと、もっとも相応しい干支は、故国壌王五年の「戊子」となる。つまり、さきにもふれたように、故国壌王は在位期間中に守墓人烟戸の管理に関する法律的な見解を示し、ついで即位した広開土王がそれを勅命として布告し、碑文にして示した、と解釈しうるのである。

ところで、さきにも紹介したとおり、集安高句麗碑は麻線川辺にあり、それが千秋墓に近いところから、千秋墓のために立てられた可能性がある。広開土王は諸先王の王陵にも碑を立てたというから、彼は千秋墓附近にこの集安高句麗碑を立て、そして「戊子」年の定律を強調して、先父の教訓を伝えようとしたとも考えられる。前述のように、千秋墓は第一八代故国壌王の陵墓であるとするみかたが有力だが、碑文の内容はこうした比定ともよく合致している。

十、高句麗王陵の守墓制度

報告書によると、高句麗における守墓人烟戸制度は、かなりはやくから整えられており、それは中原の影響であるという。そして、中国における皇帝や貴族の霊園の整備やその管理者についての文献上の事例をあげているが、ここでは個々の具体例は省略にしたがう。

高句麗の王侯・貴族の守墓制度についてしるした文献は多いとはいえない。第八代の新大王が高句麗相国であった明臨答夫のために守墓を二〇戸設置したのは（『三国史記』巻十六、新大王十五年九月条・同書巻四十五、明臨答夫伝）、後漢の霊帝光和二年（一七九）のことであり、高句麗守墓制度としてはかなり古い例である。これによって、当時、すでに秦漢と同様の守墓制度の存在したことが判明する。

また、このほかにも、義熙六年（四一〇）、北燕主馮跋は、慕容雲を礼葬し、園邑二〇家を置いてつねに供薦したことが、『晋書』巻百二十五、載記第二十五、馮跋にみえている。

慕容雲は、字を子雨といい、慕容宝の養子である。慕容雲の祖父高和は、高句麗の支庶であり、みずから高陽氏の苗裔と称した。それゆえ、高をもって氏としたので、慕容雲は高雲ともいう（『晋書』巻百二十四、載記第二十四、慕容雲）。馮跋と高雲は、君臣の義に則りながらも、兄弟以上に親しく、馮跋は、雲とその妻子を礼をもって葬送したという（前掲馮跋載記）。これは、北方少数民族の鮮卑や高句麗が、それぞれ独自の守墓制度をもっており、しかも、それらはおおむね中原の守墓制度とおなじであることを物語っている。

ところで、高句麗王陵の守墓制度についてもっとも詳細に語るのは、ほかならぬ広開土王碑である。さきにもその一部を引いたが、ここでは関聯する、第三面八行目以降の部分をすべて引用しておく。

〔第三面途中から〕（前略）守墓人烟戸賣句余民國烟二看烟三東海賈國烟三看烟五敦城民四家盡爲看烟亐城一家爲看烟碑利城二家爲國烟平穰城民國烟一看烟十呰連二家爲看烟俳婁人國烟一看烟卌三梁谷二家爲看烟梁城二家爲看烟安夫連廿二家爲看烟□谷三家爲看烟新城三家爲看烟南蘇城一家爲國烟新来韓穢沙水城國烟一看烟一牟婁城二家爲看烟豆比鴨岑韓五家爲看烟句牟客頭二家爲看烟求底韓一家爲看烟舍蔦城韓穢國烟三看烟廿一古須耶羅城一家爲看烟旯古城國烟一看烟三客賢韓一家爲看烟阿旦城雜珍城合十家爲看烟巴奴城韓九家爲看烟臼模盧城四家爲看烟各模盧城二家爲看烟牟水城三家爲看烟幹弖利城國烟一看烟三弥鄒城國烟一看烟**〔以下、第四面〕**七也利城三家爲看烟豆奴城國烟一看烟二奥利城國烟二看烟八須鄒城國烟二看烟五百殘南居韓國烟一看烟五太山韓城六家爲看烟農賣城國烟一看烟七閏奴城國烟二看烟廿二古牟婁城國烟二看烟八瑑城國烟一看烟八味城六家爲看烟就咨城五家爲看烟彡穰城廿四家爲看烟散那城一家爲國烟那旦城一家爲看烟句牟城一家爲看烟於利城八家爲看烟比利城三家爲看烟細城三家爲看烟國罡上廣開土境好太王存時教言祖王先王但教取遠近舊民守墓洒掃吾慮舊民轉當羸劣若吾萬年之後安守墓者但取吾躬巡所略来韓穢令備洒掃言教如此是以如教令取韓穢二百廿家慮其不知法則復取舊民一百十家合新舊守墓戸國烟卅看烟三百都合三百卅家自上祖先王以来墓上不安石碑致使守墓人烟戸差錯唯國罡上廣開土境好太王盡爲祖先王墓上立碑銘其烟戸不令差錯又制守墓人自今以後不得更相轉賣雖有富足之者亦不得擅買其有違令賣者刑之買人制令守墓之

〔書き下し文〕

〔第三面〕（前略）守墓人の烟戸《えんこ》。賣句余《ばいくよ》の民は、國烟《こくえん》二、看烟《かんえん》三。東海《とうかい》の賈《こ》は、國烟三、看烟五。敦城《とんじょう》の民の四家は、盡《ことごと》く看烟と爲す。于城《うじょう》の一家は、看烟と爲す。碑利城《ひりじょう》の二家は、國烟と爲す。平穰城《へいじょうじょう》の民は、國烟一、看烟十。訾連《しれん》の二家は、看烟と爲す。俳婁《はいろう》の人は、國烟一、看烟卌三。梁谷《りょうこく》の二家は、看烟と爲す。梁城《りょうじょう》の二家は、看烟と爲す。安夫連《あんふれん》の廿二家は、看烟と爲す。□谷の三家は、看烟と爲す。新城《しんじょう》の三家は、看烟と爲す。南《なん》蘇城《そじょう》の一家は、國烟と爲す。新らたに来れる韓《かん》と穢《わい》。沙水城《さすいじょう》は、國烟一、看烟一。牟婁城《ほうろうじょう》の二家は、看烟と爲す。豆比鴨岑《とうひおうしん》の韓の五家は、看烟と爲す。句牟客頭《くぼうきゃくとう》の二家は、看烟と爲す。求底《きゅうてい》の韓の一家は、看烟と爲す。舎《しゃ》蔦城《ちょうじょう》の韓と穢は、國烟三、看烟廿一。古須耶羅城《こすやらじょう》の一家は、看烟と爲す。炅古城《けいこじょう》は、國烟一、看烟三。客賢《きゃくけん》の韓の一家は、看烟と爲す。阿旦城《あたんじょう》と雜珍城《ざつちんじょう》は、十家を合せて看烟と爲す。巴奴城《はどじょう》の韓の九家は、看烟と爲す。臼《きゅう》模盧城《もろじょう》の四家は、看烟と爲す。各模盧城《かくもろじょう》の二家は、看烟と爲す。牟水城《ぼうすいじょう》の三家は、看烟と爲す。幹弓利城《かんてりじょう》は、國烟一、看烟三。弥鄒城《みすうじょう》は、國烟一、看烟〔以下、第四面〕七。也利城《やりじょう》の三家は、看烟と爲す。豆奴城《とうどじょう》は、國烟一、看烟二。奥利城《おうりじょう》は、國烟二、看烟八。須鄒城《すすうじょう》は、國烟二、看烟五。百殘《ひゃくざん》の南に居る韓は、國烟一、看烟五。太山《たいさん》韓城《かんじょう》の六家は、看烟と爲す。農賣城《のうばいじょう》は、國姻一、看烟七。閏奴城《じゅんどじょう》は、國烟二、看烟廿二。古牟婁城《こぼうろうじょう》は、國烟二、看烟八。瑑城《たくじょう》は、國烟一、看烟八。味城《みじょう》の六家は、看烟と爲す。就咨城《しゅうしじょう》の五家は、看烟と爲す。彡穰城《さんじょうじょう》の廿四家は、看烟と爲す。散那城《さんなじょう》の一家は、國烟と爲す。那旦城《なたんじょう》の一家は、看烟と爲す。句牟城《くぼうじょう》の一家は、看烟と爲す。於利城《よりじょう》の八家は、看烟と爲す。比利城《ひりじょう》の三家は、看烟と爲す。細城《さいじょう》の三家は、看烟と爲す。

國罡上廣開土境好太王《こくこうじょうこうかいどきょうこうたいおう》の存せられし時、教《きょう》して「祖王・先王は、但《た》だ教して、『遠・近の舊民を取り、守墓して洒掃《しゃそう》せしむ』とまおせしのみ。吾れ、舊民の轉《うつ》りて當《まさ》に羸劣《るいれつ》せんことを慮《おもんぱか》る。若し、吾れ、萬年の後に守墓者を安んぜんには、但《た》だ吾れ躬ら巡りて略来せし所の韓と穢を取り、洒掃に備へ令《し》むるのみ」と言ひたまう。教に言ふこと此《かく》の如し。是《ここ》を以て、教の如く、韓と穢の二百廿家を取ら令《し》む。其の法則を知らざるを慮り、復た舊民一百十家を取る。新・舊の守墓戸を合せて、國烟は卅、看烟は三百、都合三百卅家。上祖・先王自り以来、墓の上《ほとり》に石碑を安んぜず、守墓人の烟戸を使《し》て差錯せしむるに致れり。唯《た》だ國岡上廣開土境好太王のみ、盡《ことごと》く祖・先王の爲に墓の上に碑を立て、其の烟戸を銘《しる》して、差錯せ令めざりき。又た制《せい》したまう、「守墓人は、今自り以後、更《たが》相《ひ》に轉賣するを得ず。富足の者有りと雖も、亦た擅《ほしいまま》に買ふを得ず。其れ、令《れい》に違《そむ》きて賣る者有らば、之を刑《けい》す。買ふ人は、制令《せいれい》もて守墓せしむ」と。（武田幸男氏による。一部改変）

これをみれば、あきらかなように、第四面の第五行まで、それぞれの地方での国烟と看烟がこまかく記載されている。さらに、第四面第五行目の「国罡上廣開土境好太王存時教言」以下、八行目の「都合三百卅家」までの記載によって、広開土王陵の烟戸は合計三三〇戸、その内訳は国烟三〇戸、看烟三〇〇戸であったことがわかる。

また、右の碑文からは、守墓人烟戸の職掌をある程度把握することも可能である。すなわち、上記の引用文に「遠・近の舊民を取り、守墓して洒掃《しゃそう》せしむ」、「但《た》だ吾れ躬ら巡りて略来せし所の韓と穢を取り、洒掃に備へ令《し》むるのみ」とあることから、烟戸は、王陵を見張り、つねに陵園を清掃し清潔に保たねばならなかったことが知られる。

ただし、広開土王碑には、「上祖・先王自《よ》り以来、墓の上《ほとり》に石碑を安んぜず、守墓人の烟戸を使《し》て差錯せしむるに致れり。唯《た》だ國岡上廣開土境好太王のみ、盡《ことごと》く祖・先王の爲に墓の上に碑を立て、其の烟戸を銘《しる》して、差錯せ令めざりき」とあるから、この王碑以前には、高句麗王陵には碑がなく、その結果、烟戸の種類や員数も誤られていたらしい。ところが、広開土王碑がはじめて建碑され、そこに烟戸が明記したことにより、ようやく錯誤がなくなったのである。

さらに、烟戸売買禁止の法令の出たことがわかるのも、広開土王碑の手柄である。碑文には「又制（又た制《せい》したまう）」

として、「守墓人、自今以後、不得更相轉賣。雖有富足之者、亦不得擅買。其有違令、賣者刑之、買人制令守墓之（守墓人は、今自り以後、更相《たがひ》に轉賣するを得ず。富足の者有りと雖も、亦た擅《ほしいまま》に買ふを得ず。其れ、令《れい》に違《そむ》きて賣る者有らば、之を刑《けい》す。買ふ人は、制《せい》令《れい》もて守墓せしむ）」とみえている。さきにも指摘したように、集安高句麗碑にも「今自り以後守墓之民不得擅自更相轉賣雖富足之者亦不得其買賣如有違令者後世□嗣□□看其碑文與其罪過」とあって、広開土王碑の文言に近い文章がみえているのであって、おなじ法令を引用していることは、両者の緊密な関係を雄辯に語っている。

なお、報告書は、今回新しく出土した集安高句麗碑が、こうした守墓制度について、さらにいくつかの情報を附け加えていることを指摘している。若干補足しつつ、紹介すると、つぎのとおりである。

まず、碑文に「以此河流、四時祭祀」としるされる点である。これは、四季を通じて河原で祭祀をおこなうことを意味するのであって、ここから、烟戸の職務として、常々の王陵祭祀があったことがわかるという。たしかに、唐では、陵墓の管理について、たとえば、「献陵・昭陵・乾陵・定陵・橋陵・恭陵署。令一人。従五品上。（中略）丞一人。従七品下。（中略）録事一人。（中略）陵戸。（中略）陵令。掌先帝山陵・率戸守衛之事。丞為之弐。凡朔望・元正・冬至・寒食・皆修享於諸陵。（後略）」、「太子廟令・丞。皆掌灑掃開闔之節。四時享祭之礼」（『唐六典』太常寺巻第十四）などという規定がみえている。おそらく、高句麗でも、こうした中国の制度に倣って、はやくから王陵の管理と祭祀に関する制度が整備されていたのであろう。

つぎに、烟戸の頭目がいて、彼が「烟戸頭」と呼ばれていたことがわかるのも、得がたい情報である。報告書は、集安高句麗碑裏面に二〇人の「烟戸頭」の名前が記載されていたとみているが、彼らの名前を碑文に明記しているのは、祭祀・清掃といった王陵管理の責任の所在を明確にさせる目的があったからだという。

さらに、いま一つ、この碑が、烟戸の売買行為が発生した場合の処罰についての法律条文が備わっていたことがよくわかる点も、集安高句麗碑の有益なところである。前述のように、この法令は広開土王碑にも引かれていたが、それを裏づける史料が出現したことは貴重である。

十一、烟戸は奴隷か

ところで、『集安高句麗碑』の「守墓烟戸制度」の項では、守墓人烟戸の身分と地位について詳しく検討した記述がある。具体的には、守墓人烟戸を「生口」とみなす王建群『好太王碑の研究』（吉林人民出版社、一九八四年八月、邦訳が同年十二月、日本の雄渾社から出ている。以下の頁数は邦訳による）に対する批判である。全体に客観的な『集安高句麗碑』にあって、この部分はいささか感情的な表現が目立ち、報告書の内容としては違和感があるが、無視するわけにもいかないので、以下、その要点を抄訳しておく。

守墓人烟戸については、広開土王碑の発見以来、略与された奴隷とおなじであるという主張が一部にある。西暦一九八〇年代には、守墓人烟戸の身分は奴隷であって、国烟はいうに及ばず、看烟もまた例外ではない、という主張も存した。

その根拠の第一は、広開土王碑が、王の存命中の教言として「若し、吾れ、萬年の後に守墓者を安んぜんには、但《た》だ吾れ躬ら巡りて略来せし所の韓と穢を取り、洒掃に備へ令《し》むるのみ」としるす点である。これによって、守墓人は、対百済戦争において略奪された人々であり、彼らの身分は賤業に従事する奴隷であったことがわかるという。

さらに、いま一つの根拠は、広開土王碑が守墓人について、「自今以後、更相《たがひ》に轉賣するを得ず。富足の者有りと雖も、亦た擅《ほしいまま》に買ふを得ず」としるす点である。王氏によれば、これは、裏をかえせば、それ以前は転売することができたということであり、「勝手に買ってはならない」（「不得擅買」）というのは、許可さえ得られれば、買うことができたことを意味しているという（王氏前掲著、二〇九～二一〇頁）。

　こうした、守墓人烟戸が元来売買可能な奴隷であるという発言は、守墓人烟戸＝奴隷説を主張する学者の代表的な見解だが、仔細に分析すると、広開土王陵の守墓人烟戸の身分は、かならずしも奴隷とはいいがたい。そこで、以下、四点にわたってその根拠をのべよう。

　第一点。「烟戸は奴隷なり」と主張する人の論理的な推理は、こうである。「高句麗が対百済戦争で捕獲した人は〔もともと〕卑しい仕事に使役されていた奴隷だったから、こうした人たちを守墓人烟戸として使ったのであり、だから、烟戸は奴隷である」と。表面的には、こうした推理も成り立つであろう。しかし、重要なのは、最初の命題（つまり、「高句麗が対百済戦争で捕獲した人は〔もともと〕卑しい仕事に使役されていた奴隷だった」とする点）が、史実に反するという点である。

　広開土王碑の記載によって、永楽六年丙申（三九六）、王は、みずから水軍を率いて百済を討伐して、敵の五八の城と七〇〇の村落を抜いたことが知られる。さらに、十七年丁未（四〇七）にも、王は、騎兵五万人を派遣して、百済を攻撃し、城を六つと、いくつかの村落を獲得している。広開土王碑に書かれているだけでも、王は百済との戦争で六四の城と一四〇〇の村落を手に入れているのである。

　しかも、それだけではない。碑文によれば、百済王の弟や大臣一〇人までもが俘虜とされている。これが事実だとしたら、六四の城及び一四〇〇の村落にいる貴族・官吏・一般庶民は、王が捕虜した百済人であり、彼らはみな「吾れ躬ら巡りて略来せし所の韓と穢」ということになる。しかし、彼らの多くは「賤業に従事させられた奴隷」にはふくまれない。なのに、どうしてそのなかから取られた二二〇戸の烟戸が、ことごとく奴隷だといえるのであろうか。

客観的にみると、韓・穢から来服した国烟・看烟のもとの身分は複雑なはずで、その主たるものは貴族・官吏・一般庶民である。そのなかに奴隷がふくまれているのかどうか、ふくまれるとしたら、その数量はどれくらいなのか。これを推測するのはむつかしいのである。韓・穢から来服した烟戸たちのもとの身分は、高句麗の国烟・看烟になってからの身分とはまったく別のもので、けっして混同されるべきものではない。

第二点。新しくやってきた韓・穢にしても、旧庶民から採用した国烟・看烟にしても、そのおもな仕事は、守墓と掃除である。碑文の記載によれば、たしかに、かつては守墓人烟戸を売買することもあったが、その際にも、相手の同意が必要なのであり、擅に買うことはできなかったのである。烟戸を奴隷だと主張する論者は、「売買されることができる」という言葉をとらえて、この一点から、守墓人烟戸＝奴隷だとする。しかしながら、これは、マルクス主義に関して権威のある研究者の、奴隷についての基本的観点に反している。端的にいえば、奴隷と農奴の根本的区別を混同しているのである。

スターリンは、つぎのように指摘している。

奴隷占有制度の下における生産関係の基礎は、奴隷主が生産手段と生産労働者を占有することである。これら生産労働者とは、奴隷主が、家畜のように売買や殺戮のできる奴隷である。

封建制度の下における生産関係の基礎は、封建主が生産手段を占有することと、生産労働者、すなわち農奴を不完全に占有することである。封建主は、農奴を殺戮できないが、農奴を売買することはできる。（「レーニン主義の問題」『スターリン選集』下巻、四四六～四四七頁）

ここで、スターリンは、奴隷を、奴隷主が家畜のように売買や殺戮することができる生産労働者だと定義している。売買できること、殺戮できること、この二つを同時に兼ね備えているときには、それを奴隷と呼んでよい。殺戮することができるかどうかは、奴隷と農奴を区別する主要な指標である。それは、奴隷と農奴の自由の程度をはかるもっともよい基準でもある。

広開土王碑の記述は、かつては烟戸が売買される状況にあったことを反映している。ただし、殺戮するとか、殺戮したことがあったとかは、片言隻句もふれていない。このことは、烟戸たちが、国烟・看烟もふくめて、生命権を保障されていたことを証明している。したがって、彼らは、断じて奴隷ではないのである。

ここで注意したいのは、広開土王碑では、同時に「守墓人は、今自り以後、更相《たがひ》に轉賣するを得ず。富足の者有りと雖も、亦た擅《ほしいまま》に買ふを得ず。其れ、令《れい》に違《そむ》きて賣る者有らば、之を刑《けい》す。買ふ人は、制令《せいれい》もて守墓せしむ」と規定していることである。守墓人烟戸に対し、法令を作って、「今自り以後、更相《たがひ》に轉賣するを得ず」ということを明確に定めているのだから、少なくとも広開土王の時代には、守墓人烟戸の身分が農奴のそれよりすこし高かったということになろう。

第三点。上記の二点は、「烟戸は奴隷なり」と主張する人があげる根拠に対する反論だが、ここでさらに証拠を補足しておく。広開土王碑では、規定に違反して烟戸を売買した人に対する処罰について、「擅に烟戸を買うものは、守墓人烟戸にする」とある。つまり、この規定だと、買う人の多くは「富足之者」だが、豊かで満ちたりた人も守墓人烟戸になることがあるわけである。これは、守墓人烟戸が、かならずしも賤業に従事する奴隷ではなかったことの裏づけとなろう。

第四点。集安高句麗碑には、最後に「自今以後、不得擅自更相転売。雖富足之者、亦不得其買売。如有違令者、後世□嗣□□、看其碑文、与其罪過」（「□嗣」は「子嗣」や「後嗣」のことかも知れない。うしろの二文字は「懲罰」あるいは「並罰」がくるべきであろう）としるされている。ここで、再度、守墓人烟戸を売買することはできない、豊かな人でも売買することは許されない、という二点を強調している。違反すれば、売買したものが処罰されるだけではなく、子孫までもが連坐である。これによると、守墓人烟戸は相当重視されていたのであって、彼らは、けっして自由に売買・殺戮できる奴隷ではないのである。

なお、これとあわせて、われわれは、「烟戸」について碑文にはもう一つの呼称があることに注意を払うべきである。それは、すなわち「守墓之民」である。これは烟戸がすでに庶民の階層に編入されていたことのあかしであり、この点から、彼らは、高句麗が支配した普通の庶民だったと考えてよいであろう。

以上の諸点から、広開土王碑にしろ、新出の集安高句麗碑にしろ、そこに登場する高句麗王に守墓をする「烟戸」は、奴隷ではないことは明白であり、高句麗国家の普通の庶民だったとしなければならない。

以上、報告書の主張の要点を紹介した。むつかしい問題だが、議論の前提として「奴隷」「農奴」といった用語の定義、さらには広開土王碑にみえる国烟・看烟の性格について認識を共有しておく必要がある。また、報告書でも指摘されているように、烟戸のもとの身分と、高句麗の国烟・看烟としての身分はわけて考えるべきで、このあたりの取り扱いも慎重におこなう必要があろう。いずれにしても、烟戸の身分についてはなお不明な点が多く、今後もこうした議論は続くものと思われる。

ちなみに、『集安高句麗碑』では引用されていないが、武田幸男『高句麗史と東アジア』（岩波書店、平成元年六月）第一編第二章「新領域の城―戸支配」には、広開土王碑にみえる守墓人烟戸制の詳しい分析があり、有益であることを附言しておく。

十二、今後の展望

以上、新出の集安高句麗碑について、集安市博物館編著『集安高句麗碑』によりつつ、その史料として特色について考えきた。建碑の年代をはじめとして、まだ確定しないところも少なくない。しかしながら、この碑が、四世紀後半から五世紀初頭にかけての高句麗王とその王陵について、新たな知見をもたらしてくれる、稀有の史料であることは疑いない。字数こそ多くはないが、学界に裨益するところは大きいのである。

とくに、これまで孤立的な史料であった、広開土王碑第三段落の解釈に光明を与えた点は、特筆すべきである。高句麗王陵の守墓制度の研究上、この碑の存在は看過しえないであろう。

さらにそれだけではない。さきにも引用したように、広開土王碑には「上祖・先王自り以来、墓の上《ほとり》に石碑を安んぜず、守墓人の烟戸を使て差錯せしむるに致れり。唯《た》だ國岡上廣開土境好太王のみ、盡《ことごと》く祖・先王の爲に墓の上に碑を立て、其の烟戸を銘《しる》して、差錯せ令めざりき」とあって、広開土王が上祖・先王の為に、すべての墓のほとりに石碑を立てたことがしるされている。とすれば、今回発見された集安高句麗碑以外にも、附近の王陵から広開土王碑の建てた石碑が発見される可能性が出てきたのである。報告書が推測するように、集安高句麗碑が千秋墓に附属する石碑であったとすれば、他の麻線墓区の有力墳墓からこうした石碑が発見されても、おかしくないのである。集安高句麗碑は、そうした今後の新史料の出現への可能性を拓いたという点でも、意義深い史料といえる。

〔附記Ⅰ〕

小論は、昨年六月、『集安高句麗碑』を入手してから、一気呵成に書き上げたもので、趣旨は『文化史史料考證―嵐義人先生古稀記念論集』に寄稿した拙稿「集安高句麗碑の発見とその意義」でも略述したところである。ただ、同稿は枚数に限りがあったため、より詳細な小論をまとめ、この『皇學館大学紀要』五三輯に投稿することとした。原稿の提出は平成二十六年九月下旬のことだが、原稿が印刷に回った十月中旬になって、東方書店に依頼していた張福有編著『集安麻線高句麗碑』（文物出版社、二〇一四年五月）が手元に届いた（本書では、「集安高句麗碑」の呼称はいささか曖昧であるとして、「集安麻線高句麗碑」の名称をあらたに採用）。

本書は、集安高句麗碑に関する既発表の論文と新稿をあわせた四百頁を超える大冊で、巻頭に排された一字一字の碑字の写真、拓本とその反転、文字の輪郭をトレースしたものなどは、碑文を直接みることできないわれわれにとっては、きわめて有益であった。なにより驚いたのは、さきの『集安高句麗碑』で示された碑字は百五十六字で、判読されないままの文字も多数存したが、本書では、碑石の缺損した冒頭部分の九字の類推や従来の釈文の訂正もふくめ、二百十七文字すべてを読み切っていることであった。

いま本書の一〇頁及び一四一頁の記述によって、その釈文を示すと、つぎのとおりである（□内は推定、太字は追加・訂正された文字）。

1 2 3 4 5 6 7 8 9 10 11 12 13 14 15 16 17 18 19 20 21 22

Ⅰ [惟][雄][才][不]世必授天道自承元王始祖鄒牟王之創基也

Ⅱ [天][帝][之]子河伯之孫神靈祐護**假**蔭開國辟土繼胤相承

Ⅲ [遠][近]**舊民各**家烟戸以此河流四時祭祀然**萬世悠**長烟

Ⅳ **戸亦轉賣**烟戸**爲禁舊民**富庶**擅**轉賣**韓穢**守墓者以銘

Ⅴ **守墓人標然唯國**罡**上**太王**號平安太**王神**武乗**輿東西

Ⅵ **廿家巡故國**追述先聖烈勳彌高**烋**烈繼古人之慷慨

Ⅶ此河流丁卯歳刊石自戊申定律教言發令並修復各於
Ⅷ祖先王墓立碑銘其烟戸頭廿人名宣示後世自今以後
Ⅸ守墓之民不得擅自更相擅賣雖富足之者亦不得其買
Ⅹ賣向若違令者後世繼嗣之者看其碑文與其罪過

碑石の写真をみたかぎりでは、全体に摩滅がはなはだしく、さきの報告書が缺字にした箇所が短期間の再調査で多数判別しうるとは思えなかっただけに、『集安麻線高句麗碑』の釈文は驚きであった。ただ、あらためて『集安麻線高句麗碑』に掲げられた碑字等の写真を精査すると、なるほどと思われる文字の存したことも事実である。

二百十七字すべての釈文が提示されたことによって、これまで不明だった箇所の文意があきらかになったことはありがたいが、なかでも注目されるのは、第七行目の「丁卯歳刊石」「自戊申定律」という干支をふくむ部分である。この釈文のとおりだとすれば、張福有氏がいわれるように、定律のあった戊申年とは広開土王の在位中の西暦四〇八年であり、立碑の年代を示す「丁卯歳」は長寿王の治世の四二七年にもとめるのが妥当となろう。となると、当然ことながら、『集安高句麗碑』の推測する年代は修正を迫られることになる。

さらに、集安高句麗碑そのものについても、小論では故国壌王（在位三八四～三九一）の王陵とみられる千秋墓に附属するものとのみかたを紹介したが、張氏によれば、千秋墓はその一代前の小獣林王（在位三七一～三八四）の陵墓とすべきであるという。集安高句麗碑には、河を隔てて王陵と反対側に位置することや、碑文では故国壌王の事蹟にまったくふれていないことなどが、その理由である。しかし、碑石の発見地がもともとの建碑の場所かどうかは疑問だし（第一、碑座も発見されていない）、碑文自体は守墓制度についてのべることに主眼があるので、はたして故国壌王の事蹟をしるす必要があるかも疑問である（記載がないのは、小獣林王も同じである）。

いずれにしても、本書の出版によって、集安高句麗碑の研究にあらたな展開が訪れたことは事実である。

小論も、本来なら、こうした最新の成果を踏まえて全文を書き改める必要があろうが、いまはその時間的餘裕もないので、それは後日の課題としたい。小論で引用した釈文も『集安高句麗碑』のままとしたが、読者諸彦のご寛恕を乞う次第である。

〔附記Ⅱ〕

本文に引用した広開土王碑の釈文と読み下し文は、武田幸男先生の『広開土王碑との対話』（白帝社、平成十九年十月）の「附録」によりつつ、適宜改変を施したものである。

第二章　白集漢墓とその畫像石

一、漢代畫像石とは

畫像石は、後漢（東漢）を代表する遺品の一つである。宮殿・墳墓の前の祠堂《しどう》・墓室の壁・門柱などに線刻や浮き彫りでさまざまな畫像を表したもので、畫題は、ひろく被葬者の日常生活全般から神仙や老荘伝説・歴史的故事などにわたり、当時の生活・風俗・信仰などを知る重要な資料である。畫像石を有する墳墓は山東省に多くみられ、肥城県孝里舗の孝堂山の祠堂や、嘉祥県にある武梁石室は、はやく十二世紀ごろから世に知られていた。しかし、その後、中国全土で発見が相次ぎ、山東省だけでなく、河南・山西・江蘇・陝西・四川各省にわたる分布が確認された。

ここに紹介する白集漢墓は、江蘇省の徐州の青山泉の白集にある墳墓で、祀堂とそれにつづく三つの墓堂の壁面や梁にはすぐれた畫像石が多数彫刻されていた。

この墳墓については、一九八五年冬に南京博物院が調査をおこない、『考古』一九八一年二期には、博物院による「徐州青山泉白集東漢畫像石墓」という詳細な報告を発表している。これによれば、墳墓はすでに盗掘にあい、副葬品はほとんど残されていなかったが、遺構自体は、盗掘の際に破壊された箇所を除けば、築造当時の状態を保っていたという。畫像石も経年の劣化や破損はあるものの、多くは良好な状態で保存されていた。その数は豊富で、当時の社会や風俗の研究、とりわけ、徐州地方の文化をうかがう上で貴重な情報をもたらしてくれた。

筆者は、二〇一二年二月に、現地に赴いて白集漢墓の実地調査をおこなうとともに、近年採拓された畫像石の拓本を入手した。この漢墓は、「全国重点文物保護単位」として整備され、祠堂や正室はコンクリートなどによって補修され、発掘当時の面影こそないが、石刻は現在も、一部を除けばほぼ当時のまま残っている。石刻の全容は、上記の報告書に拓本の形で掲出されているし、『徐州漢畫象石』（江蘇美術出版社、一九八五年六月）にも拓本が載せられている。ただ、前者はサイズも小さく、不鮮明である。後者は前者の欠点を補って餘りあるが、それでも、このたび筆者の入手した拓本のほうが鮮明である。熟練の拓匠の採取にかかるもので、絵柄や文様を細部まで観察することが可能である。

そこで、小論では、この新出拓本を紹介するとともに、あわせて南京博物院の報告を適宜抜粋・引用し（拙訳により、原注は適宜取捨）、参考に供したい。

近年、京都大学人文科学研究所や淑徳大学書学文化センターなどが所蔵する畫像石拓本のコレクションがインターネットを通じて一般に公開され、学界に共有されている。小論も、これらの資料とあわせて、今後の研究に資するところがあれば幸いである。

二、白集漢墓の概要

はじめに、報告書の記載と筆者の現地踏査によりつつ、白集漢墓の概要をしるしておく。

白集漢墓は、平地に築造された墳墓で、現在も周囲には一面の平地が広がっている。上部は現在の地表から二メートル餘の高さで、もとはかなり大きな封土に覆われていたが、長い間に雨に洗い流されて、墓室が露出したものと思われる。いま残っている土墩の範囲は、東西二四・九七メートル、南北三〇メートルである。

墓は、祠堂と墓室という二つの施設からなるが、いずれも附近で大量に産出する青石を用いて作られている。祠堂は墓室の前面にあり、後方に墓室のある構造だが、二つはほぼ同一の中軸線上に建設されている。

祠堂　祠堂は、漢時代には「享堂」「墓廬」とも呼ばれた。墓前に建てられた構築物で、子孫が被葬者を供養する場所である。現存する構造は、表門が南向きで、間口一間で、広さ二・一九メートル、奥行き一・五メートルで（内壁を基準にして計測、以下も同じ）、上部はすでに崩壊している。室内は、砕石と砂礓土（硬く水を通さない鉱石で、建築材料として、レンガや石材のかわりに使う）を混ぜたもので地固めし、二枚の石板を横にならべて床《ゆか》としている。横木や門扉などの附属建築物は、とくに存在しない。左右両面の壁（西壁と東壁）および奥の壁（北壁）は形を整えた石板を用い、床石の上に立てている。上下の間にはスナップをかけてあり、かなり堅牢に作っている。天井部分は、発掘当時すでに破壊されていたが、左右の切妻壁の残骸からみると、もともとは懸山式構造であったと思われる。現存する切妻壁の高さは一・九八メートル、さらに底部と屋根を加えると、高さは二メートル以上になると思われる。

室内に溜まった泥のなかからは、杯・案・皿・匙などの陶器片が出土したが、これらはおそらく、祠堂に飾られた祭器であろう。調査員が発掘した祠堂の前の門を除くと、左右と奥の三面の壁は土中に埋もれた状態だったので、祠堂は、本来、土堆に埋もれていたと考えられる。

墓室　墓室は祠堂の後方にあって、祠堂から八・五六メートル隔たっている。構造は前・中・後の三室にわかれ、中室には左右両耳室が附属する。墓の門は南向きで、墓室の全長は八・八五メートル。

以下、順にみていくと、まず、前室はほぼ方形で、中軸線からはやや東にずれている。東西幅二・一三メートル、南北の奥行き二・一六メートル、高さ二・九七メートル。底は三枚の石板を敷いて、上部は四層の条石を積み上げ、その幅は上にいくほど狭くなる。頂口は三・九六平方メートルで、そこに蓋をして密封している。蓋は方形で、室の頂口よりやや大きいものを使用している。東壁・西壁・南壁はいずれも石板で築かれ、北は中室に通じている。

図版Ⅰ　白集漢墓展庁

図版Ⅱ　展庁横に建つ記念碑

つぎに、中室は、東西幅三・九メートル、南北の奥行き二・四メートル、高さは三・一五メートルである。東西両側にそれぞれ耳室がある。東の耳室は、南北一・五〇メートル、東西〇・六〇メートルの規模で、西側の耳室は南北一・五六メートル、東西〇・五四メートル。

前室・中室・後室と、中室と二つの耳室の間はそれぞれ扉でつながっている。ただし、扉には門扉などの附属建築物は設置されていない。かなり大きい横梁の重さに耐えるために、前室と中室の間と、中室と二つの耳室の間は、それぞれ柱によって支えられているが、三本の柱にはそれぞれ異なる点がある。中室と西の耳室の通路にある西の柱は特別な作りをしている。柱は八角菱形で、上に櫨斗が刻まれる。さらに、スナップを横梁に嵌め込み、下部には綿羊形をした柱礎（柱や彫像の臺座）を刻み、底部にはまたスナップが嵌め込まれている。羊はしゃがんだ姿勢で、角を巻き、髭を垂れて、歯は心持ち口外へ出て、生き生きと描かれている。かかる石柱は、附近の茅村後漢墓でも確認されているが、白集漢墓のそれはより精密で、写実的である。

建築学の立場からみれば、こうした彫刻はデザイン性においてすぐれているだけでなく、実用的である。なお、他の二本の柱も、石羊彫刻のないことを除けば、構造は西の柱とほぼ同じである。

このほか、べつに倚柱がある。中室から各室へ通る道には、門の両側の建築物として左右対称の倚柱が存在しているが、附近で発見された漢墓の倚柱とは異なり、左右の壁に附刻したものである。あるいは用材を節約したのであろうか。形は、さきにみた石柱と同じだが、上には斗があり、下には礎がある。半身の瓜棱紋を刻んであるが、実用性はない。また、すべての石柱は中室のほうを向いている。なお、室内の調査中に、石柱の瓜棱の上に朱が塗られていることを発見したが、その痕跡はいまでもはっきりと残っている（後述参照）。

中室の床は、五枚の石板を敷き詰めており、東側の耳室の一つの石板は、盗掘者によってこじ開けられていた。横

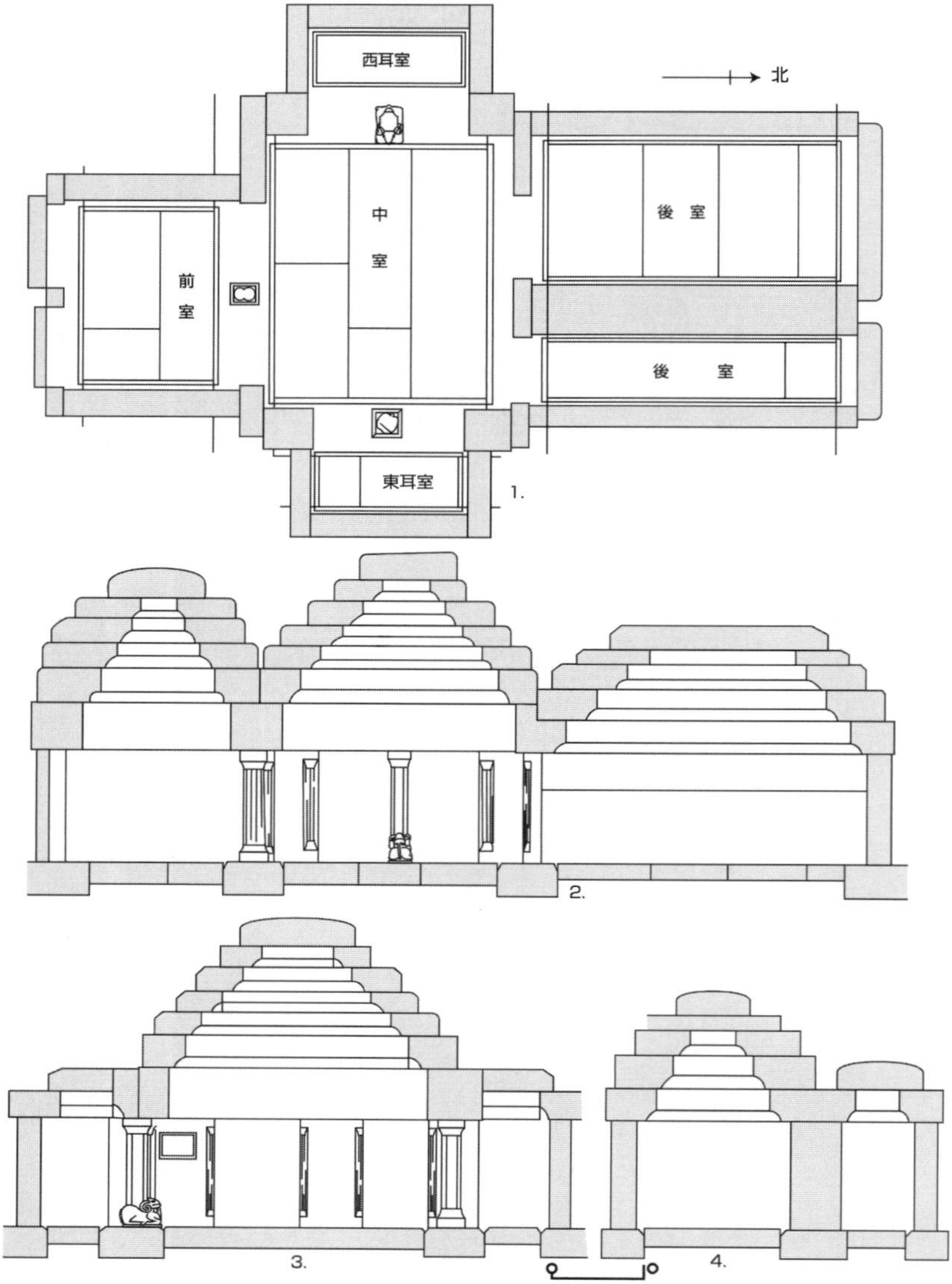

図版Ⅲ　墓室の構造（『考古』掲載のものを加筆・修正）
1．墓室平面図　2．東からみた石室断面図
3．南からみた中室断面図　4．南からみた後室断面図

図版Ⅳ　石室の内部（前室から中・後室を望む）

梁の上に五層の条石を積み上げる。頂口は東西の長さは〇・七五、南北の広さ〇・四五メートルで、その上を一枚の藻井で覆っていたが、これも盗掘者によって破壊されていた。

ちなみに、室内向きの一面には柿蒂形紋飾が刻まれている。

つぎに後室だが、中室と後室の間は、門があって直接中室から後室に通じている。

後室は長方形。なかは石板によって東西二つの室にわけられる。

西室は南北の長さ三・二四メートル、東西の広さ一・六五メートルで、高さは二・三七メートル。頂の蓋の北部に長さ〇・六三メートル、広さ〇・三〇メートルの盗掘坑がある。

東室は西室より短くて小さい。南北の長さ三・二四メートル、東西の広さ〇・六六メートル、高さは一・六五メートルである。そして、床は一枚の敷石で、室頂はただ一層の条石を載せるだけである。

この東西の両室は、夫婦合葬の際に棺を置いたと考えられる。当時の男尊女卑の風潮から判断すると、面積が大きくて高い西室は男性墓主の棺室で、東室は面積が小さくて低いので、女性墓主の棺室とみられる。盗掘による撹乱が甚だしく、棺や白骨は発見されなかったが、土中からばらばらの状態で鉄棺釘が発見されている。

〇

さて、以上が白集漢墓の構造であるが、周知のように、漢代の人々は、墓室を「室宅」「千万歳室」などと称し、死者の住居とみなしていた。その前室・後室は、すなわち「前堂」「後堂」であって、生前の家屋になぞらえているのである。したがって、被葬者の永続的かつ快適な生活を確保するために、さまざまな工夫が施されている。

たとえば、墓室内には水が溜まらないように、すべての墓室は前を低く、うしろを高くしている。また、中央は周りより高くし、溜まった水が室外へ排除される構造に作られている。とくに、後室では、棺木が浸潤により腐蝕することを防ぐ意味があったのであろう。

このほかにも、石材を少しづつずらし積み上げ、室頂のわずかに開いた部分に小さな石材を載せる構造は、前・中・後室と両耳室すべてに共通する。かかる技法は、石材を節約するだけでなく、強度や石室内の空間の確保にもつながるのであって、ひじょうにいきとどいた設計だといえよう。

ちなみに、墓室の外の周りには積み重ねられた石条があって、すでに露出している。西に二つ、北に四つあるが、そのなかには南北向きと東西向きの石条がある。墓室の堅固さを保つためであると思われるが、最後に封土で覆って墓葬を整えている。

三、畫像石刻について

畫像石刻は全部で二十四幅あり、祠堂と墓室の前室・中室・後室、四つの部分に彫刻されている。以下、報告書などの記述を訳出しつつ、順に紹介していくが、部分的に補足したことをお断りしておく（報告書では、「第一幅」「第二幅」と順に「第二十四幅」まで畫像石刻に通し番号が附されている。この番号は、報告書の図版番号とは一致せず、その排列も同じではないが、読者諸彦の便宜を考え、小論でもこれを踏襲し、両方を並記した）。

なお、各石刻のサイズは報告書と『徐州漢畫象石』（前掲）でわずかなちがいがみられるが、ここでは報告書にしたがった。また、拓本からもわかるように、上述の二十四幅の畫像のほとんどには、周りは絞紋・斜各子紋・垂絹紋・

鋸歯紋の図案で飾られているが、これについては、煩瑣になるので、一々の解説では言及しない。ご了承を乞う次第である。

（1）祠堂の畫像石刻

五幅あり、以下の第一幅から第五幅までがそれにあたる。

第一幅（図六―2）　西壁の下の礎石に刻まれた石刻。石の高さは〇・一八メートル、残っている部分の幅は〇・七九メートル。礎石自体は、写真でもわかるように、大きく三つに割れており、石刻も右半分は破損しており、左端も欠損している。残存部分にみえるのは珍獣（珍しい動物）三匹で、すべて牙を剥き、爪を振る仕草をしている。今回あらたに拓出したという筆者所蔵の拓本では、第一・二幅の分は存在しない。かわりに筆者が祠堂内において撮影した写真を掲げておく。

第二幅（図六―4）　東壁の下の礎石の上の石刻。石の高さは〇・一八メートル、幅は〇・七九メートル。「羽人戯龍」を描く。羽人は髻《もとどり》で髪の毛を束ね、短い上着を着て、束腰、すなわちチュニックで、両足は弓を引いたような形で、片足ずつ前後に伸びている。両手を高く掲げ、右手は龍の口に伸ばし、あたかも龍が進むのを先導しているかのようである。龍は一角で、口を開き、舌を出している。そして、四足は走るさまで、羽人の方向へ進んでいるかのようにみえる。さらに、一株の木があり、木の背後にも一匹の龍が描かれる。形は前者と同じだが、龍の頭は下を向いている。

第三幅　北壁の下の礎石である。すでに若干の砕けた塊になっているが、おおよそ上記の二つの石刻と同様、珍獣類の形であるという。報告書にはこの第三幅の写真や拓本だけは掲載されておらず、筆者も実物は確認していない。

第四幅（図六－1・図七－1）　西壁の刻石である。高さ一・五七メートル、幅一・二二メートル。後述の第五幅（図六－3）とともに、二十四幅の石刻のなかではもっとも大きく、かつ多様な図柄を描く逸品である。ただし、表面は粗くざらついており、石刻も多くは不鮮明である。

石刻は七つの升目に分割される。一つ目の升目には、不鮮明だが三人の人物が刻まれており、真ん中の座っているのが主人であろう。右側に侍者が二人いて、主人を伺候しているかのような姿である。侍者の後方に珍獣一頭がいる。馬のようにみえるが、翼があり、嘉禾のあいだを駆けているかのようである。さらにその珍獣の後方には兔が二匹いて、それぞれ杵を持ち、臼のなかの薬をつき砕くような図柄である。また、主人の左傍らに、足を大きく開いて、両手を高く上げ、踊っているような仕草の人物が二人描かれている。このほか、二頭の獣が確認できるが、形がはっきりしていない。

二つ目の升目には、真ん中に三、四人の人がいて、舞踏か、あるいは雑技を演じているかのようである。左側の一人は口を開けて、手を伸ばして、手の下に角形の物がみえる。伴奏しているのであろうか。ほかに十人の人物が左右に五人づつ並ぶが、おそらく実演を観ている人々であろう。

三つ目の升目には、瑞鳥が十四羽刻まれており、嘉禾のあいだを飛び交っている。

四つ目の升目は「飛龍戯珠」を刻んでおり、龍は二三匹ごとに一つの珠を奪い合っている様子である。升目狭しと躍動する龍の様子が活写されている。

五つ目の升目は調理の様子をあらわしている。図は井戸を中心として、その上には棚が描かれている。井戸には、釣瓶とウインチ（井戸の水を汲むのに用いる滑車）があり、左側の二人が釣瓶を引っぱって水を汲み上げている。さらに、もう一人がしゃがみこんで食べ物を盛っている。地上にはさまざまな器が並べられており、壺三つ、碗三つ、杯四つが確認できる。梁には肉類などがかけられている。このほか、三人の人物が竈で調理をしている。そのうちの一人が竈の前に伏して、薪を加えている。竈の上には鍋があり、熱気が外に噴出している。升目の右側には、六人の人物が刻まれている。皆直立して、胸の前で拱手しているところからすると、客人なのであろう。おそらく、これはつづく六・と七の升目の図と関聯があると思われる。

その六つ目と七つの升目だが、これらはともに賓客を迎える図である。六つ目の升目は、左側に五人の人物が刻まれており、一番前の人が腰を屈めて客を迎えている。おそらくは主人であろう。傍らに立っている人は、背が低くて、若い感じなので、墓主の息子かも知れない。父と一緒に客を迎えにきたのであろうか。主人の後方三人はいずれも侍者であろう。右にいる七人は客人だが、リーダー格の人物は老人のようで、杖に倚りかかって歩いている。そのうしろにいる六人は皆拱手して、老人のあとに扈従《こしょう》している。『徐州　漢畫象石』（前掲）の解説は、これを「孔子見老子」の故事をあらわしたものだとしている。

七つ目の升目は、上図のつづきである。馬車三臺が刻まれているが、前の二臺は軺車（古代の、小さくて軽い馬車）。各馬車には一人づつ乗っていて、両方とも御者が運転している。そのうしろに輜車（古代の幌の附いた車）が一臺みえるが、車内には人が見当たらない。

第五幅（図六―3）　東壁の刻石である。高さ一・五七メートル、幅一・二〇メートル。構図と図の内容は第四幅とほぼ同じで、これも全体を七つに区分している。

一つ目の升目は、真ん中に髷《まげ》で髪を束ねた人物が一人いて、端座している。これは、女主人であろう。左側に珍獣が刻んであるが、はっきりとわかるのは、瑞鳥一羽・獣一頭・亀一匹である。右側に兎が薬を搗いている。形は第四幅にみえるのと同じである。

二つ目の升目は珍鳥類で、三つ目の升目は珍獣である。珍獣のなかに「雄虺九首」という空想上の動物がみえる。この獣は九つの頭があり、身体に尾がある。山東沂南漢墓及び武梁祠東闕に類例があるが、神話伝説にもとづく図案である。

四つ目の升目から七つ目までは、いずれも「賓客図」である。右側には三階建ての楼閣が聳《そび》え立つ（画面では、四つ目の升目から六つ目まで占めている）。最上階は、窓が閉じられた状態で、四人の人物が欄干に倚りかかって、遠くを眺めている。二階は、窓が開いて、女性三人が窓に寄りかかって、やはり遠くを眺めており、侍者が一人その傍らに控えている。その左側には軒房（窓のある小部屋）があって、なかには六人の人物が座っていて、皆欄干に倚《よ》りかかって、下のほうを向いて観覧している。楼閣の傍らには池があり、池のなかには魚が泳いでいる。一階部分は母屋であり、扉は半分閉じていて、扉の上には鋪首が飾っている。扉の左右には一人づつ侍者が待機している。部屋の前には主人と客人があわせて七人いる。なかの五人は左の方に向いているが、おそらく主人のほうを向いているのであろう。主人は、拱手して客人への歓迎の意をあらわしている。右側の二人は部屋のほうを向いていているが、これは賓客と思われる。この二人も拱手していて、主人への敬意をあらわしている。

七つ目には、車馬の図が刻んである。先導の馬二頭が刻まれているが、二頭の馬は並んで歩き、騎士は矛を持っている。うしろに一臺の軺車があって、馬車の上に一人が座り、御者は馬車の前方部に座って運転している。軺車の後方には幌の附いた大車があって、御者の頭半分が外に現れている。

（２）墓室の畫像石刻

（ａ）前室　全部で六つの畫像があって、以下に掲げる第六幅から第十一幅がそれである。

第六幅（図八－上）　西壁は、高さ一・一一メートル、幅一・七五メートル。二つの升目に分かれ、上の升目には十字連環（連鎖している輪）が描かれている（今回の拓本ではこの部分は拓出されていない）。十字連環は図九－上にも描かれているが、徐州市では万寨漢墓や銅山県苗山漢墓などに類例がみえる。

下の升目は「賓客図」である。遠方からの客人を描いており、先導は二頭の馬、これにつづく二臺の軺車がみえる。車には一人ずつ乗る。馬車の前に御者一人が座って、鞭を振るって馬を駆る。亭長は、盾を持って車の前に立ち、客を迎える。先導の人物が半分しか描かれていないのは、客を迎えにきている人物が一人ではないということを示唆している。また、軺車のうしろにも、馬の姿が半分ほど描き出されており、馬車があとにもつづく様子を表現しているのであろう。

第七幅（図九－上）　東壁は、高さ一・一二メートル、幅一・八〇メートル。第六幅と対になっており、そのつづきである。こちらも全体を二つの升目に分割し、上の升目は十字連環を描き（今回の拓本ではこの部分も省略）、下の升目には三臺の馬車を刻む。一番前の車は軒車である。軒車の構造はなかなか精巧で、ボックスの両側に方眼紋の飾り窓がある。おそらく、当時の高級役人が利用したタイプの車であろう。馬車のうしろには一人の侍者が随行している。軒車のうしろには二臺の軺車があり、一人づつ乗車している。車の前に座っている御者は、馬を駆って前進させる。一臺目の軺車のうしろにも一人の侍者が徒《かち》で随っている。なお、最後の部分には「械斗図（武器を持って集団で戦う）」が刻まれている。三人が描かれ、二人は武器を持って刺し合う様子で、右側の一人が戟を握って相手を刺し、左側の人は両手で短い兵器支えを持っている（左手は短い剣を持ち、右手は鉤兵である）。戟を持っている人の背後にさらに一人が立ち、長い剣を帯びている。械斗に参加するのを待っているかのようである。

第八幅（図八－中）　南横梁刻石であり、高さ〇・四四メートル、幅一・五二メートル。これは「賓客図」であり、左側には亭長一人が石刻される。彼は盾を胸の前に持って、腰に剣をかけ、身体を前へ屈め、客を迎えているかのような姿勢である。亭長の前に二人の兵士が立ち、手に長い篲《ほうき》を持っている。『史記』孟柯列伝には「是以騶子重于斉、（中略）如燕、昭王擁篲先駆」とあり、司馬貞の『索隠』に「篲、帚也。謂之為掃地、以衣袂擁帚而却行、恐埃之及長者、所以為敬也。（篲というのはほうきである。掃除をする意味であり、ちりを客の服につかないように掃除をして、尊敬の意を表す）」とある。古代の習俗では、大切な賓客を迎えるために、あらかじめ箒で掃除をし、尊敬の意を示す。漢代の畫像のなかにも、この習俗を描写したものが数多く存在する。この図も、全員が篲を持って直立し、篲の柄を下に向けている。道路をまえもって掃除し、訪れる客を謹んで待っている様子をあらわしているのであろう。右側には賓客八人が、列になって進んでゆく様子が刻まれているが、拱手をしているのは、迎えにくる人への敬意を示しているのであろう。

第九幅（図九－下）　北横梁の石刻で、高さ〇・四八メートル、幅一・七一メートル。この畫像は、あるいは前図の続きかも知れない。左側にみえる六人は賓客の一部であると考えられる。右から左へと移動しており、一番前の人はきわめて小柄で、おそらくは子供であろう。賓客のうしろにいる四人は、ことごとく右を向き、そのなかに三人が跪《ひざまず》いて俯《うつむ》いている。また、一人は前に立ち、来る客を拱手して迎えているので、この人物が主人であろう。彼は別の一列の賓客四人の到着を待っている。この列の賓客のなかで、一番前の人は身体を前へかがめ、主人へ向かって拱手して答礼している。三番目の人は腰に長剣を佩いており、賓客のなかで唯一の武官である。最後（図の右端の部分）は「械斗図」である。二人はそれぞれ短い刀を持って刺し合い、傍らの一人が応援している。械斗は廟の前でおこなう。廟の門は閉まっているが、戸の隙間があらわになっている。

第十幅（図九―中）　東横梁の刻石であり、高さ〇・四二メートル、幅一・四九メートル。三組のまったく関係のない内容が刻まれ、各組は樹木によって隔てられている。

右側の一組は「舞楽図」であり、一人は座って古琴を膝の上に置き、三弦琴を弾いている。真ん中の人は長い袖の舞衣を着て束腰し、やや膝を曲げている。その顔は琴を弾いている人のほうを向いており、長い袖が踊りにあわせてひらひらと舞う様子が描写されている。ほかの五人は、琴を弾いている人と踊り子の周囲に立って、全員が両手を胸の前で合わせ、舞楽のために伴奏している。

真ん中の一組は「羽人戯虎図」である。虎は口を大きく開き、尾を立てている。四足を躍動させ、勢いよく羽人に迫っている。羽人は腰が細く、レオタードを履いている。両肩に鳥の毛を羽織って、両手を高くあげ、左手は虎の口に伸び、虎を誘う様子である。

左側の一組には、三人の人物が刻まれる。前の二人は対峙して座り、背後には長剣がみえる。各人は手を伸ばし議論をしているかのようで、側に立っている人は両手を前へ伸ばしあたかも仲裁しているかのようである。あるいはなんらかの歴史上の故事をあらわした図かも知れない。

第十一幅（図八―下）　西横梁の刻石で、高さ〇・四一メートル、幅一・三二メートル。珍獣図である。龍は九頭があって、いずれも牙を剥いて、鋭い爪を立て、高く飛び上がっているような姿をしている。

（b）中室　全部で十一幅あり、以下の第十二幅から第二十二幅までがそれにあたる。
第十二幅（図十―1）　南壁の刻石。高さ一・一三メートル、幅〇・六一メートル。左右の両部分に分かれ、さらに右の部分は上下四つの升目に分割されている。

一つ目の升目には、一株の金のなる木が刻まれる。たくさんの果実が実っている。一人の人物が木の下で祈っているようなポーズをとり、反対側には一羽の瑞鳥が飛翔する。

二つ目の升目には珍獣が刻まれる。二頭いて、一頭は人間の頭と虎の身体を合わせたもので、もう一頭は長い首で、髭があり、姿は龍に似ているが、四足を有する。そして、瑞鳥が二頭の獣のほうへ飛ぶという構図である。

三つ目は「調琴行楽図」。三人が並んで座っている場面が刻まれている。左側の人は琴を弾く。他の二人はその人に向かって合掌し、演奏に合わせて、歌を歌っているかのようである。

なお、四つ目は、空欄のままである。

つぎに、左部分は上下三つの升目に分割される。一つ目の升目は、上の部分が龍一匹と一羽の瑞鳥を石刻する。下の部分には獣の頭が刻んであって、牙を剥き爪を振るっている。口の下に一つの宝珠があり、獣は口を開けて、宝珠を飲み込んでいるようにみえる。

二つ目の升目には二人の人物がいて、ともに山形の帽子を被っている。右側の人は両手で長い柄の建鼓をもっているが、その鼓の上には装飾が施されている。左の人物は長笛をもち、それを吹いている。

三つ目の升目には、一人の人物がみえる。弩を踏まえて、両手に力を入れて弓弦を引っ張る、いわゆる「蹶張図」である。かつて銅山県の洪楼でよく似た図案が発見されている。『史記』張丞相列伝には「申屠嘉曾以材官蹶張（申屠嘉は人名である、劉邦の干将の一人。材官とは、軍隊で兵器を作る官員である。申屠嘉は兵器を作る人を強弩を踏む人に譬えている）如淳曰〈材官之多力、能脚踏強弩張之、故曰蹶張。律有蹶張士〉（如淳曰く、ほとんどの兵器を作る人は力士であり、弩を踏まえ、弓弦を引っ張れる。だから、こういう人は蹶張とも呼ばれ、律には強弩を踏む士兵のことがみえる）」とある。

第十三幅（図十一－１）　東壁（南）の刻石。高さ一・〇〇メートル、幅〇・二九メートル。上下二つの升目に分割される。上の升目には嘉禾が一株刻まれ、五羽の瑞鳥がその嘉禾の周りを飛翔する。下の升目にも嘉禾一株が刻まれ、樹木には円形の馬槽がかけられ、その下に馬一頭が繋がれている。また、木の上には一羽の瑞鳥が休息している。

第十四幅（図十一－2）　西壁（南）の刻石で、高さ一・〇〇メートル、幅〇・二八メートル。上下二つの升目に分割される。上の升目はさらに三つの部分から構成される。上段には長い首をもつ珍獣がいるが、その尾は彎曲している。中段に二羽の瑞鳥が排され、下段には鋪首銜環が刻まれている。下の升目には遊徼（遊徼は秦時代に設置された官名。主な役は安全を守って、防犯に努める）一人が刻まれている。

第十五幅（図十一－3）　東壁（北）の刻石で、高さ一・〇二メートル、幅〇・三〇メートル。上下二つの升目に分割される。

上の升目に金烏（古代、太陽には三本足の烏が住むといわれたことから、太陽の別称）が刻まれるが、これは太陽を象徴している。金烏は円形をしており、両翼を拡げる構図で、二羽の瑞鳥がこの金烏に向かって飛んでいる。金烏は漢時代によくみられる図案の一つで、長沙馬王堆一号前漢墓で発見された帛畫だけではなく、江蘇省の盱眙東陽前漢木椁墓の木彫図にも同じ内容のものがある。さらに、徐州附近の崗子後漢畫像石にも類例がある。いずれも古代の神話伝説にもとづく。外見はおおよそ二種類あるが、一つは円形の姿をした金烏。今回発見されたのもそのタイプだが、この図の金烏には三つの頭があって、ほかの絵と異なる。なお、金烏の下に一頭の珍獣があり、長い首で、四本の足と尾を有する。

下の升目には、部屋一軒が刻まれている。部屋のなかには二人の人物が姿勢正しく座る。その前には机があり、机のそばに酒樽・杓子がある。酒を飲んで、楽しんでいるかのようである。

第十六幅（図十一－4）　西壁（北）の刻石で、高さ一・〇〇メートル、幅〇・三二メートル。第十五幅の画像の位置と対になっている。これも上下二つの升目に分割される。上の升目には女媧像が刻まれている。女媧は人の頭と蛇の体からなっていて、両手は円形の杯を高く上げ、月を象徴している。右側の下に三羽の瑞鳥がいて、みな月の方向を向いている。下の升目には兵器棚が刻まれているが、これは武庫を象徴している。棚の上にさまざまな兵器を陳列していて、戟三・矛二・剣一が確認できる。

第十七幅（図十一―5）　北壁（東）の刻石で、高さ一・〇五メートル、幅〇・四二メートル。三つの升目に分割される。

一つ目には珍獣二頭が刻まれている。

二つ目には一棟の家屋が刻まれ、階上の窓は半分開かれ、一人の女性が顔を出して外を眺めている。一階の扉は開かれており、二人の男性が地べたに座っている。二人の間には机があり、その上にさまざまな器が置かれている。さらに、机の側には酒樽があり、酒樽のなかに杓子の柄がみえる。二人は飲酒し楽しんでいるのであろう。

三つ目は、二つ目の構図に似ており、賓客と主人の酒席を描く。主人は左側に座り、斜頂単梁の帽子をかぶって、いっぽうの手を前へ伸ばし、客に酒を勧めているかのようである。もういっぽうの手は杓子の柄を持ち、酒樽から酒を取り出す姿をあらわしている。酒樽のそばには大耳杯・皿が各一つあり、皿のなかには四つの小耳杯が載る。主人の後方には侍者二人がいて、一人は篲をもち、もう一人は扇を持って主人に侍《はべ》っている。客は右側に座り、服装は主人と同じである。ただし、拱手をしていて、主人への感謝の意を表しているかのようにみえる。

第十八幅（図十一―2）　北壁（西）の刻石で、高さ一・一四メートル、幅〇・五八メートル。二つの升目に分割され、上部には連子窓が刻まれる。窓の幅は〇・五〇メートル、高さは〇・三〇メートルである。下部は賓客と主人の酒席の図である。一棟の家屋が刻まれ、階上の窓は半分開かれ、そこから一人の女性が顔を出して外を眺めている。一階の母屋には客と主人が刻まれている。左側に主人がいて、手を伸ばし客に酒を勧めている。右側の客人は、胸の前で合掌して主人への謝意をあらわしている。中央に酒樽と机があり、酒樽のなかに杓子があり、机の上には器がみえる。主人の後方には楽団が控え、酒席を盛り上げるために演奏している。楽団は全部で四人、一人は琴を調整し、残る三人は胸の前で合掌して、伴奏しているようにみえる。屋根の周りに四羽の瑞鳥が休息しているが、これは吉祥の意をあらわしたものであろう。

第十九幅（図十二－3）　北横梁の刻石で、高さ〇・四二メートル、幅二・五七メートル。全部で十頭の珍獣が刻まれる。左から順に白虎をはじめとして、雄虺九首が存する（九つの首の彫刻法は独特で、一番大きな首の上に八つの首が生えているようにみえる）。さらに、青龍二・人頭の獣一、またつぎに青龍一・獣一（獣は二人の頭で、そのうえ、尾上にも三人首がある）、ついで青龍が描かれ、最後に「青龍奪珠」で終わっている。

第二十幅（図十二－1）　東横梁の刻石で、高さ〇・四二メートル、幅二・二二メートル。珍獣十頭が刻まれるが、内訳は青龍八・瑞鳥二。

第二十一幅（図十二－2）　西横梁の刻石で、高さ〇・四一メートル、幅二・二二メートル。珍獣十頭が刻まれるが、内訳は青龍五・瑞鳥五。

第二十二幅（図十二－4）　南横梁の刻石で、高さ〇・四二メートル、幅二・二八メートル。畫法は上記の三幅とちがって、柱を中心にして、柱のうえには櫨斗が、下には柱礎がある。柱の左に奇禽・珍獣が刻まれるが、内訳は鳳凰三・瑞鳥五・青龍一。また、右側には鳳凰一羽・瑞鳥六羽・亀一匹・鹿一匹・白虎一頭・馬二頭が石刻される。

（c）後室

二幅の畫像があり、第二十三・二十四幅の二つがそれである。

第二十三幅（図十三―左）　西室（男棺室。これについては後述参照）後壁の石刻で、高さ一・四五メートル、幅〇九五メートル。左右二つの部分に分割される。左側はさらに上下三つの升目にわかれ、上に瑞鳥一番《ひとつがい》いが刻まれ、首を交叉し、食べ物をつついているかのようにみえる。中間部分には鋪首銜環が刻まれ、鋪首の両側にはやはり鳳凰が一番いみえる。下部には一番いの鳳凰が魚をつついている絵が刻まれている。なお、鋪首銜環は徐州市の漢墓に多く類例がある。『徐州　漢畫象石』（前掲）に掲げられた銅山県収集散在畫像石のうち、図一九七（銅山柳泉）などと同じものである。

右側も上下三つの升目に分割され、上部には鳳凰二羽が刻まれる。中間部分には鋪首銜環（双連環）が刻まれ、両側に鳳凰が一番い、両角に魚一組が刻まれている。下部にも鳳凰一番いが刻まれ、三匹の魚をつついている。

第二十四幅（図十三―右）　東室（女棺室。後述参照）後壁の刻石で、高さ一・〇五メートル、幅〇・六〇メートル。三つの升目に分割される。上部には二羽の雀が刻まれ、首を交叉している。中間部分には、やはり鋪首銜環が刻まれている。下部には武士が獣と戦っている図柄があり、武士は長い矛で獣を刺している。

（３）小括

以上、個別の畫像についてその詳細をしるしてきたが、ここで、全体にかかわることをのべてまとめにかえたい。

さきに、白集漢墓の石室自体が、死者の生活空間として周到な設計のもとに構築されていることをのべたが、同様のことは祠堂や石室に刻まれた畫像石刻についても指摘できる。すなわち、二十四幅の畫像石刻を通覧すると、それらが有機的に各室に設置され、墓主の生前生活をつぶさに再現しているのがよくわかる。

たとえば、祠堂は、その石刻によって、墓主の贅沢な生活ぶりや地位がわかるとともに、不老長寿を得て永久につづく栄華を極めるという空想の内容までもが表現されている。そして、絶えることのない客がお参りに行く様子を、祠堂の左右と後壁に刻むことによって、供養の場である祠堂の本来の意味も示唆している。

つぎに、前室、すなわち「前堂」は被葬者の住宅の門庭をあらわしている。ここには「車水馬龍」や「門庭若市（訪れる人が多くにぎわっている）」などの賓客を迎えるシーンが刻まれている。つづく中室、すなわち「明堂」は、家屋の母屋を象徴し、奇禽・珍獣や嘉禾などの瑞祥を除くと、賓主の宴が刻まれ、そこには歌舞音曲までも配備されている。また、中室から両耳室へ行く玄関口には武庫（武器棚）が刻まれ、中室から後室に行く玄関口には連子窓があるが、いずれも墓主の生前の住宅をイメージして設計したものと考えられる（耳室、すなわち休憩室は、「蔵閣」とも称し、兵器（武器）と車輿（車庫）を預けるところなので、石刻はない）。最後の後室、すなわち「後堂（後寝）」は、棺具を安置するところだが、これはいうまでもなく寝室をイメージしている。後壁に双頭鳳凰が首を交わす様子を描き、夫婦の仲睦まじい様子を表現しているが、それ以外は鋪首銜環と獣と戦う武士像だけでほとんど石刻を施していない。このあたりにも、設計者の配慮がみてとれるのである。

発掘調査では、すべての畫像石刻をかなり丹念に観察したというが、そうした調査によって、墓室を積み上げるすべての石材は、墓室の内側に向かって平滑に整え、彫刻する石の面には墨糸で畫像の輪郭（一部が現存）を描いているという。そして、ナイフで要らない部分を削除し、さらに細部を彫刻し、最後に畫像に関するところに朱色で着色しているという。まさに、絵畫・彫刻・配色の三者が一体となっており、漢代を象徴する藝術というに相応しい。

四、白集漢墓の築造年代

畫像石そのものについての解説は以上に尽きるが、報告書の内容は、さらに進んで白集漢墓の築造年代や被葬者の身分の推定にまで及んでいる。そこで、以下は、報告書が指摘した点をかんたんにまとめておく。

副葬品の多くは、盗掘によって持ち去られていた。また、畫像石には墳墓の築造時代を推定できるような文字も刻まれていなかったので、築造年代は、墓の構造・畫像の内容や、わずかに発見された鋳貨などから推定するほかない。

まず、墓の構造についていうと、白集漢墓は徐州地方における典型的な漢墓の一つである。過去に発見された漢墓の石室は、そのほとんどが前後両室、あるいは前・中・後三つの室に分けられ、多くはさまざまな畫像を有していた。それらは、いずれも石材を少しづつずらしながら積み上げて墓頂を形成する構造である。こうした傾向の石室が徐州地方に出現するのは前漢以後のことで、後漢の時代に広く流行し、魏晋のころには一部の例外を除けば、ほとんどおこなわれなくなったとみられている。とくに、瓜棱式石柱は、後漢時代の特徴であり、徐州附近の賈汪後漢墓でも確認されている。

ここで注目すべきは、この墓に祠堂が存する点である。祠堂が出現するのは前漢初期のことである。『漢書』叔孫通伝には「恵帝為高帝立原廟」とみえている。その後、支配階級に普及したらしく、史書には「盛飾祠堂」「而幽良人婢妾守之」「広種松柏廬捨祠堂」「施祭其下」などとしるされている。しかも、腕利きの職人を使って建築させたようで、「彫文刻畫、羅列成行、抒騁技巧、委蛇有章（文字や絵を刻んで、行列に並んで、技術を発揮して、いい物を作り出す）」などという記載もみえるという（洪适『隷釈』）。

こうして、祠堂は徐々に隆盛を極めるが、山東嘉祥武梁祠や歴城孝堂山郭氏祠はその好例である。ただし、徐州地方の漢墓では、前方部に祠堂を配置することは例のないことであった。白集漢墓の祠堂は、武梁祠堂・郭氏祠堂にくらべると、規模はやや小さく、時代は少し遅れる。しかも、形式はそれ以前のものとは異なる。祠堂は地上に建てるではなく、石室とともに墓のなかに埋められている。

つぎに、畫像について考えてみたい。内容から判断すると、うえにみた二十四幅の畫像は二種に分類できる。

一つは、現実の生活内容を反映したもの。客と主人の宴とか、馬車で出かけるとか、歌舞音曲といった娯楽などは、漢代の絵畫にしばしばみられる題材である。日用器（竈・釜・碗・樽・杓子・耳杯など）にしても、車の形にしても、漢代の特徴をよく示している。とりわけ、衣服などは、漢墓から発見される陶俑のそれと完全に一致する。魏晋の時代の士大夫階級は、酒と薬（五石散）を服用するゆえ、上半身を露にして、襟をかけて膝をたれ、体が豊満であるが、これとはずいぶんちがう。

いま一つは、瑞祥である。誇張した表現や空想を題材（たとえば、神話伝説上の奇禽・珍獣など）は、当時流行した道教や巫術などと密接に関係しているが、これは支配階級の提唱によって、あらゆる階層に拡がったものである。かかる畫像は、山東省における紀年を有する畫像石墓の情況からみると、多くは後漢順帝以後にあらわれ、後期へ進むにつれ発展していく（李発林「略談漢画象的雕刻技法及其分期」『考古』一九六五年四期）。

また、その彫刻技法についても、後漢の時代の特徴が顕著である。前漢の時代にはすべて陰線を用いて刻み、陰線の発展により凹入平面彫が導入されたが、彫り方はきわめて浅い。それが、後漢の和帝から献帝までの期間に、弧面浅浮彫に発展し、一定の立体感を備えるようになった。白集漢墓の畫像石は、まさにこういう時代の産物である。

最後に、石室から発見された鋳貨についてみてみよう。室内で発見した陶器かけらと鶏の骨の遺骸を除くと、六枚の「五銖」鋳貨が残されていたが、その形はさまざまである。そのなかには後漢の初期のものがある。それらは、たとえば「五」の字が交叉し、線が丸みを帯び、「銖」の字の金の頭の部分は三角形をしているという特徴がある。こうした特徴は、後漢の末期の剪辺五銖にもみられるものである。

以上の諸点から、報告書は、白集漢墓の具体的な築造時代を後漢末期とみているが、それはおおむね妥当な年代推定であろう。

ちなみに、南京博物院の調査では、被葬者の身分や人名を特定できるような遺物は発見されなかった。ただ、報告書は、『後漢書』輿服志の「公卿以下至県三百石長導従（中略）長安雒陽令及王国都県加前後兵車。亭長設右騑。駕両。璅弩車前伍伯。（中略）自四百石以下至二百石皆二人」という記述を引いて、「墓の畫像に描かれた馬車や馬の情況について考えると、墓主の身分は四百石以下の普通の官員であろう」と推測している。

もっとも、白集漢墓の畫像にみえる家屋はかなり豪華なので、これが生前の被葬者の暮らしぶりをそのまま反映したものだとすると、被葬者はかなりの資産家であったと考えられる。実際、白集漢墓は、過去に徐州地方で発見された畫像石墓のなかでは規模の大きいもので、その墳墓から生前の被葬者の財力をうかがうことはあながち無意味ではあるまい。

図版Ｖ　第１幅　祠堂西壁下基石（報告書図六－２）

図版Ⅵ　第２幅　祠堂東壁下基石（報告書図六－４）

図版Ⅶ　第４幅　祠堂西壁（報告書図六－１）

図版Ⅷ　第５幅　祠堂東壁（報告書図六－３）

図版Ⅸ　第６幅　前堂西壁（報告書図八一上）

図版Ｘ　第７幅　前堂東壁（報告書図九一上）

図版XⅠ　第８幅　前堂南横梁（報告書図八－中）

図版XⅡ　第９幅　前堂北横梁（報告書図九－下）

図版XⅢ　第 10 幅　前堂東横梁（報告書図九－中）

図版XⅣ　第 11 幅　前堂西横梁（報告書図八－下）

図版XV　第12幅　中堂南壁（報告書図十－1）

図版XVII　第14幅　中堂西壁（南）
（報告書図十一－２）

図版XVI　第13幅　中堂東壁（南）
（報告書図十一－１）

図版XIX　第16幅　中堂西壁（北）
（報告書図十一－4）

図版XVIII　第15幅　中堂東壁（北）
（報告書図十一－3）

図版XX　第17幅　中堂北壁（東）（報告書図十一－５）

図版XXI　第18幅　中堂北壁（西）（報告書図十一2）

図版XXⅡ　第 19 幅　中堂北横梁（報告書図十二－３）

図版XXⅢ　第 20 幅　中堂東横梁（報告書図十二－１）

図版XXⅣ　第 21 幅　中堂北壁（報告書図十二－２）

図版XXV　第 22 幅　中堂南横梁（報告書図十二－４）

図版XXVI　第23幅　後室西壁（報告書図十三ー左）

図版XXⅦ　第24幅　後室東壁（報告書図十三ー右）

第三章　「靺鞨国」考

はじめに

隋唐代に「靺鞨」の名をもって呼ばれる部族が存在したことは、『隋書』『旧唐書』『新唐書』などにみえている。これら正史の東夷伝・北狄伝には、それぞれ「即古粛慎氏也」「靺鞨蓋粛慎之地」「黒水靺鞨居粛慎地」とあり、三書の編者が、旧満洲地方に居住していた靺鞨諸部を、かつての粛慎の地に興った部族とみなしていたことがうかがえる。

こうした靺鞨については、当時日本でも知られていたらしく、『続日本紀』養老四年（七二〇）正月丙子条には、

遣二渡嶋津軽津司従七位上諸君鞍男等六人於靺鞨国一。観二其風俗一。

とあって、「靺鞨国」の名がみえている。

ただ、国内の文献における「靺鞨（国）」の用例はきわめて少ない。右の『続日本紀』の記事以外では、多賀城碑文に、

多賀城去京一千五百里
去蝦夷国界一百廿里
去常陸国界四百十二里
去下野国界二百七十四里
去靺鞨国界三千里

此城神亀元年歳次甲子按察使兼鎮守将」軍従四位上勲四等大野朝臣東人之所置」也天平宝字六年歳次壬寅参議東海東山」節度使従四位上仁部省卿兼按察使鎮守」将軍藤原恵美朝臣朝獦修造也」天平宝字六年十二月一日

とあり、さらに公式令集解、遠方殊俗条所引の「穴記」や『類聚国史』巻一九三、延暦十五年（七九四）四月二十七日条などに「靺鞨」の用例を見出すのみで、ほかには、奈良・平安時代の人名に「靺鞨」が散見する程度である。そのために、「靺鞨国」が具体的になにを指しているのか、よくわからない節がある。

筆者は、かつてこれらの史料について取り上げたことがあるが、(1)なにぶんにも駆け出しのころの習作でじゅうぶん考証の行き届かないところもあった。その後、この問題は永らくそのままにしていたが、近年、多賀城碑の碑文について考察する過程で、旧案を再考する機会を得た。そこで、小論では、あらためてこの問題を取り上げ、その後の研究もふまえながら、『続日本紀』養老四年条や多賀城碑の「靺鞨国」の意味するところについて再論してみたいと思う。博雅のご批正をたまわることができれば、幸いである。

一、『日本書紀』にみえる「粛慎」

この問題を取り扱った研究はこれまでかなりの数あるが、『日本書紀』にみえる粛慎とのかかわりから論じたものが多い。そこで、靺鞨国について検討するまえに、粛慎についてふれておきたい。

粛慎は、『日本書紀』の古訓では「アシハセ」または「ミシハセ」と訓まれ、斉明天皇六年三月の阿倍比羅夫の遠征では、蝦夷の居住地を侵寇する集団として登場している。(2)粛慎という文字は、斉明天皇紀のほか『日本書紀』では、欽明天皇五年十二月条(3)・天武天皇五年十一月条・持統天皇八年正月条・同十年三月条にみえているが、これらの記録のなかには、はたして斉明天皇紀の記す粛慎とおなじものとみてよいのかさえよくわからない、断片的なものもある。(4)もっとも、斉明天皇紀に記された粛慎自体、これがいかなるものであったかあきらかでないが、『日本書紀』の内容から判断すると、蝦夷とは異なる集団であったことはまちがいない。

たとえば、『日本書紀』持統天皇十年三月甲寅条には、つぎのような記事がみえている。

賜下越度嶋蝦夷伊奈理武志。与二粛慎志良守叡草一。錦袍袴。緋紺絁。斧等上。

これは、比羅夫の遠征ののち、未知の異族であった粛慎とも交流が拓けた結果の出来事とみて差し支えあるまい。ここで注目すべきことは、蝦夷と粛慎とが厳密に書き分けられていることである。このような筆法は、『日本書紀』の編者が、両者のあいだになんらかのちがいを認めていたからにほかならない。(5)かつては、津田左右吉氏のように、粛慎はたんに蝦夷の別称、もしくは雅名でしかないとされる研究者もいたが、(6)現在では、『日本書紀』における両者の区別については、いちおう認めてよいとするのが通説である。

では、ここにいう粛慎とは、いったいいかなる集団のことをいうのだろうか。

これについては、不明というほかない。というのは、『日本書紀』には、粛慎の種族性をうかがわせるような記述がみあたらないからである。それをあえて人種的、あるいは民族的に断定することは(7)危険をともなう。(8)それゆえ、小論では粛慎の種族性についてあえてふれないが、ここに文献考証の立場から考えなければならない問題がある。それは、『日本書紀』の編者が「粛慎」という名称を用いた理由である。

これを知る手がかりは、中国の史書にあると考えられる。なぜなら、中国においては、すでに先秦時代の文献に「粛慎」の文字がみえており、『日本書紀』の編者は、こうした漢籍から粛慎の名を借用したと考えられるからである。

もっとも、中国における粛慎も曖昧な存在だったらしく、三国時代以前に漢民族が粛慎について知っていたことといえば、かれらが旧満洲地方に居住し、楛矢や石砮を道具として狩猟・漁撈を営んでいたことぐらいである。[9]　楛矢というのは、先端にトリカブト（附子）の毒を塗った石製の矢のことで、石砮はおなじく石製の鏃である。粛慎の実体をよく知らなかったひとびとにとっては、これらの品がのちのちまで粛慎の象徴となったらしい。[10]

さて、文献に話を戻すと、粛慎に関する説話は、中国の古典に頻繁に登場する。たとえば、『国語』巻五、魯語、『説苑』巻十八、辨物編、『漢書』巻二十五、五行志下之上、『史記』巻四十七、孔子世家などには、いずれも粛慎の献じたといわれる楛矢に関する、同種の逸話が採られている。そして、これとはべつに、『後漢書』『三国志』『晋書』などには、粛慎、または、漢民族のあいだで粛慎の後裔と考えられていた挹婁のことがみえている。[11]

こうした書物は、日本にも将来され、そのほとんどが『日本書紀』編者の目にふれたと考えられている。しかも、先に引いた『旧唐書』北狄伝等の記載からも知られるように、唐代では粛慎・挹婁に代るものとして靺鞨が存在しており、粛慎なる語は唐代ではすでに死語に等しい存在であったはずである。ゆえに、『日本書紀』の編者が過去の中国の文献に拠って粛慎の文字を利用したであろうことは、疑いのないところである。

津田氏は、はやくにこの事実に注目し、『晋書』粛慎氏伝等にみられる粛慎の名を『日本書紀』の編者が意図的に借用したものであることを指摘しておられる。[12]　おそらく、『日本書紀』の編者は、斉明天皇朝における阿倍比羅夫の遠征に関する資料を整理・文章化する段階で、蝦夷とべつの集団が存在する事実に接したのであろう。そして、それに新たに呼称を与える必要に迫られたのである。その際、彼らは『晋書』粛慎氏伝等の記載にヒントを得て、蝦夷よりさらに北方の遠夷を設定することを思いついたのではあるまいか。

津田氏は、粛慎は蝦夷の別称であるといわれるが、さきにものべたように、筆者はこの説を採らない。『日本書紀』

の編者は、「アシハセ」が蝦夷とは異なる存在であることを認めていたからこそ、あえて粛慎という古名を用いて遠夷の一つに仕立てたのであろう。古来、中国には、理想的政治家が現れると、その徳を慕い、遠夷である粛慎が重訳しながら入朝してくるという考えがあり、粛慎の朝貢は、理想的政治がおこなわれ、遠夷の服属している状況を象徴するものとみなされてきた。[13] ゆえに、日本の場合も、粛慎のような恭順な遠夷を設定しようとする政治的な意図から、こうした借用が思い立たれたのであろう。

二、『続紀』養老四年条の「靺鞨国」をめぐって

以上、粛慎についての卑見を開陳したが、かかる理解を踏まえたうえで、ふたたび「靺鞨国」について考えてみよう。はじめに、粛慎とのかかわりから論じた津田氏の説を取り上げたい。すなわち、氏は『続日本紀』養老四年条について、つぎのように記しておられる。

此の靺鞨も狭い意味での粛慎の概念を継承しつゝ[14]、古の粛慎は今の靺鞨であるという唐人から得た知識によつて、それを靺鞨と改めたのであらう。大和の朝廷は此の粛慎を化外の民としつゝもなほ斉明朝以来の歴史的因縁を全く断絶しかねて、其の向背を顧慮し、かういふ企てをしたのであらう。しかし其の効果は無かつたらしく、これから後、粛慎は全く離れてしまつた。なほ此の靺鞨が今の満洲地方の実在の靺鞨でないことは、津軽津司を遣したのでも明白である。[15]

また、新野直吉氏などもおなじ意見で、『続日本紀』の編者が粛慎を靺鞨と書き改めた理由については、「震国の独立から渤海の建国という靺鞨部の内で起った国際政治の変転に伴うことである」とされている。[16] もっとも、津田氏が

粛慎を蝦夷の雅名に過ぎないと考えておられたのに対し、新野氏は、これを靺鞨系文化の担い手とみておられるので、両氏の説はかならずしもおなじでない。しかし、『続日本紀』にみえる「靺鞨国」が『日本書紀』の粛慎を改めたものであるという点では一致している。[17]

ただ、筆者は、この粛慎＝靺鞨についていささか不安を抱いている。なぜならば、国内の文献では、かならずしも粛慎と靺鞨が結びつかないからである。言い換えれば、史料の系統のうえでは、『続日本紀』の「靺鞨国」が『日本書紀』の粛慎を書き変えたものであるという証拠は、なに一つ存在しないのである。

強いていえば、「靺鞨」も「アシハセ」と訓まれた形跡のあることは、粛慎＝靺鞨説の根拠となるかも知れない。正倉院古文書の「造東寺司櫃納経并未返経論注文」には若湯坐靺鞨という人物の名がみえているが（『大日本古文書』一一―四四九頁）、この若湯坐靺鞨は「一切経散帳」（『大日本古文書』一一――二二五頁）には「若湯坐阿志婆世」とあるので、靺鞨＝アシハセであったことが判明する。[18]前述のように、「アシハセ」は粛慎の古訓であり、靺鞨もまた「アシハセ」と訓まれたとすれば、訓みをおなじくする粛慎と靺鞨をおなじものととらえることも、あながち根拠のないことではない。

しかしながら、こうした訓みの一致は、中国の正史が「靺鞨蓋粛慎之地」などと記し、靺鞨を粛慎の後裔とみなしていた事実を踏まえたものと考えられる。そのため、筆者は、古訓の一致をもって両者がおなじものとだとは断言できないと思う。

しかも、前述のように、『日本書紀』の粛慎は、その実体すらよくわからないのである。オホーツク文化の担い手であった集団とみる説にしても、[19]あくまで假説の域を出ない。新野氏は、粛慎から靺鞨への名称改変の理由を、渤海国の建国にもとめておられるが、それなら、なぜ「渤海」と明記しなかったのであろう。これはのちにもふれることだが、養老四年時点では、かならずしも靺鞨＝渤海ではなかったはずである。

ちなみに、津田氏が「なほ此の靺鞨が今の満洲地方の実在の靺鞨ではないことは、津軽津司を遣したことでも明白である」といわれる点も、いささか説得力に乏しい。「津軽津司」だから国外に派遣されなかった、と言い切ることはできないように思う。『続日本紀』にいう「渡嶋津軽津司」については用例が乏しいので、その職掌はあきらかにしがたいが、[20]その名が示すように、港湾の管理にあたる官司（官人）であれば、日本海を隔てて対岸に派遣されたことはじゅうぶん考えられよう。

つぎに鳥山喜一氏の所説だが、氏は、これらの問題にふれ、「この時代に靺鞨の国と明記されれば、それが渤海国―正しくは唐がその王をさきに渤海郡王に封じたので渤海を国号とした―であることは疑いない」[21]とのべておられる。つまり、『続日本紀』の記す「靺鞨国」を、七世紀末沿海州地方に興った渤海国に比定されているのである。後述のように、靺鞨国＝渤海とみる説は有力で、森田悌氏[22]なども、鳥山説を踏襲しておられる。[23]

かかる所説は、日渤交渉史を考える上で、ひじょうに重要な意味をもつ。というのは、鳥山説が正鵠を射たものであれば、養老四年の時点ではやくも日本が渤海と交渉をもっていたことになるからである。

周知のように、渤海と日本の国交は、神亀四年（七二七）の渤海使の来朝をもってその開始とするのが、通説である。この年、突如として渤海が通交を求めてきたのは、西嶋定生氏らの指摘にもあるように、[24]その前年、黒水靺鞨が渤海国の領土を無断で通過して唐に朝貢しようとした事件に端を発し、唐・新羅との関係が悪化したことに原因がある。かかる隣国との緊張状態のもと、国際的に孤立することを恐れた渤海国が、日本に使者を発遣してきたのである。

しかし、もし、『続日本紀』の「靺鞨国」が渤海国だったとすれば、神亀四年以前にすでに日本と渤海とのあいだには往来があったことになる。したがって、両国の交流は養老四年にまで溯る可能性があるのだが、筆者は、この考えには承服しがたい。なぜなら、靺鞨国と渤海国、この二つの用語が当時においては、かならずしも一致した概念ではなかったからである。

たしかに、渤海は靺鞨諸部のなかでもっとも強大な勢力を誇る存在であった。そのため、たんに「靺鞨」と称されることもあったし（後述参照）、国内の文献でも、渤海を靺鞨と記した例も皆無ではない。すなわち、養老公式令、遠方殊俗条には、

凡遠方殊俗人。来入レ朝者。所在官司。各造レ図。画ニ其容状衣服一。具序ニ名号処所并風俗一。随訖奏聞。

とあって、化外人の来朝に際して、国司が行うべき任務について規定しているが、公式令集解所引の穴記は、このうち「名号」の二字について「名号。謂其国号也。假靺鞨也」と注している。穴記の成立年代は、延暦期とも弘仁、天長期ともいわれており、定説はないが、いずれにしても、このころまでにはすでに黒水・払捏・越喜などの主たる諸部は、渤海国の直轄地とされているので、穴記が国号の例として「靺鞨」の名をあげているとすれば、それはすなわち渤海国のことを指していると考えなくてはならない。

ただ、右の穴記は、あくまで八世紀末から九世紀前半にかけての史料であって、養老四年の段階では、黒水靺鞨をはじめ鉄利・払捏などの靺鞨諸部が依然として存在していた。

なかでも、鉄利の存在が知られていたことは、『続日本紀』天平十八年是年条・宝亀十年九月癸巳条・宝亀十年十二月丙子条に、渤海とともに鉄利の名がみえていることからも、あきらかである。これらは、いずれも鉄利が渤海の直轄領土となり、鉄利府六州に編入されて以後のものだが、鉄利は完全に渤海に服属していたわけではなかったようである。(25)さらに、黒水靺鞨についても、開元二十九年（七四二）突厥が互解してその後楯を失うまでは、渤海と拮抗する有力な存在であったから、日本も当然その存在を承知していたはずである。

かかる靺鞨諸部の存在を考慮すると、『続日本紀』の「靺鞨国」が渤海国を意味するとは断言できないように思う。(26)

なによりも、『続日本紀』では渤海のことを一部に「高麗国」と記す以外は、ことごとく「渤海」としており、「靺鞨国」と表記することはない。『続日本紀』編者は、この「靺鞨国」がなにを指すのかよくわからなかったが、さりとて、渤海国と同一視する確証もないまま、あえて原史料に忠実に「靺鞨国」という表記のまま記載したのではあるまいか。それゆえ、筆者は、養老四年時点における「靺鞨国」は、ひとまず渤海とは切り離して考えるべきではないかと思う。

以上のように、鳥山説も盤石とはいいがたいが、靺鞨国＝渤海説は支持者も多く、たとえば、松原弘宣氏なども、鳥山氏とはべつな論拠によりつつ、靺鞨国＝渤海とみておられる。氏は、

㈠『続日本紀』や平城宮跡出土の木簡に、渤海使のことを高麗使と称した例がある、

㈡『続日本紀』の渤海使関係の史料をみると、「渤海国」と表記されるのは天平勝宝五年以降のことで、初期には渤海郡と記されている、

という二点から、日本側は、当初、渤海を正式にどう称するのか理解していなかったと判断された。そして、正式な呼称がなかったとすれば、養老四年の段階において「靺鞨氏《ママ》の国」という意味で、渤海を「靺鞨国」と称したことはじゅうぶんありうるとして、養老四年条にいう「靺鞨国」は渤海であると考えておられる。[27]

しかし、㈠の渤海使のことを高麗使と称する用例は、渤海使みずからが「復㆓高麗之旧居㆒。有《たもテリ》㆓扶余之遺俗㆒」（『続日本紀』神亀五年正月甲寅条所引の国書）といい、日本側も「渤海郡者旧高麗国也」（同書、神亀四年十二月丙申条）とみなしていたことに由来するもので、けっして両者の区別が曖昧だったことによるのではない。また、㈡の渤海郡の表記にしても、開元元年（七一二）大祚栄が唐から「渤海郡王」に冊立され、のち宝応元年（天平宝字六年〈七六二〉）に、「詔シ以テ渤海ヲ国ト為」したこと（『新唐書』渤海伝）によると考えられる。[28] したがって、㈠・㈡によって、日本側が渤海をどう称するか理解していなかったとみることはむつかしいのであって、これを根拠に、「靺鞨氏《ママ》の国」という意味で渤海が「靺鞨国」

と称されたとみるのは無理があろう。[29]

では、実際のところ、このときの「靺鞨国」はどこを指しているのであろうか。

筆者は、これを具体的な国号とみるよりも、むしろ靺鞨諸部族に対する包括的な表現ではないかと考えている。すなわち、「靺鞨国」とあるものの、これは『日本書紀』が蝦夷の住んでいるところを「蝦夷国」と表現するのと同様の筆法で、[30]靺鞨全体の居住地、といった意味合いではないかと思う。[31]渡嶋津軽津司が船を利用して観察に出向いたとすれば、具体的には、日本海を隔てた沿海州附近を拠点とした鉄利靺鞨をいう可能性も考えられるが、詳細は不明とするほかあるまい。前述のように、『続日本紀』の編者自身も、このときの津司の派遣先をじゅうぶん確認ができないまま、原史料にしたがって「靺鞨国」と記したのかも知れない。

三、多賀城碑の「靺鞨国」

ところで、『続日本紀』の「靺鞨国」をこのように理解するとしたら、おなじく「靺鞨国」の表記をもつ多賀城碑の記載についても、あらためて検討を要する。

さきに掲げたように、同碑には、多賀城の位置を示すために、五ヶ所からの里程が掲げられている。このうち、「京」「下野国」「常陸国」については、養老令制下の行政区劃をいったものであることは疑いないが、残る「蝦夷国」と「靺鞨国」という二つの表記は、これらとは趣きを異にしている。

まず、「蝦夷国」。律令制下において、蝦夷の居住地が一つの行政区域、もしくは別な国家として認識されていた事実は認められないので、これを「常陸国」「下野国」と同列に扱うことはできない。おそらく、『日本書紀』の記す「蝦夷国」と同様、蝦夷の居住地ぐらいの意味で用いられたものであろう。ゆえに、碑文が「蝦夷国界」と記すのも、当時において律令国家に服属しない地域との境界を示したものといえよう。[32]

つぎに、「靺鞨国」だが、ここで問題となるのは、ここにいう「靺鞨国」と渤海国が同一のものの別称かどうかという点に尽きる。

これについては、平川南氏の研究があるが、氏は、碑文の「靺鞨国」がなにを指すのかを、具体的な用例によりつつ検証しておられる。[33]すなわち、氏は、中国・朝鮮の史書にみえる渤海・靺鞨の用例には「渤海靺鞨」と「並称」されるものと、単独に「渤海」「靺鞨」と表現されるものといちおう二種類あるとして、時期的には、開元七年（七一九）から開元二十六年（七三八）までは「渤海靺鞨」、開元二十九年（七四二）以降は「渤海」「靺鞨」と区別されていたとのべる。さらに、酒寄雅志氏の研究に依拠しつつ、[34]「渤海靺鞨」という呼称は、渤海が多数の靺鞨部族から成り立っていることによるもので、渤海の祚栄を高句麗国の遺民と認識し、渤海をその復興ととらえる唐人の心理が、「当時北方の塞外民族として蔑視の感情を含んだ「靺鞨」という語を付して呼ばせたのではないか」と推測される。そして、唐への帰属を深めるにしたがい、「渤海」へと転換していったのだと考えておられる。

かかる唐・渤海の関係を踏まえ、いっぽうで日渤外交も考慮に入れながら、平川氏は、多賀城碑の建立を「天平宝字年間またはそれに近い時期とみるならば、ことさらに緊密な通交関係にあった渤海を「靺鞨国」と呼称する事由は存しない」として、日本で八世紀後半に「靺鞨国」と称したのは、「渤海の東北に存在した黒水靺鞨に代表される渤海に服さない靺鞨族を指した呼称か、あるいは渤海国を構成する靺鞨族をも含めて、広義に靺鞨族全体に対して、「靺鞨国」という国号を用いたと解する方が妥当性が高い」と判断しておられる。

平川氏の結論は、実際の用例の分析から導き出されたものだけに、説得力があるが、筆者はその結論とするところには承服しがたい。そこで、以下、その点を論じてみたいが、結論を先にいえば、筆者は、碑文の「靺鞨国」は、『続日本紀』養老四年条のそれとは一転して、渤海のこととみてよいと考えている。

渤海は、『新唐書』渤海伝に「渤海本粟末靺鞨附高麗者」とあるように、濊貊系の粟末靺鞨が中心となり、おなじく濊貊系の白山靺鞨と高句麗人の協力を得て建国されたが、唐の開元年間（七一三〜七四一）に、渤海以外にも、「靺鞨」の名をもって呼ばれる独立の勢力が存在したことは、前述のとおりである。唐とも深い関係をもった黒水・払涅・越喜・鉄利は一般にもよく知られているが、ほかに達姤・虞婁などの弱小勢力も存在した。

平川氏も指摘されるとおり、史書の、開元年間の記事に「渤海靺鞨」という呼称がみえることは、事実である。しかし、これは渤海と靺鞨を「並称」したものではなく、いってみれば「唐から授けられた渤海という郡号を冠する靺鞨の一団」といった意味である。かかる呼称は、当時、渤海靺鞨と対等に並立する、他の靺鞨諸部が存在し、これと区別する必要があったからにほかならない。『旧唐書』北狄伝が渤海の伝を立てるのに「渤海靺鞨」と称しているのも、もっぱらこうした情勢を反映した記述である。

しかし、数ある靺鞨諸部のなかで、渤海靺鞨が群を抜いた勢力であったことは疑いなく、たんに靺鞨と書けば渤海を意味したことも、事実である。渤海がただ「靺鞨」とだけ表記される例は枚挙に遑がないが、つぎにいくつか明確な実例を示そう。

『冊府元亀』巻九百七十一、朝貢第四には、渤海をふくむ靺鞨諸部の朝貢が記録されている。平川氏は、『冊府元亀』外臣部の記事は引いておられないが、靺鞨諸部の動向を唐との関係で分析しようとすれば、『渤海国志長編』とともに欠かせない基本史料である。

たとえば、開元十八年（七三〇）のこととして、

十八年正月。靺鞨遣其弟大郎雅来朝賀正。献方物。

とみえている。この記事は、同書、巻九百七十四、褒異にも採られており、そこでは、

十八年正月戊寅。渤海靺鞨遣其弟大郎雅来朝賀正。献方物。

となっており、靺鞨＝渤海靺鞨であることは明白である。逆に、巻九百七十四、褒異では、やはり開元年間のこととして、

十九年二月癸卯。靺鞨遣使賀正。授将軍、放還蕃。

とあるが、これを巻九百七十一、朝貢第四では、

十九年二月。渤海靺鞨遣使来賀正。

と書いている。

ほかにも、たとえば、『冊府元亀』巻九百七十一、朝貢第四には、開元六年（七一八）のこととして、

六年二月。靺鞨・鉄利・払涅並遣使来朝。

とある。ここにいう「靺鞨」も、鉄利・払涅といった靺鞨諸部と並記されながらも「靺鞨」とのみ記されているところをみれば渤海靺鞨の意に相違なく、(35)これなども靺鞨を渤海の意で用いた例である。また、巻九百八十六、征討第五には、開元八年（七二〇）九月には、

遣左驍衛郎将摂郎中張越使于靺鞨。以奚及契丹背恩義討之也。

とあって、唐に背いた奚・契丹の討伐のために、唐が渤海に使者を派遣したことが記されているが、これなどは「靺鞨」の語を渤海の意味で用いた好例である。

かかる用例はかなりの数にのぼるが、唐代の史料でいうと、杜祐（七三五〜八一二）が、その著書『通典』において渤

海にあたる概念として「靺鞨」の用語を用いていることはよく知られている（たとえば、巻二百、辺防十六の「室韋」の項で「室韋有五部。後魏末通焉。并在靺鞨之北」とある例など）。また、開元二年（七一三）五月の年紀をもつ「鴻臚井碑」に「持節宣労靺羯使鴻臚卿崔忻」とみえていることも、見逃しがたい。この碑は、先天二年（七一三）二月、唐が崔忻を震国に派遣し、大祚栄を渤海郡王に冊封した帰途に、旅順口の黄金山麓で井を穿った記念に建てた碑だが、ここに「靺羯」（「羯」は「鞨」の通用、『通典』でも「靺羯」の用例がある）とあるのは、唐代に渤海が靺鞨と称されていたことを示す、好個の史料である。

『続日本紀』養老四年条の「靺鞨国」を渤海と解する所説については前述したが、右の史料に拠るかぎり、これらの説も故なしとしない。しかし、『続日本紀』は、一部「高麗国」と記す例を除いては、ことごとく「渤海」の用語を採用しており、「靺鞨国」と表記することはない。繰り返しになるが、筆者は、この点を重んじて、養老四年条の「靺鞨国」については渤海国のことだとは考えないのである。

ところで、靺鞨諸勢力の動向は、八世紀後半に大きく変化する。すなわち、開元年間末から天宝初年にかけて払涅・越喜・鉄利の諸部が渤海に併呑され、達姤・虞婁など他の小部もそれにともなって渤海に吸収されると、「渤海靺鞨」といった呼称は、次第に用いられなくなる。[36]こうして、黒水を除く靺鞨部族がことごとく渤海に統合されると、もはや渤海イコール靺鞨であって、これをとくに「渤海靺鞨」などと断わる必要はなくなったのである。

もっとも、「渤海靺鞨」は漸次廃れてはいくが、ある時期までは慣用的に存続したのであって、靺鞨諸部の消滅とともに途端に消滅したわけではない。『冊府元亀』巻九百七十一、朝貢第四を検じても、「靺鞨」の表記は貞元八年（七九二）四月まで確認できるし、「渤海靺鞨」に至っては、さらにあとの元和十一年（八一六）三月まで使用された例がある。[37]だとすれば、日本でも天平宝字年間まで渤海の謂としての「靺鞨（国）」が用いられていたとしてもおかしくない。それゆえ、多賀城碑にみえる「靺鞨国」は、渤海国のことと解して差し支えないと思う。

「渤海」の国号（郡号）が成立したあとにもかかわらず（渤海郡王への冊封は先天二年〈開元元年、七一三年〉、国号は宝応元年、七六二年から）、「靺鞨国」の語が使用されつづけたことを不審に思う向きもあるかも知れないが、日本でも慣例的な通称があとあとまで続いたと考えれば、とくに怪しむには足りない。『続日本紀』という、のちの編纂物に「渤海」「高麗」とあるからといって、一般にもそれが通用していたとはかぎらないのである。

ちなみにいうと、『続日本紀』や正倉院古文書などをみると、奈良時代を通じて個人名として「靺鞨」がみられる。さきにあげた「若湯坐靺鞨」をはじめ、「佐伯宿祢靺鞨」（天平勝宝元年四月一日条）・「根連靺鞨」（天平宝字二年七月六日条ほか）・榎井朝臣靺鞨（延暦八年正月六日条）・「山背連靺鞨」（「周防国正税帳」『大日本古文書』二―一三七頁）・「江野靺鞨」（「紫微中臺請経文」『大日本古文書』一三―一五四頁）などであるが、こうした個人名が用いられていることは、「靺鞨」が邦人にとっては馴染みのある呼称であったことを示唆している。そこから判断すると、「靺鞨」の語は当時人口に膾炙しており、朝獦が碑文に「靺鞨国」と刻んだのも、彼自身がかかる表記を好んだことによるものと考えられる。(38)

なお、この「靺鞨国」については、平川氏や福嶋昭治氏(39)のように、黒水靺鞨を想定することも否定できないが、渤海靺鞨の北の遠隔地に存し、その渤海と敵対し、さらにいえば、まったく日本側の史料に残らない黒水靺鞨を、多賀城の所在を示す指標としたとは考えがたいので、筆者はその可能性は小さいとみている。

おわりに

以上、『続日本紀』や多賀城碑文にみえる「靺鞨国」を中心に、その意味するところについて考察を加えてきた。その結果、『続日本紀』の「靺鞨国」については、これを鉄利靺鞨など、特定の部に限定してしまうのではなく、もっと広汎な意味での靺鞨の総称、ないしはかれらの居住地としてとらえるべきことを指摘した。これに対し、多賀城碑の「靺鞨国」のほうは、養老四年条とおなじ表記ながら、渤海を指すと考えて不都合はないように思う。碑文の「靺鞨国」については、旧稿では、

渤海が諸部を併呑、統轄した後も、その支配下にあってなおかつ半独立的な部族があって、それを日本側も知っていたことから判断して、多賀城碑文の建造時も依然として「渤海」とはべつに靺鞨の総称として「靺鞨国」というような呼び方が存したことは、充分あり得ることなのである。

とのべた。その結果、碑文の「靺鞨国」も、『続日本紀』の用例とおなじ概念で用いられた可能性もあると判断したのだが、やはり、養老四年条の「靺鞨国」とその後四十数年を経た多賀城碑文のそれをおなじように取り扱うことにためらいを感じ、小論のような考えにあらためた。本文でものべたように、㈠『続日本紀』が「渤海」「高麗」ではなく、あえて養老四年条にのみ「靺鞨国」という表記を用いていること、㈡旧満洲地方に居住する靺鞨諸勢力の分布が、八世紀後半にはいって大きく変化したこと、などが大きな原因である。

なお、蛇足ながら、『続日本紀』の記事の内容について一言しておくと、このときの津司派遣の風俗観察の目的がいかなるところにあったかは、重要な問題である。ここにいう「風俗」とは、養老公式令、遠方殊俗条にみえる「風俗」とおなじ意味で「気候や習俗」のことであろう[40]。ゆえに、「渡嶋津軽司」にしても、たとえば、沿海州地方などへの「風俗」の探訪に派遣された一行とみるべきかと思う。

熊田亮介氏[41]や蓑島栄紀氏[42]が、この風俗観察の記事を、おなじく『続日本紀』文武天皇二年（六九八）四月壬寅条にみえる南島への使者派遣とおなじく、北方への覓国使派遣とみて、「王権・国家の支配イデオロギーときわめて密接な行為」ととらえておられるのは、興味深い提説である。ただ、靺鞨がかならずしも粛慎の概念を継いだものでないとす

れば、はたして養老四年の靺鞨国派遣という行動に、覓国使としての意義を見出すことが可能かどうかは疑問である。しかも、文武天皇二年といえば、養老四年からは二十年以上も前のことであり、時間差の点でも、二つを同列に扱ってよいかという疑問が残る。そのため、筆者としては、律令政府による初期の周辺地域の調査の一端とみるに留めておきたい。

〔補註〕

（1）拙稿「『続紀』養老四年条の「靺鞨国」をめぐって」（『日本史学集録』二、昭和六十一年三月）。以下、「旧稿」といえば、この小論を指す。なお、拙論を詳細に検討した論文に、石井正敏「『続日本紀』養老四年条の「靺鞨国」――「靺鞨国」＝渤海説の検討――」（『アジア遊学』三、平成十一年四月、のち同氏『日本渤海関係史の研究』〈吉川弘文館、平成十三年四月〉所収）がある。

（2）『日本書紀』斉明天皇六年三月条には、「遣㆓阿倍臣㆒。闕㆑名。率㆓船師二百艘㆒。伐㆓粛慎国㆒。（後略）」とあり、比羅夫が渡嶋蝦夷の乞いを容れて、粛慎と交戦した記事がみえている。

（3）欽明天皇紀五年十二月条には、粛慎人が佐渡島に漂着した話がみえている。この記事については、津田左右吉氏の言及にあるように（「粛慎考」同氏『日本古典の研究』下〈岩波書店、昭和二十五年二月〉所収、のち『津田左右吉全集』第二巻〈岩波書店、昭和三十八年十一月〉所収、引用は後者による、二八八頁）、史実として疑しい内容をたぶんにふくんでいる。

（4）たとえば、天武天皇五年十一月丁卯条には、(a)「新羅遣㆓沙飡金清平㆒請㆑政。（中略）是月。粛慎七人従㆓清平等㆒至之」とあり、持統天皇八年正月丁未条には、(b)「以㆓務広肆等位㆒授㆔大唐七人与㆓粛慎二人㆒」という記事がみえている。(a)は、粛慎が大唐《もろこしびと》とともに叙位されている点などから推して、あるいは(a)の時点で来日した粛慎七人のうちの二人を指しているとも考えられるが、(a)の粛慎は新羅使に伴われて来朝しているので、斉明天皇紀の粛慎とは、やや趣きを異にしていると思われる。

（５）　坂本太郎「日本書紀と蝦夷」〈古代史談話会編『蝦夷』〈朝倉書店、昭和三十一年五月〉所収、のち『日本古代史の基礎的研究』上〈東京大学出版会、昭和三十九年五月〉所収、さらに『坂本太郎著作集』第二巻〈吉川弘文館、昭和六十三年十二月〉再録、ここでの引用は著作集による〉二九四頁。

（６）　津田氏「粛慎考」（前掲）は、「粛慎は本来、極遠の部族を称する雅名であつて、実際の称呼ではないから、筆者により場合によつて、其の適用の範囲を異にすることも起り得る」として、「〔斉明天皇〕四年と五年の綏撫によって完全に服属してゐる諸部落と、最後の六年に征討しながらなほ真に服属させるに至らなかつた最北の部落とを、区別し、前者をば渡嶋蝦夷の通称を以て呼び、粛慎の名を後者にのみ負はせたのであらう」とのべておられる（二八三〜二八四頁）。

（７）　粛慎の種族性を論じた研究としては、たとえば、島田正郎「粛慎考」〈地方史研究所編『余市』〈北海道後志国余市町役場・同余市郷土史研究会、昭和二十八年十一月〉所収〉・石附喜三男「考古学からみた〝粛慎〟」〈大林太良編『日本古代文化の探究　蝦夷』〈社会思想社、昭和五十四年九月〉所収〉・同「阿倍比羅夫征夫の北限」〈『歴史と人物』昭和五十二年十一月号〉・菊池徹夫「靺鞨とオホーツク文化」〈三上次男博士頌寿記念論集編集委員会編『三上次男博士頌寿記念東洋史考古学論集』〈三上次男博士頌寿記念論集編集委員会、昭和五十四年十二月〉所収〉など、多数ある。

（８）　伊藤信雄氏が「東北古代文化の研究―私の考古学研究―」〈東北考古学会編『東北考古学の諸問題』〈東出版寧楽社、昭和五十一年十月〉所収、五四七頁〉において主張されているように、蝦夷ですらその種族性が確定できないのが現状なのであるから、蝦夷とかかわりをもち、さらにそれよりも資料の乏しい粛慎について、かんたんにその種族性を論じることができるかどうかは、はなはだ疑問である。

（９）　池内宏「粛慎考」〈『満鮮史研究』上世第一冊〈祖國社、昭和二十六年九月、のち昭和五十四年五月に吉川弘文館から復刻〉所収〉三九五〜四〇〇頁。

(10) 粛慎の楛矢・石砮については、三上次男『古代東北アジア史研究』(吉川弘文館、昭和四十一年八月)二四五～二五四頁参照。

(11) このほか、中国最古の地理志といわれる『山海経』には、「粛慎国」(第七、海外西経)・「粛慎氏国」(第十七、大荒西経)の二国に関する記載がある。なお、挹婁については、日野開三郎「粛慎一名挹婁(後粛慎)考」(『日野開三郎東洋史学論集』第十四巻〈三一書房、昭和六十三年十一月〉所収)に詳しい考察がある。

(12) 津田氏「粛慎考」(前掲)二七七～二八四頁。

(13) 坂元義種『倭の五王　空白の五世紀』(教育社、昭和五十六年九月)六七～六八頁。

(14) ここにいう「狭い意味での粛慎の概念」については、註(6)の津田氏の引用文参照。

(15) 津田氏「粛慎考」(前掲)二八四頁。

(16) 「北の海みち」(『東アジアの古代文化』二九、昭和五十六年十月)四九頁。

(17) 杉山荘平氏も、論旨も若干の違いがあるものの、「おそらくわが国の史官は隋・唐の靺鞨が古の粛慎であるとの知識をえたので、粛慎にかえて靺鞨の称呼を採用したのであろう」と述べておられる(「古代史上の粛慎」『北奥古代文化』一一、昭和五十四年十一月、二二頁)。

(18) この点については、児島恭子「エミシ、エゾ、「毛人」「蝦夷」の意味」(竹内理三喜寿記念論文集刊行会編『律令制と古代社会』〈東京堂出版、昭和五十九年九月〉所収)三二〇頁参照。

(19) 石附喜三男「考古学からみた〝粛慎〟」(前掲)・菊池徹夫「靺鞨とオホーツク文化」(前掲)参照。なお、蓑島栄紀「古代出羽地方の対北方交流」『史学研究集録』二〇、平成七年三月、のち同氏『古代国家と北方社会』〈吉川弘文館、平成十三年十二月〉所収)は、渡嶋津軽津司派遣の実態について、「当時オホーツク文化の人々の居住していた道北・道東地方や、あるいはサハリンに至るまで、海岸沿いに個別に拠点的集団・集落に接触をはかり、朝貢を求める一方で、海上交通・交易ルートの確認や、産物の調査などをおこなったもの」と推測しておられるが（一二五〜一二六頁）、かかる見解も、『続日本紀』の「靺鞨国」が『日本書紀』の「粛慎」の概念を継承したものであるという判断から導かれた推論であろう。

(20) 金沢市の畝田・寺中遺蹟の河跡から、「津司」と書かれた八世紀中頃の墨書土器が出土したのは、貴重な用例である（酒寄雅志「渤海史研究の成果と課題」同氏『渤海と古代の日本』〈校倉書房、平成十三年三月〉所収、二九頁参照）。なお、渡嶋津軽津司については、松原弘宣氏の詳細な分析によって、㈠渡嶋は、秋田・能代地域を示す固有名詞であること、㈡津司は、渡嶋・津軽地域の津を管理（水上交通の管理）する役所であること、などの点があきらかにされている（「渡嶋津軽津司について」『愛媛大学教養部紀要』一三、昭和五十五年十二月、のち同氏『日本古代水上交通史の研究』〈吉川弘文館、昭和六十年八月〉所収、二四八〜二五二頁）。

(21) 鳥山喜一著・船木勝馬編『渤海史上の諸問題』（風間書房、昭和四十三年一月）二三三頁。

(22) 森田悌「古代東北と舟運」（木本好信編『古代の東北―歴史と民俗―』〈高科書店、平成元年五月〉所収、のち同氏『日本古代の駅伝と交通』〈岩田書院、平成十二年二月〉所収）一四〇頁・「粛慎と靺鞨」（『金沢大学日本海域研究所報告』二一、平成元年五月、のち森田氏『日本古代の駅伝と交通』〈前掲〉所収）一五六頁（いずれも、引用は『日本古代の駅伝と交通』による）。なお、森田氏は、多賀城碑の「靺鞨国」も渤海のこととされている。

(23) また、こうした鳥山氏の説とはべつな角度から『続日本紀』の「靺鞨国」が渤海であるとする説も提出されている。さきに掲げた松原弘宣「渡嶋津軽津司について」（前掲）が、それである。ただ、下文で論じているように、「靺鞨氏《ママ》の国」という意味で渤海を靺鞨国と称するという想定には無理があると思う。

(24) 西嶋定生「七―八世紀の東アジアと日本」（同氏『日本歴史の国際環境』〈東京大学出版会、昭和六十年一月〉所収）一三四〜一四一頁。

(25) 『続日本紀』が鉄利と渤海を並記しているのは、当時の日本人が、鉄利は渤海に対して半独立であったと解していたことによるものであろう（坂本太郎『日本全史』第二巻古代Ⅰ〈東京大学出版会、昭和三十五年二月、のち『坂本太郎著作集』第一巻〈吉川弘文館、平成元年六月〉所収、引用は後者による、二一九頁）。ちなみに、日野開三郎「突厥の瓦解・渤海の靺鞨諸族併呑と小高句麗国の九州増領」（『史淵』八一、昭和三十五年五月、のち同氏『日野開三郎東洋史学論集』第八巻「小高句麗国の研究」〈三一書房、昭和五十九年十二月〉所収、引用は後者による）は、天平十八年の鉄利人の来投を、「渤海の制圧力が強化せられて行くのを不満とした強硬分子が派置せられていた渤海人の一部を抱き込んで反抗し、事敗れて遥々日本に亡命したのであろう」とみ、宝亀十年のそれも「やはり先回と同様反渤海的行動に失敗してのことではないかと思われる」（二〇五頁）とみておられる。

(26)　『類聚国史』巻百九十九、殊俗部には、『続日本紀』養老四年の記事が、渤海の項とは別に、靺鞨国として独立分類されている。これも、靺鞨国と渤海とが本来区別すべき用語であったことを示唆しているのではないだろうか。

(27)　松原弘宣「渡嶋津軽津司について」（前掲）二四四〜二四九頁。

(28)　平川南「多賀城碑文の諸問題—真偽の論点をめぐって—」（『宮城県多賀城跡調査研究所　研究紀要』Ⅱ、昭和五十年三月）一一頁。

(29)　なお、このほかにも、酒寄雅志「八世紀における日本の外交と東アジアの情勢」（『国史学』一〇三、昭和五十二年十月、のち同氏『渤海と古代の日本』〈前掲〉所収）二〇一〜二〇二頁や、関口明「渡嶋蝦夷と粛慎・渤海」（佐伯有清先生古稀記念会編『日本古代の伝承と東アジア』〈吉川弘文館、平成七年三月〉所収）五五二〜五五四頁は、靺鞨国＝渤海国とみているが、一々の批判は煩瑣になるので、省略にしたがう。

(30)　一例をあげると、崇峻天皇紀二年秋七月壬辰条に「遣二近江臣満於東山道一使レ観二蝦夷国境一」、斉明天皇紀五年三月条に「是月、遣二阿倍臣一闕名。率二船師一百八十艘一討二蝦夷国一」とある。

(31)　杉山荘平「古代史上の粛慎」（前掲）。氏は、筆者とは違った考えをとりながらも、この点については、「靺鞨国とあっても渤海国のことではなく靺鞨族一般をさしているのである」とされている（二二二頁）。

(32)　これについては、平川南「多賀城碑文の諸問題」（前掲）七～八頁を参照。

(33)　安倍辰夫・平川南編『多賀城碑―その謎を解く〔増補版〕』（雄山閣出版、平成元年六月、増補版は平成十一年十一月）第七章「碑文の検討」（平川氏執筆）。

(34)　酒寄雅志「渤海の国号に関する一考察」（『朝鮮史研究会会報』四四、昭和五十一年十月）。

(35)　日野開三郎「突厥毗伽可汗と唐・玄宗との対立と小高句麗国」（『史淵』七九、昭和三十四年七月、のち同氏『日野開三郎東洋史学論集』第八巻「小高句麗国の研究」〈前掲〉所収、引用は後者による）一六〇～一六二頁に掲げられた「渤海及純通古斯系靺鞨諸族入貢表」にも、このとき入貢した「靺鞨」は渤海として分類されている。

(36)　日野開三郎「突厥毗伽可汗と唐・玄宗との対立と小高句麗国」（前掲）所収の「渤海及純通古斯系靺鞨諸族入貢表」をみても、開元十四年一月までは全靺鞨の入貢が集中的に多いが、その後激減し、同二十九年を最後に、黒水靺鞨を除く靺鞨諸族の入唐は杜絶しており、渤海による靺鞨諸部の併呑のありさまをよく伝えている。

(37)　ただし、その後、たとえば、『旧唐書』巻十一、代宗本紀、大暦七年（七七二）十二月是秋条に「迴紇、吐蕃、大食、渤海、室韋、靺鞨、契丹、奚、牂柯、康国、石国並遣使朝貢」、おなじく大暦十二年条に「渤海、奚、契丹、室韋、靺鞨並遣使朝貢」などとあるのは、いずれも黒水靺鞨のこととみるべきであろう。

(38)　なお、多賀城碑に「靺鞨国」とならんでみえる「蝦夷国」の「蝦夷」も、有名な蘇我連蝦夷・佐伯宿禰今毛人をはじめ、高橋朝臣毛人（和銅四年四月七日条）・「小野毛人」（和銅七年四月十五日条）・「葛井連毛人」（神亀三年正月二十一日条）・「佐伯宿祢毛人」（天平十五年五月五日条ほか）など、頻繁に人名に用いられているのは、はなはだ興味深い。

(39)　「修造多賀城碑」（上代文献を読む会編『古京遺文注釈』〈桜楓社、平成元年二月〉所収）二九五頁。

(40)　日本思想大系『律令』（岩波書店、昭和五十五年十二月）四〇六頁頭註。

(41) 熊田亮介「古代における『北方』について」（前掲〈前掲〉所収）五二頁。

(42) 蓑島栄紀「古代出羽地方の対北方交流」（前掲）一二四頁。

第四章　広開土王碑拓本をめぐる覚書

―荊木所蔵の未公開拓本について―

筆者の所蔵する広開土王碑については、広開土王碑関係の資料について紹介した「広開土王碑研究の一齣」と題する連載の第五回で（『皇學館大学史料編纂所報　史料』二三九、皇學館大学史料編纂所、平成二十五年九月）、「荊木所蔵の未公開拓本について」として紹介したことがある。

この拓本については、それまで学界に知られた広開土王碑拓本のなかにも同種のものがなかったこともあり、その評価についてはいささか判断に苦しむところがあった。ところが、最近になって、これに関聯すると思われる拓本が中国で紹介され、それによって筆者所蔵の拓本についてもいささか見通しが得られるようになった。

そこで、小論では、筆者所蔵の拓本の全写真を公開するとともに、これについて得られた知見をのべることにしたい。

一、入手の経緯

まず、筆者所蔵の拓本（以下、おおむね「荊木拓本」と称する）の入手の経緯について記す。ただし、これについては、前掲小論でも書いたので、詳細はそちらに譲って、ここではその内容を適宜抽出しておく（差し障りがあるので、詳細な日時や個人名は差し控えることは、前回同様である。お許しいただきたい）。

荊木拓本は、二〇一一年に、輯安に住むS氏から購入したものである。輯安はいうまでもなく、広開土王碑が現存する吉林省の都市である。S氏が自身の所蔵する拓本を売りに出しているという情報を得たので、北京在住のX先生に仲介を依頼した。X先生は、早速S氏と連絡をとり、交渉に入ってくださったのだが、話し合いは最初から難航した。

障碍は、いうまでもなく価格である。S氏の提案する売値は、十五万元。これは、当時のレートで換算すると二百万円を超える高値である。しかも、実際の購入者が日本人だと知ったS氏は、外国人が購入するなら倍の金額を出せと強気の要求。

そこで、X先生は、一計を案じ、自身は交渉から外れ、筆者もよく知る北京在住のN先生に交渉を委ねた。N先生は、みずからが購入するかのように装って交渉にあたってくださったが、S氏は強硬姿勢を崩さない。

近年、広開土王碑拓本の市場価格が高騰していることは、まえにも書いたが、たしかによい拓本であれば、現在の相場に照らして二百万円は高いとはいえない。しかし、問題は拓本の質である。広開土王碑拓本には贋物も少なくないという。神宮文庫や高麗神社には広開土王碑拓本の摸刻本が所蔵されているが、あれも、言ってみれば偽物である。

筆者の手元にはS氏の提供した写真数枚があった。これをみると、石灰拓本ではあるが、摸刻本にはみえない。筆者はそう判断したので、X先生とN先生にはそのまま交渉を続けてくださるようお願いしたが、慎重なX先生は「中国は贋物が多いですから……」と現物の確認を勧める。しかし、いまさら筆者が顔を出すわけにはいかない。とにかくもう少しいろいろな写真がみたいとN先生にお願いしたところ、S氏からはN先生経由でさらに数葉の写真が送られてきた。ただ、なにしろ大きな拓本ゆえ、全部の撮影は無理とのことで、追加の写真も拓本の一部に留まった。

真偽を判断する材料の乏しいまま、売買交渉はしばらく凍結状態にあった。こちらも放置していたが、やがて事態は急転する。S氏が子息とともに、N先生のところに現物を持参すると言い出したのだ。そこで、N先生はX先生とともに、S氏親子が滞在する北京市海淀区の飯店に出向いて彼らの宿泊する部屋で拓本を実見することになった。X先生は、念のため、広開土王碑拓本に詳しいW先生に同席を打診したが、幸いにもW先生はこれを快諾してくださった。

S氏親子と面会した日の夜、X先生は、国際電話で交渉の一部始終をご報告してくださった。W先生の鑑定では、摸刻本の可能性もあるという。摸刻本にもそれなりの価値あるとはいえ、模刻本なら、S氏の言い値で買うのは躊躇された。

自身が大切に保管してきた拓本を模刻本といわれたS氏は激昂したという。それでも、専門家の鑑定にいささか自信が揺らいだのか、結局、S氏が大幅に譲歩し、翌日、筆者の申し出た条件で「商談成立」となった。

聞けば、S氏が同伴した子息の結婚が間近に迫っており、結婚資金としてまとまった金が必要だったらしい。現金を手にした二人は、結婚式の準備があるといって慌ただしく輯安に戻っていったが、この親子、なかなか抜け目がなく、帰り際に輯安―北京の二人分の往復の旅費と北京での滞在費まで請求したという（これは、むろん、立て替えてくださったX先生に、筆者が「弁済」した）。W先生の鑑定やS氏の家庭事情に助けられるかたちで、ずいぶん買い値は下がったが、それでも安い買い物ではなかった。急激な円安が進んだ現在の為替レートなら、あるいは買えなかったかも知れない。

こうして苦心の揚げ句に手に入れた拓本だが、まさか航空便で送ってもらうわけにもいかず、しばらくはX先生の研究室で預かっていただいた。最終的には、筆者が、天津の南開大学に出張した際に、空き時間を利用して北京まで直接取りにいった。X先生の研究室で面会した我が拓本は、四面ともそれぞれ小さく折り畳み、S氏が持参したという、いまにも壊れそうなスーツケースにボロ裂といっしょに入れられていた。表具された大型の広開土王碑拓本に馴染んでいた筆者は、持ち運びの心配をしていたが、それは取り越し苦労に終わった。税関で拓本を没収されないか、X先生は心配してくださったが、咎められることもなかった。

二、通化師範学院拓本の出現

右のような経緯を経て入手した広開土王碑拓本だが、実際に手元に置いていろいろと調べてはみたものの、この拓本についてはよくわからない点が多かった。これは、同類の拓本がほかにみあたらないことが大きな原因であった。公表を慌てる必要もなかったので、しばらくそのまま放置していたが、最近になって、この拓本の研究を進める上で、重要な手がかりが得られた。それは、通化師範学院高句麗研究院所蔵の拓本が公表されたことである。同学院は、吉林省通化市にある研究機関である。この通化師範学院所蔵の拓本に関する研究が、耿鉄華・李楽営著『通化師範学院蔵好太王碑拓本』（二〇一四年五月、吉林大学出版社）として出版されたのである。

筆者が日本において本書を入手したのは、平成二十八年に入ってからのことで、刊行後すでに二年を経過していた。中国・韓国・北朝鮮での広開土王碑関聯の出版物には日頃から留意していたつもりだが、本書の存在を見逃していたのは迂闊であった。遅まきながら急いで取り寄せ、繙いて驚いた。この通化師範学院拓本が、筆者の所蔵する拓本ときわめてよく似ていたからである。

通化師範学院拓本の来歴については、本書では「在民間征集到一部好太王碑拓本」とあるのみで、いかなる経緯を経て同学院の所蔵に帰したのか、詳細は不明である。筆者の所蔵する拓本も、すでにのべたように、広開土王碑のある輯安在住の人物からもとめたものなので、あるいは、ともにこの地方に留められた拓本かも知れない。

それはともかく、さらに驚いたのは、同書の著者である耿鉄華・李楽営両氏らによって、この拓本が石灰塗布以前に捶拓された、きわめて早期の拓本であると認定されていることである。かりに、この両氏の研究が是認されるとしたら、それと共通点の多い筆者の拓本もまた初期に採拓された、いわゆる「原石拓本」の一種であると考えられる。そこで、以下、その点について検討を加えてみたいと思う。

まず、『通化師範学院蔵好太王碑拓本』（前掲）によりつつ、通化師範学院拓本の概要と、その製作年代についてふれておく。

この拓本は、前述のように、通化師範学院高句麗研究院が所蔵する広開土王碑の拓本である。もとは民間にあったもので、第一面から第四面までの各面がそれぞれ二幅からなり（それぞれは十二〜十七枚の小さい用紙を繋ぎ合わせたもの）、全部で八幅あった。当初は、折り畳んだ状態で、折ったことでできた破損や、ほかにも破れた箇所があった。

二〇一二年の夏に、通化師範学院は、これを修復し、接合のずれを補正するなど、原形の復元につとめたという。この年の六月には、高句麗研究院が好太王逝去一千六百年を記念する学術研討会を開催し、この拓本を披露したが、これを調査した専門家は、この拓本が石灰塗布以前の拓本であり、碑文のキーワードとなる文字が光緒帝末年の拓本の特徴を備えていることで意見が一致したという。

本書はその調査結果の報告書であるが、紙質や墨、さらには碑文の亀裂、個別の文字について詳しく検討を加えている。以下、本書の記述をもとにその要点を紹介しておく。

第一に、用紙と墨。通化師範学院所蔵の拓本に用いられた紙は、これまで確認された広開土王碑拓本にはみられないもので、「皮紙」と呼ばれる古い手漉きの紙である。色は「灰黄色」で、ところどころ毛髪のような繊維が露出する紙質である。皮紙は、民国の時代まで実際に南方で製造されており、厚さや色のちがいによって、拓本だけでなく、傘や襖などにも用いられた。また、拓出に際して用いられた墨は、鍋底に附着した灰や煤煙に水と膠を混ぜた、粗悪なもので（この種の墨は、かなり時間が経ってもその独特の臭いがある）、こうした紙・墨、拓出の技法から判断すると、この拓本は早期のものとみてよく、「完整拓本」が出現する光緒六年（一八八〇）以後のものと考えられる。

つぎに、この拓本には、縦の界線が明瞭にあらわれているという特徴がある。縦の界線が明瞭で、かつまた、碑面の「石花」（石の表面の凹凸によって、拓本にできる斑点のような白い部分）や墨痕のむらが多くみられることは、早期の拓本に共通する特色だが、通化師範学院所蔵本はそうした特徴を備えている。これは、石灰拓本と大きく異なる点である。なぜなら、石灰拓本では界線は明瞭でなく、「石花」も少なく、墨痕もむらがなく、均一だからである。

また、表面の亀裂や文字についてみても、やはり早期の拓本の特徴を備えている。とくに、水谷悌二郎氏旧蔵の原石拓本と比較すると、亀裂や碑面の文字がよく合致するのであって、そこから、二つがきわめて近い時期に拓出されたものであることが判明する（ただし、通化師範学院所蔵拓本と水谷拓本とでは、拓出技法や用紙・墨はあきらかに違うので、同時期に一括して採拓されたものではないと考えられる）。

ちなみに、本書では、李進熙氏の説にしたがって（『広開土王陵碑の研究』吉川弘文館。昭和四十七年十月、のち昭和四十九年十一月増訂版）、石灰塗布を陸軍参謀本部の仕業と考え、その年代を一九〇〇年前後としており、それを基準に通化師範学院所蔵の拓本の年代を一八八〇年～一九〇〇年前後と判断している（ただし、現在では、もはや李氏の云う「石灰塗付作戦」は完全に否定されているので、それにもとづく年代の推定はいささか不審である）。

最後に、拓出技法。前述のように、この拓本は用紙も墨も粗悪だが、加えて拓出の技法が精巧とは云えない。おそらく地元の拓工の手によるものであろう。したがって、現地で広開土王碑拓本の拓出・販売をおこなっていた初天富が北京の拓工李大龍に拓本の技法を学んだあとの拓本であり、年代的にはだいたい光緒十五年（一八八九）前後のものと考えられる。

三、荊木拓本との比較

以上が通化師範学院所蔵の拓本の概要だが、これと筆者の所蔵する拓本とをくらべてみたい。

まず、一見して、用紙・墨がひじょうによく似ている。筆者は、通化師範学院所蔵本については、『通化師範学院蔵好太王碑拓本』（前掲）によって知るのみで、現地で実物を調査したわけではない。しかし、同書に掲載された、数葉のカラー写真をみるかぎりでは、用紙の風合いや「灰黄色」といわれる墨痕は、筆者所蔵の拓本ときわめてよく似ている。拓本の入手にあたって仲介の労をとってくださったX先生も、「自分は広開土王碑拓本のことはよくわからないが、用紙はきわめて古いもので、早い時期に拓出されたものであることはまちがいない」と報告してくださったが、たしかに実物に接してみると、これまでみたいくつかの拓本よりもかなり古いものであるとの印象を受けた。

また、比較的小さい用紙を何枚も接いで拓本をとる点も、両者に共通する特色である。通化師範学院所蔵本は各面二枚に分かれて保存されていたようだが、筆者所蔵は拓本は四面とも一枚に接合されていたので、その点は異なるが、各面三十数枚（ただし、第Ⅲ面は五十八枚）の小さな用紙を貼り接いだものであることはおなじである。

つぎに、第一面・第二面の亀裂部分の着墨がともに早期の拓本とよく似ている。

拓本の亀裂部分の着墨状態を基準に、広開土王碑拓本の編年研究をおこなったのは、武田幸男氏である。いわゆる「着墨パターン法」である。

この方法については、なお修正の餘地があるとする徐建新氏の批判がある（『好太王碑拓本の研究』東京堂出版、平成十八年一月、二一九〜二二五頁）。しかし、徐氏も認めておられるように、第一面・第二面の亀裂については、石灰による補修のせいで、採拓時期によって一定の変遷が読み取れることは、たしかである。すなわち、まず、第一面では、初期の原石拓本では右肩あがりの大きな亀裂がはっきりと拓出されるが、これが石灰による補修とともに次第に小さくなる。ところが、のちに亀裂上の補填物が剥落し、ふたたび碑面の空白部分が拡大していくのである。

同様に、第二面の右から左への大きな亀裂（これは、第一面の亀裂と連続するものである）も、初期の原石拓本では亀裂部分が長い空白になっているが、やはり石灰による補修によって、空白部分は短くなり、一九一八年前後の傅斯年丁本や一九三五年の書学院本では空白はまったく存在しないほどである（その後一九七〇年代には碑石を保護し、亀裂の拡大を防ぐため、この亀裂は埋られてしまうので、一九八一年拓出の周雲台拓本では亀裂は姿を消している）。

徐氏は、一定の限界はあるものの、こうした亀裂部分の着墨類型の比較によって、年代不明の拓本を分類し、おおよその拓出年代を判断することは可能だとみておられるが、筆者もそうした見通しには賛成である。

そこで、通化師範学院拓本や荊木拓本における亀裂部分の着墨をみると、それはまさしく初期の原石拓本のパターンと一致する。しかも、文字と文字の間に引かれた界線も比較的明瞭に拓出されているのであって、拓本としてのマクロ的な要素は、石灰塗布以前の拓本の特徴を残していると判断される。

さらに、個々の文字というミクロ的な要素についてみると、これも通化師範学院拓本や荊木拓本は、水谷拓本をはじめとする初期の拓本と共通する点が多々ある。むろん、おなじときに採拓されたものではないので、完全に一致するわけではないが（同時に拓出された拓本でも、一回ごとの手作業である以上は、完全に一致することはない）、字形に共通点をもつものが少なくない。また、碑面には無数の凸凹があって、とくに窪んだ部分は拓本では白い疵のような空白となっているのだが、一字一字確認していくと、そうした微細な疵も、原石拓本と一致する場合が多い。

以上の諸点を綜合すると、通化師範学院拓本と荊木拓本は、はやい時期に同一拓匠によって採拓されたものである可能性が大きい。そうなると、これらは、石灰塗布以前に採拓された、比較的古い貴重な拓本ということになるが、そう判断するためには、碑字に関してクリアすべき問題が、少なくとも二点残されている。

一つは、第Ⅱ面の亀裂部分、具体的には1～8行、9～14字の範囲の文字に関する疑問である。徐建新氏が『好太王碑拓本の研究』（前掲）で指摘しておられることだが（一三五～一三六頁）、第Ⅱ面なかばにある大きな亀裂痕のある部分は原石拓本では拓出されていない。ところが、石灰拓本では四行目13の「出」、同じく四行目14の「男」の上半部、五行目11の「是」の下半部、六行目10の「新」の左半部が読み取れるのである（ちなみに、これらの文字は一九六三年・一九八一年に制作された張善明本・周雲臺本でもなおかすかに痕跡を留めているという）。

じつは、こうした、第Ⅱ面の石灰造字は、荊木拓本、さらには通化師範学院拓本でも確認できるのであって、そこから判断すると、筆者所蔵本は石灰塗布後の拓本ということになる。通化師範学院拓本出現以前に筆者が私蔵の拓本について紹介したときも、この点が気にかかった。

ただ、徐氏の指摘にしたがって、これらを石灰造字とみなすとすると、さきにのべたように、他の多くの文字の形や周縁の形状が、原石拓本に酷似しているのが、いかなる理由によるものなのか、説明がつかない。徐氏によれば、たとえば書学院本にみられるような、原石拓本との局部的な類例は、補修に利用した石灰が時間とともに剥落し、多くの碑字が本来の姿をあらわすようになった結果だという。このことを参考にすると、筆者所蔵の拓本は石灰剥落後の拓本である可能性が考えられる。

もっとも、書学院本と荊木拓本とでは、第Ⅱ面以降の着墨に大きな相違点があるので（書学院本はパターン②～⑥はないが、筆者所蔵本ではそれが確認できる）、一九三〇年代の製作といわれる書学院本とおなじ時期に拓出されたとも考えがたく、不安を残しつつも、この点についてては保留せざるを得なかった。

しかし、今回、通化師範学院拓本に絡んで、あらためて荊木拓本や他の原石拓本を検討してみると、徐氏の指摘されるように、原石拓本においてこれらの文字が拓出されていないとは断言できないと感じた。

たしかに、四行目13の「出」については、これを明確に判読できる原石拓本はないが、同じく四行目14の「男」はたとえば傅斯年氏旧蔵の甲本ではかなりはっきりわかるし、五行目11の「是」も、白崎昭一郎氏が指摘しておられるとおり（『広開土王碑文の研究』吉川弘文館、平成五年一月、二〇四頁）、中研院拓本や金子鷗亭拓本ではあきらかだし、前出の傅氏甲本でもわりに字形がよく出ている。

六行目10の「新」については、明確に判読できる原石拓本はないが、水谷拓本などで旁の「斤」が確認できることはほぼ間違いなく、なんらかの文字の存したことは確認できる。この部分は、右下から左上にかけて亀裂が走る部分で、亀裂周囲の碑面に合わせて採拓すると、亀裂部分ではどうしても紙が浮いてしまい、文字が拓出しづらい。しかし、だからといって、文字がなかったとはいいがたいのである。

以上のように、ややはっきりしない点もあるものの、この部分関しては、徐氏の主張も絶対とはいいがたい。なにより、徐氏が著書のなかであげておられる内藤湖南拓本や書学院拓本・北大F拓本といった石灰拓本は、いずれもこの文字の間を走る亀裂を石灰で埋めているのであって、亀裂は空白になっていない。この点は、徐氏が石灰造字を指摘される拓本と通化師範学院拓本・荊木拓本の大きな違いであって、後者においてこれらの文字が拓出されていることをもって、石灰塗布以後のものとするのはかならずしも正しいみかたとはいいがたい。

ところで、徐氏の研究を参考にすると、通化師範学院拓本や荊木拓本にはもう一つ解決されなければならない疑問点がある。それは、第Ⅰ面3行27字の文字の字形である。この字は、はやくから「因」と判読されていたが、「くにがまえ」が不明確なところから、「天」とみる説もある（武田幸男『廣開土王碑原石拓本集成』〈東京大学出版会、平成元年三月〉所収の

「廣開土王碑文　試釈」二五八頁・白崎昭一郎『広開土王碑文の研究』〈前掲〉八七～八八頁・徐建新『好太王碑拓本の研究』〈前掲〉三一七頁など）。いずれかはなかなか判別がむつかしいが、あきらかなのは、この字には石灰拓本の製作過程において加工された痕跡の存することである。諸拓本におけるこの字の変遷については、徐氏の研究に詳しいが（「好太王碑拓本の編年方法とお茶の水大学本の制作年代」古瀬奈津子編『広開土王碑拓本の研究』〈同成社、平成二十五年七月〉所収）、そこで徐氏はつぎのようにのべておられる。

第1面第三行第二七字は「天」字に釈文すべきであり、原石拓本である王氏蔵本をみると、該字の上半分は毀損しており、「天」字の二本の横画の両端が、縦画とつながっているようにみえる。その他の原石拓本では、たとえば北京大A・B・C・D本や日本の水谷拓本もみな同様の字形を呈している。一八八三年、中国東北の地方官吏であった李超瓊は、摹搨本を蘇州に持ち帰った。李超瓊旧蔵本とその後の原石拓本の「天」字は一致しているが、酒匂本の制作者はこの字を「因」字として摹拓しており、文運堂本が制作された際にも、拓工は間違いなく酒匂本のような摹搨本を参考にして、この字を明確な「因」字に補修したのである。文運堂本に関する筆者の調査では、該本の「因」字は完全に石灰で作られた造字であることがわかっている。同時に該字の筆画の周囲の石花も、人為的に造られたものである。文運堂本の「因」字はのちのすべての拓本に継承された。一九一八年に黒板勝美が撮影した写真では「因」字の中央の「大」字の字形に変化が生じており、「大」字上に一本の横画が出て、「夫」字のようになっている。以後の二〇年代・三〇年代の拓本もみな黒板勝美の写真と一致している。この特徴は引き続き一九六三年の張明善拓本にも残されていた。しかし不可思議なのは、「因」字は一九八一年の周雲合本（周雲合手拓本）と王健群手拓本上ではふたたび変化を生じ、「因」字の中央の「夫」字が再度変化して「大」字となっていることである。お茶の水女子大学本の「因」字の字形は、九州大学本・目黒区本とより近い。（一九

六〜一九八頁）

たしかに、徐氏が掲げているこの字の写真や拓本によれば、石灰拓本の製作とともに明確な「因」の字形に整えられていることがわかる。ところが、不思議なことに、この字は、黒板勝美写真以降において、中央の「大」が「夫」または「天」のようになっている。しかも、もっとも新しい周雲台拓本などでは、再び「因」の字に戻っているのである。黒板写真には明瞭な二本線があらわれているが、これは石灰造字の結果なのであろうか、だとしたら、なぜこのような存在しない文字をあえて造作したのか、そして、それが再び元に戻るのはなぜか――この字については、いかにもわからないことが多い。

そうしたなか、通化師範学院拓本・荊木拓本は、ともに「くにがまえ」のなかを「天」のように作る。徐氏によれば、これは石灰造字後の「因」が「因」に変化した第二段階のものだというから、この意見にしたがえば、少なくとも原石拓本ではないということになる。

ただ、右にものべたように、徐氏のいう変遷そのものにもなお不明な点がある。また、不思議なのは、一九七〇年代に広開土王碑を一字一字丹念に調査した王健群氏が、この字のことを特記していないことである。王氏は、この文字をみてなにも感じなかったのであろうか。王氏の調査したときには、「因」は再び「因」に戻っていたと考えられる。だとすると、消えた横畫の一本はどうなっていたのであろうか。王氏がこの点を見逃したとは思えないだけに、この字についてはなにか釈然としないものを感じる。

筆者は、この字については目下のところ、確たる解決案をもたずにいるが、ただ、通化師範学院拓本や荊木拓本のこの文字をみるかぎりでは、「くにがまえ」の上部の横畫にみえるような線は、じつは、かならずしも明瞭ではなく、一本の横線ではない。そうなると、「因」または「天」と識別されてきたこの字も、あるいはほかの字の可能性も考えられる。ことによると、「くにがまえ」の上部の横畫とみた線（?）は碑面の疵または凹凸であって、そこを字畫とみずに、その下にややひしゃげた「因」の字があったということも考えられるのではないだろうか。

そもそもこの字は、左側から伸びた碑面の亀裂の先端が字畫の下のほうにかかっており、原石拓本といわれるものでも全体の形を判断するのがむつかしい。しかも、傅斯年氏旧蔵甲本では紙の継ぎ目にあたっており、肝腎の「くにがまえ」のなかの横畫がはっきりしない憾みがあるので、いよいよもって識別がむつかしい。それゆえに、この一字のみによって、通化師範学院拓本や荊木拓本を石灰塗布後の拓本とみることは早急であり、なおよく検討すべきであろう。

おわりに

以上、筆者自身の所蔵する広開土王碑拓本について、それときわめて近い関係にあると考えられる通化師範学院拓本と比較しつつ、その資料的価値について検討してきた。

通化師範学院拓本の実地調査が実現していない現状では判断のむつかしい点もあるが、通化師範学院拓本と荊木拓本がきわめて近い関係にあり、おなじ時期に採拓されたものであることはほぼ疑いのないところである。と同時に、両者は、碑面の亀裂・損傷の痕跡、字形、そのいずれもがいわゆる原石拓本と呼ばれる石灰塗布以前の拓本の状況に酷似しているので、早期の拓本の一種である可能性も考えられる。

むろん、小論で取り上げた「因（天）」のように、今後の研究を俟たねばならない文字もあり、現段階では断案を下すに至らない。小論では附録として、近時撮影した筆者所蔵の拓本の写真も併載したので、これを研究に利用していただければ幸いである。

〔附記〕

本書の校了も間近に迫った平成二十九年九月十三日、かねてよりこの拓本の調査を希望されていた武田幸男先生が、わざわざ筆者のもとを訪れ、三日間にわたって同行の木村誠・赤羽目匡由・橋本繁・韓相賢四氏とともに詳細な調査を実施された。広開土王碑研究の大先達武田先生のご来駕は光栄の至りであった。調査のデータと先生の所見についてはいずれ詳しいご報告があることと思うが、おおよその「お見立て」によれば、荊木拓本は通化師範学院拓本と同一職人の手で作られた摸刻本とのことであった。そして、摸刻にあたっては、原石拓本をベースとしながらも、判読のむつかしい字については適宜石灰拓本、それも後期のものを参考にしているという。なるほど、そう考えると、荊木拓本が、原石拓本に共通する点を多く備えているにもかかわらず、いっぽうで、ところどころ不審な点があることも（たとえば、本文中でも問題にした、「因」字の「大」畫の横線が上下に二分している点）、整合的に理解できる。

武田先生のご示唆を得て、これまでの疑問が氷解し、心の晴れる思いであったが、摸刻本だとすれば、いつ誰がいかなる目的でこのような摸刻をおこなったのかという新たな問題に目を向ける必要がある。荊木拓本・通化師範学院拓本がともに原碑のある集安から出ていることは、この問題を解明する一つの手がかりであるが、すべては今後の課題としたい。

第Ⅰ面

第Ⅱ面

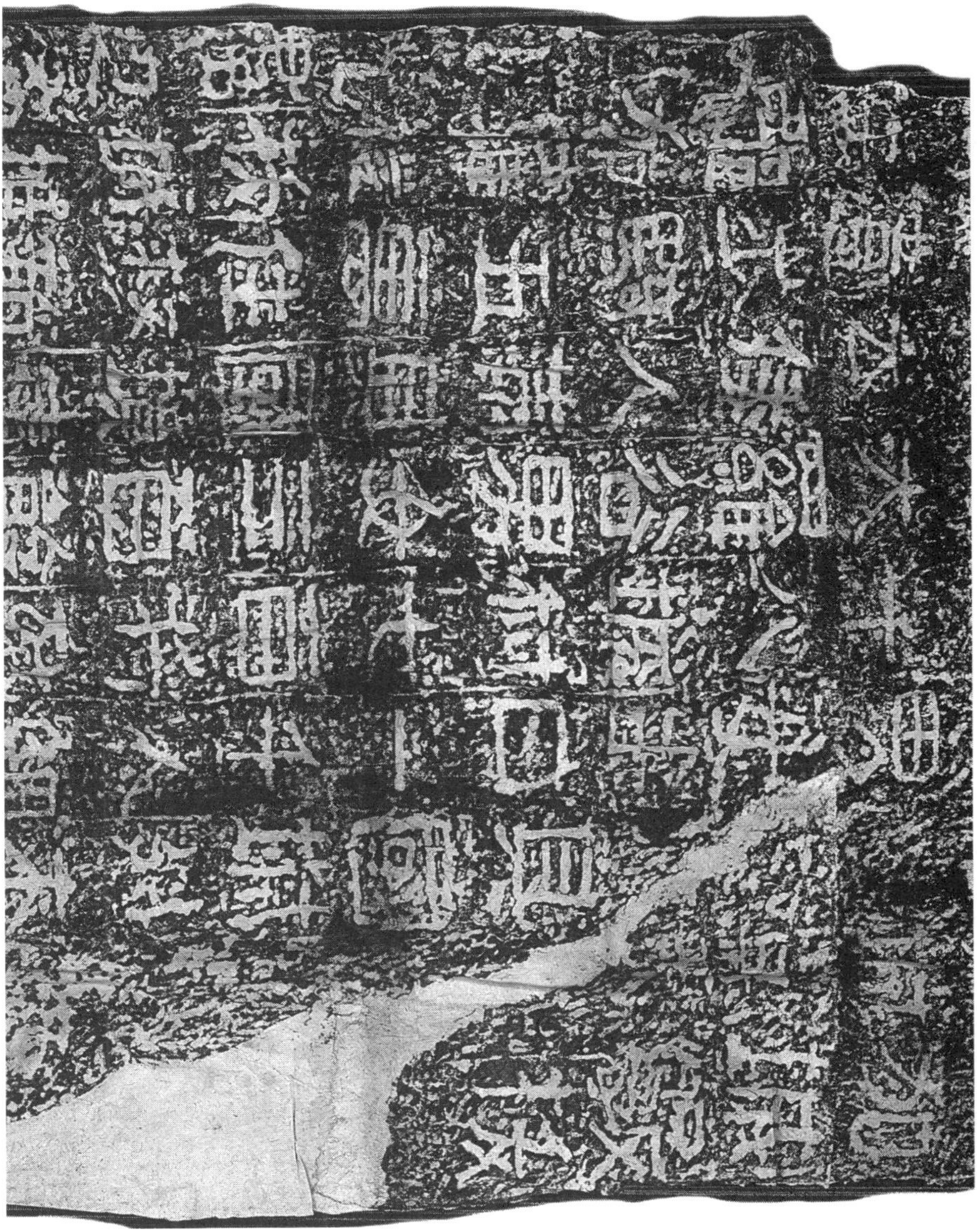

第Ⅲ面

第Ⅳ面

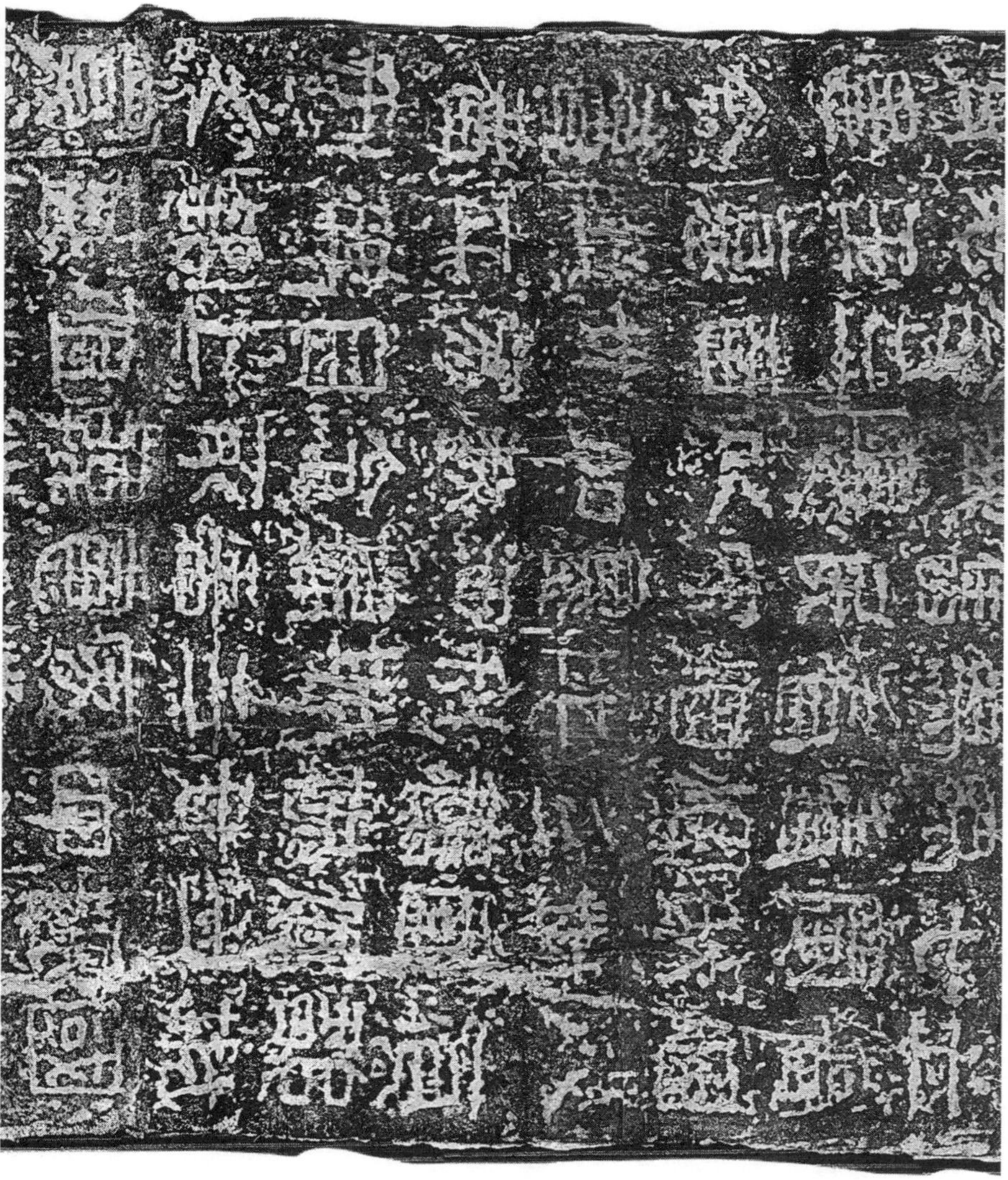

※なお、拓本の大きさが異なるので、紙面に収めるため面ごとに縮小率を若干変えている。

第Ⅱ部　古代史料の研究

第一章　帝王系図と古代王権

―『日本紀』の「系図一巻」をめぐって―

はじめに―龍谷大学と私―

ただいまご紹介にあずかりました皇學館大学の荊木でございます。本日は、平成二十六年度龍谷大学日本史学研究会総会の記念講演に講師としてお招きいただき、ありがとうございました。

思えば、わたくしは、若いころから龍谷大学ご出身の先生がたとは浅からぬご縁がございました。その意味で、本学はひじょうに親しみの深い大学です。本日、ここにおられる平林章仁先生と松倉文比古先生のお二人は、京都の日本書紀研究会を通じて知遇を得た「老朋友《ラオポンヨウ》」ですし、お二人の恩師にあたる日野昭先生にも生前はいろいろとお世話になりました。

また、日野先生は、わたくしの勤務する皇學館大学元学長の大庭《おおば》脩《おさむ》先生とは龍谷大学の史学科の同期生です。その大庭先生にも亡くなるまでご指導を忝なくしました。

みなさんのなかにはご存じないかたもおられるかも知れませんが、終戦直後、龍谷大学は経営状態の悪化した時期がございました。それで、大学が新制に切り替わる際に、スリム化する構想が打ち出され、史学科（いまの歴史学科）は支那学科などともに廃止の憂き目に遭ったのです。

こんにちのように多くの学部を抱え、躍進する龍谷大学が、経済的理由から学部を縮小するなどということは信じられないかも知れませんが、大庭先生からうかがった話では、戦時中、龍谷大学は、満鉄、南満洲鉄道の株式をかなり保有していたようです。ご承知のとおり、敗戦とともに、満鉄は消滅しましたから、その株券もただの紙屑です。これで、経済的に大きな痛手を蒙ったらしく、そのことが戦後の縮小策に繫がったのです。

餘談ですが、このとき大庭先生は、国史の日野先生、仏教史の津本了学先生とともに学生代表として教授会に嘆願書――これは日野先生がお書きになったそうですが――を提出します。これが功を奏し、のちに経済事情の好転とともに、昭和三十二年、史学科は復活します。日野先生が史学科再置にともなって大学に呼び戻され、平成八年まで長く後進の指導・育成にあたられたことは周知のとおりです。

もちろん、大庭先生のもとにも、しばしば母校に戻ってこないかというお誘いがあったそうです。ただ、先生がおっしゃるには、いろいろな事情で実現はしなかったそうです。大庭先生を熱心に呼び戻そうとされたのは、小笠原《おがさわら》宣秀《せんしゅう》先生ですが、昭和六十年に先生の追悼論文集が出た際に、大庭先生は「御期待に沿わぬままに」と題する一文を寄稿され、この間の経緯をのべておられます。興味のあるかたは、ぜひお読みください。

さて、このように、わたくしは、自身の研究生活において本学ご出身の先生がたにご指導をたまわる機会が多かったのですが、本日は、その報恩の意味も込めて、日頃の研究の一端を披露させていただきたいと思います。しばらくのあいだ、お聴きください。

一、「系図一巻」とはなにか

『日本紀』（この用語については、〔附記〕②参照）は、『古事記』におくれること八年、養老四年（七二〇）五月、舎人《とねり》親王が勅を奉じて撰進した歴史書です。完成のことは、『続日本紀』養老四年五月二十一日条に、

先レ是。一品舎人親王奉レ勅。修二日本紀一。至レ是成レ功奏上。紀卅巻。系図一巻。

とみえています。ここで注目されるのは、『日本紀』には、現存する「紀卅巻」に加えて、べつに「系図一巻」が存在したことです。会場のみなさんのなかにも、現存のものを完本だと信じているかたがいらっしゃると思いますが、じつは、「系図一巻」のほうを欠いたものなのです。

弘仁三年（八一二）に宮中でおこなわれた「日本紀講書」の記録を『弘仁私記《こうにんしき》』といいますが、この講義録の序文にも、

清足姫天皇負扆之時。親王及安麻呂等。更撰二此日本書紀三十巻并帝王系図一巻一。今見在二図書寮及民間一。

という記事がみえています。これが、さきの『続日本紀』養老四年（七二〇）五月条に対応することはいうまでもありませんが、ここで「系図一巻」が「帝王系図一巻」と言い換えられているのは注意すべきです。岩橋小彌太《いわはしこやた》先生は、二つの記事の比較から、「謂ゆる系図一巻は書紀中に見える所の諸家の系図まで網羅したものでなく、唯皇室のみの系図であるといふ事を示してゐるやうでもある」とのべておられますが（「日本書紀」『増補上代史籍の研究』上巻〈吉川弘文館、昭和四十八年三月発行〉所収、一五〇頁）、わたくしも、「系図一巻」に歴代天皇の系譜が書かれていたことは認めてよいと思います。

二、薗田香融氏の研究

そもそも、ここにいう「系図」とは、いかなるものでしょうか。

「系」は血筋のつづきを意味し、「図」はえがくことだといいますが（田中卓「姓氏と系図」『日本姓氏大事典』〈新人物往来社、昭和五十三年十一月〉、のち『田中卓著作集』第二巻〈国書刊行会、昭和六十一年十月〉所収、四九四頁）、「系図」という漢語は中国にもあまり例がありません。諸橋轍次先生の『大漢和辞典』にみえる「系図」の用例も、右の『続日本紀』の記事だけです。このことは、「系図」がかの地において一般的な用語ではなかったことを示唆していますが（中国では、祖先から代々受け継いだ系統や血筋をあらわす語としては、むしろ「世系」が一般的である。『新唐書』にも「宗室世系」「宰相世系」の例がある）、日本では好んで用いられたようです。

「系図」の用例が乏しいとなると、系図というものが本来いかなるものか、定義がむつかしくなります。字義によって、「譜第《ふだい》」「譜図《ふと》」「系譜」などとおなじく、氏族・家族の血縁関係を代々しるした記録と考えるにしても、ここで問題としている「系図一巻」にどのような情報が盛り込まれていたかは判然としません。

ただ、そうしたなか、薗田香融《そのだこうゆう》先生が、興味深い假説を提唱しておられます（①「日本書紀の系図について」末永先生古稀記念会編『古代学論叢』〈同記念会、昭和四十二年十月〉所収、のち薗田氏『日本古代財政史の研究』〈塙書房、昭和五十六年六月〉所収、②「消えた系図一巻」（上田正昭ほか『「古事記」と「日本書紀」の謎』〈学生社、平成四年九月〉所収）。先生のお説は、だいたい以下のとおりです。

『日本紀』の「紀卅巻」は、初出の人物には某の子・某の祖などの説明を加えることによって、その出自《しゅつじ》をあきらかにしていますが、ときにこうした説明のない例があるそうです。武渟川別《たけぬなかわわけ》・狭穂姫《さほひめ》・蘆髪蒲見別王《あしかみかまみわけ》・葛城高額媛《かつらぎのたかぬかひめ》の場合がそれです。しかし、これら四人の出自は、『古事記』のほうにはちゃんとみえています。そこで、薗田先生は、「紀卅巻」が彼らの出自を書いていないのは、その説明を「系図一巻」に譲ったからではないかと考えられました。

また、先生によると、『古事記』にみえる大きな系譜群が、ときに「紀卅巻」では脱落しているといいます。具体的には、建内宿禰《たけしのうちのすくね》系譜（孝元天皇記）をはじめとする、日子坐王《ひこいますのみこ》系譜（開化天皇記）、倭建命《やまとたけるのみこと》系譜（景行天皇記）、天之《あめの》日《ひ》矛《ぼこ》系譜（応神天皇記）、若野《わかぬ》毛《け》二俣《ふたまた》王系譜（応神天皇記）、という五つの系譜群がそれです。これらは、いずれも歴代天皇の系譜的記載に匹敵するほどの分量と独自性をそなえたものですが、先生は、さきにあげた四人の出自の欠落も、こうした系譜群を省略した結果だとみておられます。

もし、こうした推測が的を射たものだとすると、建内宿禰系譜や日子坐王系譜などから「系図一巻」の内容を類推することが可能です。そこから、先生は、「系図一巻」は皇室中心の系図にはちがいないが、その記載は、必要に応じて四世、五世の孫にまでおよぶものであり、皇別《こうべつ》氏族《しぞく》（天皇の皇子皇女を始祖とする氏族）を説明した「始祖分注」もふくんでいたと推測されたのです（薗田氏①論文〈前掲〉四四〇頁）。

三、「系図一巻」の逸文

こうした薗田先生の復元案は、説得力に富む推論です。じつは、わたくしも、以前は先生のお説を全面的に支持していました。ところが、ある時期から、どうも、「系図一巻」には、天皇の系譜以外のことも書かれていたのではないかと思うようになりました。

わたくしがそう考えるきっかけとなったのは、『八幡《はちまん》宇佐宮《うさのみや》御託宣集《ごたくせんしゅう》』第一巻の「御因位部」に引かれた、つぎの一文です。

・類聚国史巻廿一云、誉田天皇、（応神天皇）足仲彦天皇第四子也、母曰二気長足姫尊一、天皇以下皇后討二新羅一之年、歳次庚辰冬十二月上、生二於筑紫之蚊田一、幼而聡達、玄鑑深遠、動容進止、聖表有レ異焉、皇大(ママ)后摂政之三年立為二皇太子一、（時年三、）初天皇在孕而、天神地祇授二三韓一、既産之完生二庄上一其形如レ鞆。是肯(肖)下皇太后為二雄装一之負上レ鞆、（肯、此云二何(阿)叡一、）故称二其名一謂二誉田一、上古恪(俗)、号レ鞆謂二褒武多一焉、摂政六十九年夏四月皇太后崩、元年春正月丁亥朔、皇太子即位、是年也、太歳庚寅、四十一年春二月甲午朔戊申、天皇崩二于明宮一、（時年一百一十歳、一云、崩二于大隅宮一。今案二帝王系図一云、軽嶋明宮、大和国高市郡、）

（中野幡能校注『神道大系　神社編四十七　宇佐』〈神道大系編纂会、平成元年三月〉二一〇～二一一頁による）

これは、冒頭に「類聚国史巻廿一云」とあることからもおわかりのように、『類聚《るいじゅう》国史《こくし》』からの引用です。同書の巻廿一が現存しないこんにちでは、『類聚国史』の逸文として貴重です。

この逸文について研究された二宮正彦先生は、冒頭の「誉田天皇」云々から末尾の割注の「時年一百一十歳。一云、崩二于大隅宮一。」までを『類聚国史』の逸文と判断しておられます（二宮正彦「類聚国史の逸文」『日本上古史研究』七―一一、昭和三十八年十一月、二四〇～二四一頁）。しかし、わたくしは、直後の「今案二帝王系図一云、軽嶋明宮、大和国高市郡」という部分も、『類聚国史』からの引用、それも同書に附されていた「帝王系図」の文章ではないかと考えております。

ご承知のとおり、『類聚国史』は、寛平四年（八九二）に菅原道真が撰上したものです。完成した『類聚国史』には、本文二百巻・目録二巻に加えて「帝王系図三巻」が附されていましたから（『菅家御伝記』寛平四年五月十日条）、『八幡宇佐宮御託宣集』の引く「帝王系図」とは、この「帝王系図三巻」の一部だと思うのです。

ところで、この「帝王系図三巻」については、『日本紀』の「系図一巻」に、その後新たに書き足した分を加えて三巻としたものだとする、伴信友《ばんのぶとも》の説があります（『比古婆衣』六の巻「類聚国史」『伴信友全集』巻四〈国書刊行会、明治四十年四月〉所収）一三一～一三二頁）。『類聚国史』が、六国史の記事を分類・排列したものである以上、『日本紀』の「系図一巻」もなんらかのかたちで同書に組み入れられるべきでしょうから、この推論には説得力があります。そうすると、さきの「軽嶋明宮、大和国高市郡」という記述も、もとを辿れば、「系図一巻」に存したもので、「系図一巻」には、こうした、歴代天皇の宮都の情報もしるされていたと考えられます。

「系図一巻」が『弘仁私記』序において「帝王系図」と言い換えられていることはさきにも紹介したとおりです。「帝王系図」（「帝皇系図」とも書く）という名の書物は後世にも数多く作られていますが、あとで詳しくお話しするように、これには二種あります。一つは図表化された系図で、いま一つは天皇を中心とする年代記です。これらの「帝王系図」には、天皇の系譜だけでなく、宮都・崩年・宝算・山陵や、治世のおもな出来事が記載されていましたから、「帝王系図」とも称される「系図一巻」にも、宮都以外にいろいろな情報が盛られていた可能性があると思います。

もちろん、後世の「帝王系図」と『日本紀』の「系図一巻」を同列に論じることはできません。しかし、さきの『類聚国史』の逸文や後世の「帝王系図」の記述を参考にすると、そこには歴代天皇にかかわる、さまざまな情報が記載されていたと考えてよいのではないでしょうか。

四、「系図一巻」と帝紀

さて、「系図一巻」の内容を右のように推測すると、どうしても帝紀との関聯に思いをいたす必要があります。よく知られているように、帝紀は記紀の原資料となった重要な文献です。そこに記載された内容については、研究者によって多少とらえかたがことなりますが、歴代天皇の諡号《しごう》や称号をはじめとして、宮都・后妃の出自・皇子皇女・

崩年・山陵などがしるされていたと考えられています。さらに、治世における重要事項や、皇位継承などにかかわるかなり具体的な物語も載せられていたようです。

こうした帝紀の記載事項は、わたくしの想像する「系図一巻」の内容とよく一致していますが、だとすると、「系図一巻」とは、じつは帝紀のことではないでしょうか。

ここにいう帝紀とは、帝紀の正説、すなわち、『日本紀』の編纂室に蒐《あつ》められた複数の帝紀をもとに、編者がまとめあげたものをいいます。たとえていえば、神代紀の正文（本文）にあたるものです。ご存じのかたも多いでしょうが、神代紀正文は、複数の「一書」を綜合にして、『日本紀』編纂の際にあらたにまとめられたものです（西川順土「日本書紀巻一巻二の「云云」の用例をめぐって」『皇学館大学紀要』九輯〈昭和四十六年一月〉、のち西川氏『記紀・神道論攷』〈皇學館大学出版部、平成二十一年三月〉所収）。「系図一巻」も、あるいはこのたぐいだったのではないでしょうか。

ちなみに、「系図一巻」をこのようにとらえるとすると、その書式についても考えておく必要あります。

そもそも、系図は、その形式によって、㈠文章系図・㈡竪《たて》系図・㈢横系図の三種にわけられますが、『日本紀』の「系図一巻」は、つぎにあげるような理由から、①の文章系図であった可能性が大きいと思います。

①『釈日本紀《しゃくにほんぎ》』所引「上宮記一云」の継体天皇関係系譜や『上宮聖徳法王帝説《じょうぐうしょうとくほうおうていせつ》』の所引の聖徳太子関係系譜など、七世紀以前の古い系図は、例外なく文章系図である。

②現存する竪系図のうち、古いものと考えられる『海部氏《あまべし》系図』や『円珍俗姓《えんちんぞくせい》系図』も奈良時代に溯るものではなく（いずれも九世紀の書写）、横系図の出現に至っては、さらにおくれる。

③右の竪系図には、「之―子」などといった、もとは文章系図であったものを系線で繋ぐ形にあらためた形迹が残るので、竪系図は文章系図から派生したものであると判断される。

したがって、「系図一巻」のおおよその体裁は、「紀卅巻」において旧辞的記載の乏しい部分、具体的には、巻四の綏靖天皇紀〜開化天皇紀の叙述をイメージしていただけばよいと思いますが、いかがでしょうか。

五、散逸の原因

ところで、この「系図一巻」は、なにゆえ現存しないのでしょうか。

『日本紀』では、「紀卅巻」はほぼ完全な形で伝存しているのに、ひとり「系図一巻」が伝わらないのは、いかにも不思議です。やはり、そこには、それなりの理由があったはずです。

この点に関する薗田先生の推測は、こうです。先生は、弘仁六年（八一五）に撰進された『新撰姓氏録』の皇別にみえる「日本紀合《にほんぎにあへり》」という注記が「系図一巻」との一致をしるしたものだとしたうえで、勢力交替がすすみ、新しい氏族秩序に即応して『新撰姓氏録』が編纂されるころになると、古い氏族秩序にもとづく「系図一巻」の存在はむしろ邪魔になり、それが消滅に結びついたとしておられます（薗田氏②論文〈前掲〉一二五〜一三〇頁）。

ユニークな解釈ですが、よく考えると疑問もあります。

まず、『新撰姓氏録』の「日本紀合」という注記ですが、これが「系図一巻」との一致を示したものかどうかは決め手を欠きます。「系図一巻」との一致をいうのなら、ほぼ同じ時期の『弘仁私記』序の例から推して、おそらく「帝王系図合」と書いたはずです。しかも、現行の『新撰姓氏録』は原本をもとにした抄本ですから、こうした注記がもとからあったかどうかははっきりしません。この点も薗田説には不利です。

かりに薗田先生のいわれるとおりだとしても、新しい氏族秩序に即応して編まれた『新撰姓氏録』が、なにゆえに古い氏族秩序にもとづく「系図一巻」との一致をわざわざ注記しているのでしょうか。薗田説では、この点がうまく説明できません。

『新撰姓氏録』が完成するころには、高橋氏と安曇氏が、神事の日に御膳を供奉《ぐぶ》する次第の先後をめぐって争います。同様に、中臣氏と忌部氏も、幣帛使《へいはくし》をめぐって争論を繰り広げるなど、氏族間の紛糾が続出します。こうしたトラブルは訴訟にまで発展しますが、おもしろいのは、その裁定にあたって『日本紀』がよりどころとされていることです。このことは、『日本紀』が当時はなお権威のある書物だったことを示しています。ですから、『新撰姓氏録』が「系図一巻」を駆逐したという解釈には、ちょっと無理があると思います。

わたくしは、こうした、薗田説の弱点に気づいていたので、散逸の時期や理由は、べつなところにもとめる必要があると思っておりました。ただ、なかなか妙案は浮かばず、とりあえずは、消滅の原因をつぎのように考えました。

①「系図一巻」のもつ情報は、おおむね「紀卅巻」にもしるされていたので、わざわざ手間暇かけて「系図一巻」を写すことが、次第におこなわれなくなった。

②しかも、どちらかというと、読みづらい文章系図にかわって、一覧に便利な横系図などのかたちに再構成された帝王系図が次第に流行したことも、「系図一巻」が廃れる原因になった。

いちおうもっともらしい説明ですが、いまとなってはいささか心もとない気がします。そこで、以下は、この点についてもう少し掘りさげてみましょう。

六、「紀卅巻」と「系図一巻」

「系図一巻」の散逸について考えるうえでヒントになるのが、『本朝書籍目録《ほんちょうしょじゃくもくろく》』の『日本紀』に関する記載です。同書は、わが国で撰述された四百九十三部の書物を、神事・帝紀・公事・政要・氏族・地理など、二十の部門に分類して示した図書目録です。その成立は、鎌倉時代後期の十四世紀後半といわれています。

この目録では、まず「帝紀」の部に、

日本書紀　三十巻　舎人親王撰、従神代至持統、凡四十一代

として、『日本紀』の本文三十巻を掲げ、これとはべつに、「氏族」の部に、

帝王系図一巻　舎人親王撰

とするして「系図一巻」のほうをあげています。

『本朝書籍目録』が、原本を確認したかどうかはわかりませんから、右の記載は、目録編輯のころまで「系図一巻」が伝存していたことの証拠とはなりません。ただ、律令や風土記など、古代の典籍の多くは、応仁の乱（一四六七～一四七七）を経て散逸したものの、それ以前には多く存在していましたから、「系図一巻」も、鎌倉時代後期にはまだ残っていたかも知れません。

この点に関する議論はしばらく措くとして、ここで、『日本紀』の「紀卅巻」と「系図一巻」をべつべつに記載していることは、注目すべきです。本来、不可分のはずの両者が別個に掲げられているところをみると、「系図一巻」は、いつのころからか本文と切り離され、独立した書物として取り扱われていたのではないでしょうか。

分離の時期は明確でありませんが、はやくからそうした認識があったことは、さきの『弘仁私記』序からもうかがうことができます。まえにも引いた史料ですが、『弘仁私記』序には「更撰㆓此日本書紀三十巻并帝王系図一巻㆒。」という記述があります。「系図一巻」を「帝王系図一巻」と呼び、しかも、それを「日本書紀三十巻」とならべてしるす同書の筆法は、『弘仁私記』序が書かれた時点で（弘仁末年をあまりくだらない時代に、弘仁講書に通じたものが書いたとみられる。この点については、粕谷興紀「日本書紀私記甲本の研究」〈『藝林』一九―二、昭和四十三年四月〉参照）、「系図一巻」が「紀卅巻」と同等の、しかも、別な書物として扱われていたことをうかがわせます。

『弘仁私記』本文には、「紀卅巻」全巻にわたる和訓や説明、約九百項目がしるされていますが、「系図一巻」部分を対象とした注解は見当たりません。日本紀講書の記録に「系図一巻」のことがみえないのは不審ですが、当時すでに「系図一巻（帝王系図一巻）」が「紀卅巻」から分離していたとみれば、とくに怪しむに足りません。

問題は、乖離の時期がいつまで溯るかですが、これについては不明とするほかありません。しかし、ことによると、すでに『日本紀』の編者自身が二つを別物と考えていたのかも知れません。その可能性については、最後にもう一度ふれます。

七、帝王系図の展開

さて、ここで、『帝王系図』と称する書物についてのべておきます。「系図一巻」は『弘仁私記』序において「帝王系図」と言い換えられていますから、この名称を冠する書物についても考えておく必要があると思います。

さきにもちょっとふれましたが、後世、『帝王系図』『帝皇系図』の名をもって呼ばれる典籍には、大きくわけて二つのタイプがありました。図表化された歴代天皇の系図と、天皇を中心とする年代記です。

まず、前者ですが、平安時代にはいると、竪系図や横系図形式の『帝王系図』と称する皇室系譜が、数多く登場します。現存するものとしては、十三世紀後半成立の『釈日本紀』巻四に収められた「帝皇系図」「王枝別系図」や、十五世紀に成立した『本朝皇胤紹運録《ほんちょうこういんしょううんろく》』があります。

このほかにも、さきの『本朝書籍目録』「氏族」の部には、「帝王系図一巻　為長撰」「帝王広系図百巻　基親卿撰」「帝王系図一巻　兼直宿禰抄」などという書物の名がみえています。これらがはたしてどのような体裁だったかは、現在では知るよしもありませんが（平基親の『帝王広系図』などは、百巻という分量から推せば、各種の系図を類聚したものとも、歴代天皇の事蹟や出来事を詳細にしるしたものともとることができる）、なかには、竪系図や横系図もあったでしょう。系線を用いて図表化した系図は見た目にもわかりやすく、こうした、閲覧に便利な系図が、『日本紀』の「系図一巻」を駆逐した可能性も否定できません。その意味で、さきにあげた散逸の理由の②は、いまもなお有効ではないかと思っております。

ところで、これとはべつに、年代記のことを『帝王系図』と称する例があります。この種の年代記については、『扶桑《ふそう》略記《りゃっき》』を例にとるのがわかりやすいので、以下、同書についてのべます。

『扶桑略記』の材料については、平田俊春先生の大著『私撰國史の批判的研究』（国書刊行会、昭和五十七年四月）に詳しい研究があります。これによると、『扶桑略記』の、それも六国史がもとになっている光孝天皇以前の部分は、『帝王系図』という名の年代記に依拠してしたものだそうです。

『扶桑略記』が『帝王系図』を材料に用いていることを看破したのは、平田先生の慧眼《けいがん》です。先生の推論のとおりだとすれば、『扶桑略記』から他の諸書からの引用を差し引いた残りの部分が『帝王系図』の記載ということになります。いまそれらを通覧すると（『私撰国史の批判的研究』〈前掲〉二六九～二八三頁参照）、天皇の諡号・代数・治世・皇子女・父母の名・即位年月・生年・都、さらには崩年月・宝算・陵墓が整然としるされているのがわかりますが、これは、まさしく、わたくしの想像する「系図一巻」の姿にほかなりません。だとすると、『扶桑略記』が利用した『帝王系図』は、「系図一巻」の系統に属するものだとはいえないでしょうか。

平田先生が『扶桑略記』前篇のもとになったとする中原撰『帝王系図』二巻は、もとより「系図一巻」そのものではありません。第一、巻数や収録代数が一致しません。しかしながら、「系図一巻」をベースに、その後の情報を書き継いだ『帝王系図』があって、それを『扶桑略記』の編者が利用したことはじゅうぶん考えられます。そして、そうした〈増補版〉の出現の結果、〈旧版〉、すなわち「系図一巻」は顧みられなくなり、そのことが「系図一巻」原本の消滅に繋がったのではないかと思うのです。

おわりに

以上、「系図一巻」に関する、私案を開陳してまいりました。不備の多い推論に留まり、お恥ずかしいかぎりです。「系図一巻」については、ずいぶん前から研究しているにもかかわらず、これといった見解が打ち出せないのは忸怩《じくじ》たるものがあります。ただ、本日の講演では、あらたに、㈠『日本紀』においては、かなりはやい段階から、「紀卅巻」と「系図一巻」が分離し、それが「系図一巻」散逸の伏線となる、㈡分離した「系図一巻」は、図表化された系図や年代記の出現が引き金となって失われた、という構想を描いてみました。

ところで、もし、わたくしのいうように、「系図一巻」が帝紀の正説をまとめたものだとすると、『日本紀』編纂の目的についても、従来とはまたちがったみかたができるのではないでしょうか。

記紀編纂の直接の材料となったのは帝紀ですが、さらにそのもとになった書物は「原帝紀《げんていき》」と呼ばれ、それが成書化されたのは、欽明天皇朝のことだと考えられています（塚口義信「〝原帝紀〟成立の思想的背景」『ヒストリア』一三三、平成三年十二月）。「原帝紀」の成立を欽明天皇朝とみる根拠はいくつかありますが、もっとも有力なのは、『古事記』下巻の皇位継承の伝承が、欽明天皇即位の正統性を示したところで終わっている点です。欽明天皇朝には、皇室内部において、継体天皇・安閑天皇・宣化天皇系王統と、欽明天皇系王統が対立していましたので、天皇は、反対派勢力に対抗するためにも、みずからの正統性を裏づける「原帝紀」を編纂する必要があったのです。

このように、「原帝紀」編纂の意図が、王権の正統性を主張する点にあったとすれば、「系図一巻」にもおなじような意味が込められていたとは考えられないでしょうか。穿ち過ぎといわれるかも知れませんが、わたくしはそんな気がします。

よく知られていることですが、帝紀は「帝皇日継《すめらみことのひつぎ》」とも称され、「ひつぎ」すなわち、皇位継承を記録したものとする認識が、はやくから滲透していたようです。この「帝皇日継」は、舒明天皇や天武天皇の殯宮《もがりのみや》において朗読されていますが、これは帝紀のもつ重要な役割を示唆しています。すなわち、帝紀には歴代天皇の系譜や皇別氏族との関係が記載されていましたから、これを殯宮で読み上げることは、公の場においてヤマト王権の正統性を周知徹底させるという効果があったのです。

こう考えていくと、「系図一巻」も、たぶんに「帝皇日継」を意識して編まれたものではないかという気がいたします。おなじ『日本紀』でも、正史として編まれた「紀卅巻」とちがい、「系図一巻」のほうは、王権の正統性を示すよりどころとして用意されたのではないでしょうか。さきに、『日本紀』の編者自身が「紀卅巻」と「系図一巻」をそれぞれ独立したものと考えていたのではないかとのべましたが、「系図一巻」のねらいが「紀卅巻」のそれとべつなところにあったとすれば、完成した時点から両者が別物と認識されていた可能性はあると思います。

もちろん、薗田先生の研究にもあるように、系譜的記載については、「紀卅巻」より「系図一巻」のほうが詳細な箇所もあったと考えられますから、その意味では、「系図一巻」は「紀卅巻」を補うものです。ただ、「系図一巻」がないからといって、たちまち「紀卅巻」が理解できなくなるというものでもありません。わたくしは、以前、『古代天皇系図』（燃焼社、平成六年九月）という本において、「紀卅巻」から復元できる皇室系図を示したことがありますが、この経験から、「紀卅巻」に記載された情報は皇室系図のかなりの部分を網羅していると確信いたしました。ですから、「系図一巻」に詳しい記述が存することと、「系図一巻」と「紀卅巻」が別物と認識されていたこととは、べつの次元で考えるべきだと思います。

ちなみに、六国史のなかでは、『日本紀』にのみ「系図一巻」があり、『続日本紀』以下の五国史にはこれに該当するものがありません。『日本紀』だけ他の国史と体裁がちがうのも不思議ですが、初代の神武天皇にはじまる『日本紀』だったからこそ、天皇統治の根源を示す「系図一巻」を附す意味があったのでしょう。ぎゃくにいえば、『続日本紀』以下には、その必要がなかったといえます。

なにぶんにも関聯史料が少ないため、推論に終始して申し訳ありませんでしたが、お時間も超過いたしましたので、これくらいにさせていただきます。長時間のご清聴を感謝申し上げます。

〔附記〕

①小論は、去る平成二十六年六月二十日に大宮キャンパス清和館で開催された龍谷大学日本史学研究会総会における記念講演の原稿に加筆したものである。当日貴重なご助言をたまわった龍谷大学文学部歴史学科の先生がたにお礼申し上げる。松倉文比古先生

からは、「帝王系図」と「帝皇系図」という表記のちがいには、それぞれの成立時期とかかわりがあるのではないかとする貴重なご指摘をたまわった。今後の課題としたい。

②最近発表された塚口義信「『日本書紀』と『日本紀』の関係について」（『續日本紀研究』三九二、平成二十三年六月）は、「日本紀」は「日本書紀」三十巻と「系図一巻」の総称であり、「日本書紀」と「日本紀」は区別すべき用語だとする前人未発の新説である。同氏の所説についてはなお慎重に検討したいが、小論では、『続日本紀』養老四年五月二十一日条の表記にしたがい、「日本紀」「紀卅巻」「系図一巻」の用語を使い分けた。ただし、厳密に区別できなかった場合もあるので、ご寛恕を乞う次第である。

③なお、小論では、天皇については、時代を問わず「漢風謚号＋天皇」の表記をもってした。あくまで便宜的なもので、これまた読者諸彦のご諒解を乞いたい。

第二章　磐井の乱とその史料

はじめに

磐井の乱の史料　継体天皇朝（以下、便宜的に「天皇」の用語を用いる）に勃発した磐井の乱については、『古事記』『日本書紀』や『筑後国風土記』逸文に記述があるほか、『国造本紀』にもわずかながら記載されるなど、六世紀前半の事件としては関聯史料に恵まれている。とくに、『古事記』は、武烈天皇以下推古天皇に至るまでの部分は、天皇の系譜的記載や宮都・崩年・陵墓などをかんたんにしるすだけで、政治的事件にふれた記述はほとんどない。そうしたなか、継体天皇段にみえる磐井の乱は異例の言及といってよい。『古事記』がこれを掲げた理由については、のちほどあらためて考えたいが、磐井の乱は、多くの人を巻き込んだ、継体天皇朝の重大な事件であり、当時のひとびとの脳裏に強く焼きついていたのであろう。

この乱についてはすでに論じ尽された感があるが、なお議論の餘地がある問題点も残されている。よって、小論では、この事件を伝える史料を再検討してみたい。

一、『日本書紀』と磐井の乱

継体天皇紀にみえる磐井の動向　はじめに、磐井の乱そのものについて克明にしるした『日本書紀』から取り上げたいが、継体天皇二十一年六月条から二十二年十二月条にかけて、つぎのような記事がみえている。

二十一年夏六月壬辰朔甲午。近江毛野臣率二衆六萬一。欲下住二任那一。為二復興建新羅所レ破南加羅・㖨己呑一。而合中任那上。於レ是筑紫国造磐井。陰謨二叛逆一。猶預経レ年。恐二事難レ成。恒伺二間隙一。新羅知レ是。密行二貨賂于磐井所一。而勧レ防二遏毛野臣軍一。於レ是磐井掩二拠火・豊二国一。勿レ使二修職一。外邀二海路一。誘二致高麗・百済・新羅・任那等国年貢職船一。内遮下遣二任那一毛野臣軍上。乱語揚言曰。今為二使者一。昔為二吾伴一。摩レ肩触レ肘。共器同食。安得四率爾為レ使。俾三余自二伏爾前一。遂戦而不レ受。驕而自矜。是以毛野臣乃見レ防二遏中途一淹滞。天皇詔二大伴大連金村・物部大連麁鹿火・許勢大臣男人等一曰。筑紫磐井反。掩二有西戎之地一。今誰可レ将者。大伴大連等僉曰。正直・仁勇。通二於兵事一。今無レ出二於麁鹿火右一。天皇曰。可。

秋八月辛卯朔。詔曰。咨。大連。惟茲磐井弗レ率。汝徂征。物部麁鹿火大連再拝言。嗟。夫磐井西戎之奸猾。負二川阻一而不レ庭。憑二山峻一而称レ乱。敗レ徳反レ道。侮嫚自賢。在昔道臣、爰及二室屋一。助レ帝而罰。拯二民塗炭一。彼此一時。唯天所レ賛。臣恒所レ重。能不二恭伐一。詔曰。良将之軍也。施レ恩推レ恵。恕レ己治レ人。攻如二河決一。戦如二風発一。重詔曰。大将民之司命。社稷存亡於レ是乎在。勗哉。恭行二天罰一。天皇親操二斧鉞一。授二大連一曰。長門以東朕制之。筑紫以西汝制之。専二行賞罰一。勿二煩頻奏一。

二十二年冬十一月甲寅朔甲子。大将軍物部大連麁鹿火。親与二賊帥磐井一交二戦於筑紫御井郡一。旗鼓相望。埃塵相接。決二機両陣之間一。不レ避二萬死之地一。遂斬二磐井一。果定二疆場一。

十二月。筑紫君葛子恐二坐レ父誅一。献二糟屋屯倉一。求レ贖二死罪一。

（読み下し文）

二十一年の夏六月の壬辰《じんしん》の朔にして甲午《かふご》に、近江《あうみ》の毛野臣《けなのおみ》衆《いくさ》六萬を率て任那《みまな》に往《ゆ》き、新羅《しらき》に破《やぶ》られたる南加羅《ありひしのから》・旛己呑《とくとこん》を復興建《またおこした》てて、任那に合《あは》せむとす。是《ここ》に筑紫国造《つくしのくにのみやつこ》磐井《いはゐ》、陰《ひそか》に叛逆《はんぎゃく》を謨《はか》り、猶預《いうよ》して年《とし》を経《へ》、事《こと》の成《な》り難《かた》きことを恐《おそ》り、恒《つね》に間隙《かんげき》を伺《うかか》ふ。新羅《しらき》、是《これ》を知《し》り、密《ひそか》に貨賂《くわろ》を磐井《いはゐ》が所《もと》に行《や》りて、毛野臣《けなのおみ》の軍《いくさ》を防遏《ぼうあつ》することを勧《すす》む。是《ここ》に磐井、火《ひ》・豊二国《とよにこく》に掩拠《えんきよ》して、修職《しうしよく》せしめず。外《そと》は海路《かいろ》に邀《むか》へて、高麗《こま》・百済《くだら》・新羅・任那《みまな》等《ら》の国《くに》の年《としごと》に貢職船《こうしよくせん》を誘致《いうち》し、内《うち》は任那《みまな》に遣《つかは》せる毛野臣の軍を遮り、乱語揚言《らんごやうげん》して曰《いは》く、「今《いま》こそ使者《つかひひと》にあれ、昔《むかし》は吾《わ》が伴《ともがら》として、肩《かた》を摩《す》り肘《ひぢ》を触《ふ》りつつ、共器《おなじけ》して同《とも》に食《くら》ひき。安《いづく》にぞ卒爾《にはか》に使《つかひ》と為《な》り、余《われ》をして儞《い》が前《まへ》に自伏《したが》はしむること得むや」といふ。遂《つい》に戦《たたか》ひて受《う》けず、驕《おご》りて自《みずか》ら矜《ほこ》る。是《ここ》を以《も》ちて、毛野臣、乃《すなは》ち中途《ちゅうと》に防遏《ばうあつ》せられて淹滞《えんたい》す。天皇《すめらみこと》、大伴大連金村《おほとものおほむらじかなむら》・物部大連麁鹿火《もののべのおほむらじあらかひ》・許勢大臣男人《こせのおほおみをひと》等《たち》に詔《みことのり》して曰《のたま》はく、「筑紫《つくし》の磐井反《そむ》きて、西戎《せいじゆう》の地《ち》を掩有《おそひたも》てり。今《いま》し誰《たれ》か将《しやう》たるべきぞ」とのたまふ。大伴大連等僉曰《みなまを》さく、「正直《せいちよく》・仁勇《じんよう》にして、兵事《へいじ》に通《つう》じたるは、今《いま》し麁鹿火《あらかひ》の右《みぎ》に出《い》づるひと無《な》し」とまをす。天皇《すめらみこと》の曰《のたま》はく、「可《よ》し」とのたまふ。

秋八月の辛卯の朔《つきたち》に、詔《みことのり》して曰《のたま》はく、「咨《あ》、大連《おほむらじ》、惟茲《これこ》の磐井《いはい》率《したが》はず。汝《いまし》徂《ゆ》きて征《う》て」とのたまふ。物部麁鹿火大連、再拝《をろが》みて言《まを》さく、「嗟《あ》、夫《そ》れ磐井は西戎《せいじゆう》の奸猾《かんくわつ》なり。川《かは》の阻《そ》を負《たの》みて庭《つかへまつ》らず、山《やま》の峻《しゆん》に憑《よ》りて乱を称《あ》ぐ。徳《とく》を敗《やぶ》りて道に反《そむ》き、侮嫚《ぶまん》して自《みづか》ら賢《けん》なりとおもへり。在昔《むかし》、道臣《みちのおみ》より爰《ここ》に室屋《むろや》に及《いた》るまでに、帝を助けて罰《う》ち、民《たみ》を塗炭《とたん》に拯《すく》ふ。彼此《ひし》一時《いちじ》なり。唯天《ただてん》の賛《たす》くる所《ところ》は、臣《しん》が恒《つね》に重《おも》みする所なり。能《よ》く恭《つつし》みて伐《う》たざらむや」とまをす。詔《みことのり》して曰《のたま》はく、「良将《りやうしやう》の軍《いくさだち》するや、恩《おん》を施《ほどこ》し恵《けい》を推《お》し、己《おのれ》を恕《おもひはか》りて人《ひと》を治《をさ》め、攻《せ》むること河《かは》の決《さ》くるが如《ごと》く、戦《たたか》ふこと風《かぜ》の發《た》つが如し」とのたまふ。重《かさ》ねて詔して曰はく、「大将《たいしやう》は民《たみ》の司命《しめい》なり。社稷《しやしよく》の存亡《そんばう》是《ここ》に在《あ》り。勗《つと》めよや、恭《つつし》みて天罰《てんばつ》を行《おこな》へ」とのたまふ天皇《すめらみこと》親《みずか》ら斧鉞《ふえつ》を操《と》りて、大連《おほむらじ》に授《さづ》けて曰《のたま》はく、「長門《ながと》より以東《ひむがしのかた》は朕《われ》制《かと》らむ。筑紫《つくし》より以西《にしのかた》は汝《いまし》制れ。賞罰《しやうばつ》を専《もは》ら行《おこな》へ。頻《し》きて奏《まを》すことにな煩《わづら》ひそ」とのたまふ。

二十二年冬十一月の甲寅《かふいん》の朔《つきたち》にして甲子《かふし》に、大将軍《たいしやうぐん》物部大連《もののべのおほむらじ》麁鹿火《あらかひ》、親ら賊帥《ぞくすい》磐井《いはゐ》と筑紫の御井郡《みゐのこほり》に交戦《かうせん》す。旗鼓《きこ》相望《あひのぞ》み、埃塵《あいじん》相接《あひつ》げり。機《き》を両陣之間《りやうぢんのかん》に決《けつ》して、萬死之地《ばんしのち》を避らず。遂《つひ》に磐井《いはゐ》を斬《き》りて、果《はた》して疆場《きやうえき》を定《さだ》む。

十二月に、筑紫君葛子《つくしのきみくずこ》、父《ちち》の坐《つみによ》りて誅《ころ》されむことを恐《おそ》り、糟屋屯倉《かすやのみやけ》を献《たてまつ》りて、死罪《しぬるつみ》を贖《あか》はむことを求む。

これによれば、かねてより叛逆の企てのあった磐井は、継体天皇二十二年六月に新羅に敗れた南加羅・㖨己呑を復興し任那に併合するために、朝鮮半島に渡ろうとした近江毛野の軍勢を遮ったという。いっぽう、派兵を察知した新羅は、磐井に賄賂を贈って、毛野軍の沮止を依頼した。継体天皇は、叛乱を鎮圧するために、物部麁鹿火を派遣。麁鹿火は筑紫の御井郡において磐井の軍と交戦し、ついに磐井を斬殺する。『日本書紀』はこれを継体天皇二十二年十一月条にかけているので、この年紀のとおりだとすれば、磐井の乱は勃発から終熄までじつに一年五箇月も要したことになる。

その後、継体天皇二十二年十二月条によれば、磐井の息子葛子が、父の罪に連坐して死罪を蒙ることを恐れて糟屋の屯倉を献上したという。のちに詳しくのべることだが、磐井の墓の有力候補とされる古墳に福岡県八女市の岩戸山古墳がある。この岩戸山古墳をふくむ八女古墳群〈吉田小群〉では、岩戸山古墳以降も、六世紀末ごろまで乗場古墳や鶴見山古墳が築造されているが、乗場古墳は、この葛子の墓の可能性が大きいとされる古墳である〈小田富士雄「磐井の反乱」鏡山猛・田村圓澄編『古代の日本』第三巻〈角川書店、昭和四十五年二月〉所収、一六四頁・柳沢一男『筑紫君磐井と「磐井の乱」』〈新泉社、平成二十六年八月〉八五頁〉。

乱の勃発は五二七年か　以下、継体天皇紀の記述について考えてみたいが、まず問題となるのが、記事そのものの信憑性である。磐井の乱については、懐疑的なみかたがはやくからあったが〈津田左右吉『日本古典の研究』下巻〈岩波書店、昭和二十五年二月〉、のち『津田左右吉全集』第二巻〈岩波書店、三十八年十一月、引用はこれによる〉所収、一〇三～一〇四頁〉、その後も、いろいろな角度からこの史料の検証が進められている。

記事の信憑性に関聯して最初に考えなくてはならないのが、乱の年紀である。

前述のように、『日本書紀』は継体天皇二十一・二十二年条にかけてこの事件をしるす。これは、西暦五二七・五二八年にあたる。『日本書紀』の語るところによれば、磐井の乱は毛野の任那派遣と密接にかかわっている。とすれば、いつ南加羅・喙己呑が新羅に併呑されたかは重要である。

ところが、すでに山尾幸久氏が指摘されたように〈「文献から見た磐井の乱」田村圓澄・小田富士雄・山尾幸久『古代最大の内戦　磐井の乱』〈大和書房、昭和六十年二月〉所収、のち山尾氏『日本古代の国家形成』〈大和書房、昭和六十一年六月〉再収、引用は後者による〉、新羅が南加羅・喙己呑を併呑したのは、『三国史記』『三国遺事』では五三二年。『日本書紀』がこれを五二七年のこととして掲げるのは不審である。しかも、『日本書紀』は天皇の崩御の年も、継体天皇二十五年説を退けてあえて『百済本記』によって二十八年としている。そこから、山尾氏は、磐井の乱もこれらの出来事と同様、三年繰り下げて、五三〇・五三一両年のこととすべきだといわれる。

継体天皇紀の年紀に錯簡があることは、はやくから指摘されている。前述の崩年にしても、「或本」を引いて二十五年説を紹介しながらも、あえて『百済本記』によって二十八年としているし、天皇が大和入りまでに二十年を要したことについても、七年説を併記している。その意味で、継体天皇紀の国内記事の年紀は不審な点があり、坂本太郎氏も指摘されたように、「百済本紀から出た記事の部分は別として、国内の事実を記した部分については、すべて信用することができない」のである（「継体紀の史料批判」『國學院雑誌』六二―九、昭和三十六年九月、のち『坂本太郎著作集』第二巻〈吉川弘文館、昭和六十三年十二月〉所収、引用は後者による。三四一～三四二頁）。

氏は、「国内の記録には年紀が全くなかったか、あったにしても確実性の乏しいものであった」とされるが（坂本氏前掲論文、三四二頁）、三品彰英氏などもおなじ考えで、磐井の叛乱は『古事記』の所伝のように継体天皇の御代のこととして古くから伝えられていただけで、年次不明の所伝だったとみておられる（「「継体紀」の諸問題」同氏編『日本書紀研究』第二冊〈塙書房、昭和四十一年一月〉所収、二九頁）。これらの研究を参照すると、『日本書紀』の年紀を鵜呑みにすることにはいささか躊いを覚える。

ついでにいうと、三品氏は、継体天皇二十一年六月条に「於レ是筑紫国造磐井。陰謨二叛逆一。猶預経レ年」の「於是」という接続詞的な用語は、別系の史料との継ぎ目であ」り、『古事記』には近江毛野の名がみえないことを指摘される。そして、「本来は毛野臣と磐井の話は別々の伝説であったかもしれ」ず、両者を関聯づけたのは「『日本書紀』撰編者の作文」であるという説を唱えておられる（同氏『日本書紀朝鮮関係記事考証』下巻〈天山舎、平成四年十二月〉二二一～二二二頁、なお三品氏前掲論文、二四～二八頁も参照）。

こうなると、そもそも、近江毛野の派兵が乱のほんとうの発端であったのかも疑わしい。さらに、山尾氏は、南加羅・喙己呑の併呑の年紀によって、磐井の乱を三年繰り下げられたが、乱の契機が南加羅などの恢復をめざす近江毛野軍の出兵だったとすれば、たとえ「庚戌年（五三〇）」に繰り下げたところで、南加羅滅亡の壬子（五三二）以前だという矛盾は解消しないのである（亀井輝一郎「磐井の乱の前後」『新版［古代の日本］』第三巻〈角川書店、平成三年十一月〉所収、一四九頁）。

もっとも、『三国史記』新羅本紀第四には、法興王十一年（五二四）、王が巡行して南部国境地帯の勢力を拡大したことがみえるので、この時点ですでに新羅が南加羅・喙己呑を圧迫していたことは事実である。近江毛野の派兵がそれを受けてのことだとすれば、それはそれで筋が通るのである（末松保和『任那興亡史』〈大八洲出版、昭和二十四年二月〉、のち『末松保和朝鮮史著作集』〈吉川弘文館、平成八年七月、引用はこれによる〉所収、九五頁参照）。

毛野の任那出陣と磐井の叛乱を別個の記事とみる三品氏も、「半島関係の軍事には筑紫の諸氏族が常に関与しているから、磐井のような有力者が無関係であったはずはあるまい。とすれば、磐井と毛野臣の指揮権争いの話もあり得てよいこと」とし、「筑紫君国造磐井が新羅・任那などの貢職の船を誘致して、大和側の加羅経営に対抗したとする書紀撰者の見解は、必ずしも的はずれではない」とのべておられる（三品氏前掲書、二二一〜二二二頁）。たしかに、ここにみえる貢職船誘致の話などは、欽明天皇三十一年条にみえる、道君が高句麗使の貢物を詐取した事件を彷彿させる（鎌田元一「国土の統一」岸俊男編『王権をめぐる戦い』〈中央公論社、昭和六十一年十一月〉所収、のち鎌田氏『律令国家史の研究』〈塙書房、平成二十年二月、引用頁はこれによる〉所収、七〇〜七一頁）。また、継体天皇二十一年条には潤色もあるが、このあとふれる「乱語揚言」のような、真に迫った描写もあるので、毛野と磐井の「絡み」がことごとく造作とは思えない。そう考えると、『日本書紀』編者が両者を関聯づけて書いているのも、まったくの臆測ではなかったかも知れない。

継体天皇二十二年十二月条には、糟屋屯倉を献上した記事がみえている。この屯倉は博多湾の東部の湾岸地域である。こうした海上交通の要衝の地をヤマト政権に献じたことはそれなりに意味のあることであって、あるいは、筑紫君は、ここを拠点に新羅と通じていたのかも知れず、その地を差し出すことは、朝鮮半島との交渉を放棄した意思表示とみることも可能である。

磐井の立場　そこでつぎに、右にあげた「乱語揚言」についてみておこう。継体天皇紀の叙述において、乱の性格ともかかわって見逃せないのは、毛野の軍勢を遮って磐井が彼に放った、「今為二使者一。昔為二吾伴一。摩レ肩触レ肘。共器同食。安得四率爾為レ使。俾三余自二伏儞前一。」という暴言である。

山尾氏は、「このことばがどれくらい信用できるかということはかなり問題で、分かるのは、せいぜい『日本書紀』の編纂者の磐井についての見方で」あるとして、『日本書紀』編者は、「若い時代の磐井が、近江毛野と一緒に大王の宮廷に仕えていたことがあった」と理解していたと考えておられる（山尾氏前掲論文、一二四〜一二五頁）。そして、このやりとりから、磐井が若いころに河内か大和の宮廷において大王の靫負（大王親衛隊）として長らく滞在したことが推測できるという。

筆者も、この発言が、実際の磐井の発した言葉をそのまま写し取ったものとは思わない。第一、前述のように、ほんとうに近江毛野が磐井の軍と対峙したかも疑わしい。

水谷千秋氏は、こうした磐井の発言が、帝紀に依拠したとみられる「不レ従二天皇之命一而。多レ无レ礼」「豪強暴虐。不レ偃二皇風一。」といった『古事記』や『筑後国風土記』逸文の表現と符合するところから、帝紀の所伝をもとに創作された可能性があるとしておられる（「継体天皇と磐井の乱」『継体天皇と古代の王権』〈和泉書院、平成二年十月〉所収、二四六頁）。筆者は、氏が、『筑後国風土記』の文が『古事記』（あるいはかそのもとになった帝紀）にもとづくとする推測は根拠に乏しいと思うが、『日本書紀』にみえる発言の内容を「創作」と言い切ることにはためらいを覚える。

かりにこれが『日本書紀』編者の造作だとしても、編者が磐井と毛野の関係を「共器同食」の間柄と認識した上での作文だと考えれば、たんなるフィクションとして片付けてしまうわけにはいかない。長山泰孝氏も、「この言葉が磐井が反乱に起ち上った真相を衝いたものとして宮廷人に認識されていたことは、事実とみとめてよいだろう」との見解を示しておられるが（「前期大和政権の支配体制」『日本歴史』四三二、昭和五十九年五月、のち長山氏『古代国家と王権』〈吉川弘文館、平成四年十月〉所収、引用は後者による。七五頁）、筆者も同意見である。

もっとも、磐井の発言にある「共器同食」が「靫大伴」として中央に奉仕することを指すのかは（山尾氏前掲論文、一二四～一二八頁）、検討の餘地がある。長山氏によれば、継体天皇朝以前のヤマト政権（長山氏はこれを「前期大和政権」と称する）の政治体制は、たんなる畿内豪族を中心とする聯合政権ではなく、有力首長相互の全国的な同盟関係にもとづいていたという。そして、地方豪族も朝廷に出仕して、外交や軍事に起用され、中央豪族とともに国政に参与することがあったという（長山氏前掲論文、六〇～七八頁）。

こうした氏の構想を参考にすれば、「共器同食」の発言も靭負として奉仕をいうのではなく、いま少し重要な立場でヤマト政権に仕えていたことをいったものだと考えられる。ただ、長山氏は、この発言には、それまで首長聯合的な政治体制から大王の専制君主化を進めつつあるヤマト政権に対する地方豪族層の不満がこめられているとされるが（長山氏前掲論文、八一頁）、そこまで読み取ることが可能かは一抹の不安が残る。

筑紫は「地域国家」か　ところで、これまで小論では、とくに断りもなしに、「磐井の乱」「磐井の叛乱」という表現を用いてきたが、「共器同食」に関聯して、この用語にも言及しておく。

これらの用語は、継体天皇紀に「陰謨㆓叛逆㆒」「筑紫磐井反。掩㆓有西戎之地㆒」とあり、あるいは継体天皇記に「竺紫君石井。不㆑従㆓天皇之命㆒而。多㆑无㆑礼」とある記述から生まれたものであろう。

これに異を唱えたのが、森浩一氏である。氏は、「地域国家」論の立場から、磐井を「筑紫王」、すなわち「筑紫という地域国家の王」とみ、「地域国家の王としての磐井の立場では、侵入者と戦うことは当然の行為である」として、「乱」「叛乱」という表現を捨てて「継体・磐井戦争」という用語を採用しておられる（『敗者の古代史』〈中経出版、平成二十五年六月〉一六四～一六八頁）。磐井の乱が「叛乱」というにことばに値するかどうかを疑問視する声はそれ以前からあり、たとえば、鬼頭清明氏は「磐井の側も、大和政権に対する一定の身分秩序の一部を構成していたかも知れないが、北九州一円を支配する相対的自立性をもった政治権力として大和政権と戦ったのではないだろうか」（『日本民族の形成と国際的契機」『大系・日本国家史』第一巻〈東京大学出版会、昭和五十年九月〉一〇〇頁）といい、また、直木孝次郎氏も「磐井戦争といってもよい」（井上光貞他『国家成立の謎』〈平凡社、昭和五十五年四月〉所収、一三四頁）とのべておられる。

記紀編者の主観からの脱却を唱える森氏の姿勢には賛意を表するが、しかし、はたして、門脇禎二氏のいう「地域国家」なる概念は認められるであろうか。磐井の乱の史料批判という小論の主旨からはいささか逸脱するが、ことは磐井の乱の評価にもかかわるので、以下はしばらくこの問題について考えてみたい。

ここにいう「地域国家」論は、門脇氏が「古代社会論」（『岩波講座日本歴史』第二巻〈岩波書店、昭和五十年十月〉所収）以来、本格的に提唱してこられた独自の構想である。すなわち、氏は、統一国家が形成されるのは六世紀中頃以降のこととして、それ以前を地域国家の段階と定義し、ヤマト地域国家（いわゆる「ヤマト政権」を指す）とともに、筑紫や吉備や毛野などの地域国家が併存していたとされる。むろん、氏は、ヤマト地域国家の、他の地域国家に対する相対的な優位性を否定しておられるわけではないが、あえて「国家」ということばを採用していることからもわかるように、ヤマト地域国家に対しかなりの独自性をもっていたことを認めておられるのである。

ここで門脇氏の「地域国家」論を詳しく論じる餘裕はないが、年来の疑問を二つあげておく。

第一は、磐井が「君（公）」というカバネを有している点である。カバネは、原初的には身分の高い家の人々に対する尊称であっただろうが、それは次第に序列化され、やがてはヤマト政権が従属的政治集団の首長らに与えた称号となり、磐井の時代にはすでに定着していたものである。それを磐井自身が授けられていることは、彼がヤマト政権に従属していた動かぬ証拠である。

第二に、前方後円墳である。この点は、さきの都出比呂志氏の論文（「前方後円墳体制と地域権力」門脇禎二編『日本古代国家の展開』上巻〈思文閣出版、平成七年十一月〉所収）や中司照世氏の研究（「考古学から見た四・五世紀のヤマト政権と吉備（前編）―吉備の動静に言及する前に―」『つどい』二九七、平成十二年十月）に詳しいので、それによる。

よく知られているように、前方後円墳は、単なる墓ではなく、当時の王権の首長を軸とした聯合政権の共通のシンボルとしてつくられた、きわめて政治的色彩のつよい記念物である。それは、前方後円墳が、出現当初から、一定の規格性をもっており、埋葬施設や副葬品などに共通した特色をもっていることからも立証される。しかも、こうした前方後円墳の分布が、かなりの範囲におよんでいるところから、古墳時代前期には、すでに西日本規模の政治的聯合体が形成されており、さらにその中軸的な存在として、大和を中心とする政治集団の存在を想定することが可能である。この大和を中心とする政権の最高首長は、三輪山周辺・曽布・葛城・河内南部・和泉北部など大和と河内の勢力を中心に、南山城・乙訓・三島野なども加わった畿内（当時はまだ畿内という概念は存在しなかったが、ここでは便宜上使用）各地の政治集団の聯合体によってささえられており、さらにそれが西日本各地の地域政権とも聯合していたと考えられている。つまり、古墳こそは、ヤマト政権と各地の首長の政治的関係を反映したものなのである。

門脇氏は「各地における巨大古墳造営にみる新しい葬送儀礼のうけいれは、そのまま地域の王（あるいは豪族）がヤマト国家の「国造」的従属に入ったことの表示とみられがちだが、実はそれは確証されたことではない」（門脇氏前掲論文、三四〇頁）とされたが、やはり、前方後円墳はヤマト政権を軸とした聯合政権の共通のシンボルととらえたほうが無理がないように思う。

以上の二点から、この時代の地方の政治集団の首長は、ヤマト政権と同盟的な服属関係を結んでいたとみるべきである。鬼頭氏は、こうしたカバネや古墳（前方後円墳）について、磐井が「何らかの関係を大和政権との間に保持したことは推定してよかろう」（「日本民族の形成と国際的契機」〈前掲〉九九頁、傍点＝荊木）とその評価に消極的だが、これはやはり「従属的な政治連合」と表現するのが妥当であろう。その意味において、「それをあえて地域国家といわなくとも、地域権力と表現し、その史的意義を主張することで、十分にその目的は達しうる」し（都出氏前掲論文、六九頁）、やや厳しい表現をとれば、かかる用語の濫用は、「国家あるいは王権に対する無理解から発した」発想だといわざるをえない（長山泰孝「国家形成史の一視角」『大阪大学教養部研究集録』人文・社会科学第三一輯、のち長山氏『古代国家と王権』〈前掲〉三三頁及び前掲論文、七六頁参照）。それゆえ、記紀編者の史観とはべつに、磐井の行為をヤマト政権の地方支配とのかかわりで「叛乱」と呼ぶことも、あながち不適切ではあるまい。小論が、森氏の提唱する「戦争」の用語によらず、あえて旧来からの用語によったのは、もっぱら当時のヤマト政権と筑紫の政治集団との関係を考慮してのことである。

『藝文類聚』の影響　さて、つぎに取り上げたいのは、当該記事における文飾の問題である。

これも、すでに河村秀根『書紀集解』が指摘していることであるが、継体天皇紀二十一年八月条から翌二十二年十一月条にかけては漢籍による、夥しい潤色がある。当該条には、

秋八月辛卯朔、a詔曰。咨。大連。惟茲磐井弗率。汝徂征。物部麁鹿火大連再拜言。b嗟。夫磐井西戎之峡猾。負川阻而不庭。c憑山峻而称乱。d敗徳反道。侮匁自賢。e在昔道臣。爰及室屋。助帝而罰。拯民塗炭、彼此一時。唯天所贊。臣恆所重。能不恭伐。詔曰。f良将之軍也。施恩推恵、恕己治人。攻如河決。戦如風發。重詔曰、g大将民之司命。社稷存亡。於是乎在。h勗哉。恭行天罰。i天皇親操斧鉞。授大連曰。j長門以東朕制之。筑紫以西汝制之。専行賞罰。勿煩頻奏。

廿二年冬十一月甲寅朔甲子。大将軍物部大連麁鹿火。親与二賊帥磐井一交二戦於筑紫御井郡一。k旗鼓相望。埃塵相接。決二機両陣之間一。不レ避二萬死之地一。遂斬二磐井一。果定二彊場一。（後略）

とあるが、傍線を施したa～kの部分はいずれも中国の典籍の文章を多少改変して綴り合わせたものだという（小島憲之『上代日本文学と中国部文学』上〈塙書房、昭和三十七年九月〉三八八～三八九頁ほか）。たとえば、aは『尚書』に「帝曰。咨禹。

惟茲有苗弗率。汝徂征」とあるものに一致し、また、gも『抱朴子』に「大将民之司命。社稷存亡。於是乎在」に一致するといったたぐいである。

ただ、こうした潤色は、中国の古典を原文ではなく、『藝文類聚』によったことが、小島氏によってあきらかにされている（前掲書、一二四～一三二頁）。欧陽詢の『藝文類聚』は七世紀前半に出来た中国の類書の一つで、現存しない詩文を多数引用していることで知られる。日本にもはやくから齎され、『日本書紀』編者も利用したようである。

山尾氏は、潤色を理由に、右の二十一年八月一日条は「歴史的な事実を推測する際に、根拠としてはあまり役に立たない、証拠力がほとんどない」としておられるのであって（山尾氏前掲論文、一一〇一～一一一頁）、こうした意見を支持する研究者も少なくない。

たしかに、右の磐井の乱の記事も、漢籍による文飾の甚だしいことは誰もが認めるところである。ただ、筆者は、漢籍によって文を成すことと、表現された内容が虚構かどうかはわけて考える必要があると思う。天武天皇紀上の壬申の乱の描写でも、漢籍による潤色（直接利用であれ、間接利用であれ）が夥しいことは、周知のとおりである。だからといって、壬申の乱の記述がフィクションだとはいえないように思う。『日本書紀』編者の脳裏には、こういう場面を描写したいというイメージがあり、それに合うような文例を探したということも想定できる。とすれば、出来上がった文章も、たとえ文飾があるにせよ、編者の抱くイメージに近いものだといえよう。さらにいえば、その文章の背後には核になる史実の存した可能性も考えられるのである。

たとえば、aの「惟茲磐井弗レ率」という部分は、後述のように、この事件に関する事実を伝えていると思われる『古事記』の「竺紫君石井。不レ従二天皇之命一而。多レ无レ礼」と共通している。だとすると、この一文もまったくの創作とはいえないのであって、記紀に共通する、天皇が服従しない磐井の征討を麁鹿火に命じたという部分も（ただし、

『古事記』では大伴金村も同行したとある）、なにか拠るべきものがあったのかも知れない。

同様に、ｂ「負川阻而不庭」やｃ「憑山峻而称乱」のような、磐井が地の利を利用したことについても、『日本書紀』編者の側にはなんらかの情報あって、それにもとづく文飾だとも考えうるのである。

不思議に思うのは、どうしたことか、『日本書紀』編者がこの事件の描写に力を込めていることである（三品氏前掲書、二一二頁）。大仰な文飾もその一端だが、筆者がとくに注目したいのは、金村の派遣にかかわって三度出てくる継体天皇の詔である。これらの詔によれば、天皇は毅然とした態度で叛乱に臨んだかのごとくであり、あたかも継体天皇を顕彰するかのような書きぶりである。いったい、『日本書紀』は、継体天皇をすぐれた天皇として描いているが（これは、『日本書紀』の編纂にかかわった歴代天皇が、いずれも継体天皇の直系の子孫であることを思えば、ある意味当然であるが）、磐井の乱の描写もそれに通じるものがある。編者は、磐井の乱を詳述することによって、それを鎮定した継体天皇のすぐれた君主ぶりを、読むものに強く印象づけようとしたのではあるまいか。

二、『古事記』の記載をめぐって

『古事記』の石井　以上、『日本書紀』についてみてきたが、磐井の乱のことは『古事記』継体天皇段にもみえている。

此之御世。竺紫君石井。不レ従二天皇之命一而。多レ无レ礼。故。遣二物部荒甲之大連・大伴之金村連二人一而。殺二石井一也。

（読み下し文）

此《こ》の御世《みよ》に、竺紫君石井《つくしのきみのいはゐ》、天皇《すめらみこと》の命《みこと》に従はずして、礼无《ゐやな》きこと多し。故《かれ》、物部荒甲之大連《もののべあらかひのおほむらじ》・大伴之金村連《おほとものかなむらのむらじ》の二人《ふたり》を遣《つかは》して石井《いはゐ》を殺しき。

これは、前述のように、『古事記』としては珍しい記述だが、記紀を比較すると、『日本書紀』のほうがはるかに詳細である。『古事記』は、磐井が挙兵する直接のきっかけとなった近江毛野の任那派兵についてはまったくふれていない。坂本氏は、こうした『古事記』程度のことが「もとの事実の伝承であろう」として、「私は磐井の叛について事実として信ずるに足ることは、おそらくは帝紀からとったでもあろうこの古事記の記事に尽きている」（坂本氏前掲論文、三四四～三四五頁）とのべておられるが、筆者もおそらくそうだと思う。

すでに塚口義信氏が指摘されているように、『古事記』『日本書紀』がともにしるす歴代天皇の系譜や事蹟は、ともに六世紀中葉の欽明天皇朝に成書化された帝紀（いわゆる「原帝紀」）に依拠して書かれたものと考えられる（「〝原帝紀〟成立の思想的背景」『ヒストリア』一三三、平成三年十二月、一一一～一二〇頁・「武烈天皇の虚像と実像」『つどい』八七〈平成七年十月〉二一～二三頁）。したがって、継体天皇についても、伊波礼の玉穂宮で天下を治めたこと、応神天皇の五世孫だったこと、手白香皇后をはじめ複数の后妃・皇子皇女がいたこと（ただし、記紀のあいだでは出入りがある）、摂津国の三嶋郡に葬られたことなどは、「原帝紀」にしるされていたと考えてよいであろう。

そもそも、継体天皇は六世紀前半の天皇であり、それは、「原帝紀」の編纂された欽明天皇朝から、たかだか数十年前の人物である。これは、けっして忘却されてしまうような遠い過去のことではないので、事実をいちじるしく歪めてしるすことなど不可能だったと思う。それゆえ、右にあげた記述は、かなり史実に近いとみてよいはずで、磐井の乱が、継体天皇朝に勃発した叛乱だったことも、基本的には事実と認めてよいであろう。しかも、記紀がともに継体天皇朝に決着がついたとしていることから判断すれば、この叛乱の鎮定が、欽明天皇朝まで持ち越されたとする山尾説（山尾氏前掲論文、一五〇～一五四頁）にはいささか無理があるように思う。

ただ、磐井の乱については、記紀の記述はかならずしもおなじではない。たとえば、『日本書紀』が物部麁鹿火を将軍としているのに対し、『古事記』では大伴金村とともに派遣したとなっているのが、それである。

この記述にかかわって興味深いのは、『日本書紀』継体天皇二十一年八月条において、天皇の命令に対する麁鹿火の答えのなかに「在昔道臣、爰及二室屋一。助レ帝而罰。拯二民塗炭一。彼此一時」とある点である。これは、大伴氏の祖先の功業を顕彰する文言であって、本居宣長が「物部氏の人の、他姓の大伴の祖の功をのみ申さむこと、あるべくもおぼえず」と指摘するとおりである（『古事記伝』四十四之巻『本居宣長全集』第十二巻〈筑摩書房、昭和四十九年三月〉三九五頁）。おそらくは、『古事記』が伝えるような、物部麁鹿火・大伴金村の二人が派遣されたとする所伝があり、上の文言もそれと混乱したのであろう。だとすると、金村が天皇に麁鹿火を推したとするくだりも、別系統の所伝か、『日本書紀』編者の脚色と考えられる。他の部分との関聯でいえば、後者の可能性が大きいと思う。

なお、山尾氏は、『古事記』武烈・継体天皇段が、

A天皇既崩。無レ可レ知二日継之王一。故品太天皇之五世之孫。袁本杼命。而近淡海国。令二上坐一而。合二手白髪命一授二奉天下一也。

B品太王五世孫。袁本杼命。坐二伊波礼之玉穂宮一治二天下一也。（中略）

A′此之御世。竺紫君石井。不レ従二天皇之命一而。多レ无レ礼。故。遣二物部荒甲之大連・大伴之金村連二人一而。殺二石井一也。

B′天皇御年肆拾参歳。丁未年四月九日崩也。御陵者三嶋藍陵也。

となっている点について、A′の部分は継体天皇の特異な即位事情であるAに対応した、特異な譲位事情として読み取ることができるとして、A′がたんに磐井の乱という、継体天皇朝の歴史的事件を記載したものでなく、それが天皇

の退位（山尾氏は「退位」とみる）の原因であることを示しているのだという（山尾氏前掲論文、一五〇～一五四頁）。しかし、水谷千秋氏も批判しておられるように（水谷氏前掲論文、二四〇頁）、『古事記』の文からそこまで読み取ることが可能かどうかは疑問である。

ちなみに、水谷氏は、山尾氏とはぎゃくに、継体天皇は、乱に勝利したことで、名実ともに政権基盤を確立したのであり、乱は皇位継承にかかわる重大な事件として『古事記』に記録されたとみている（水谷氏前掲論文、二三九～二四〇頁）。

これはユニークな解釈だが、やはり疑問も残る。たしかに、『古事記』が継体天皇段に磐井（石井）の乱のことを掲げているのは異例のことであり、これは、Aにあげた即位の経緯に関する記述とともに、武烈天皇記以後では異色の記載である。このうち、「合二手白髪命一授二奉天下一也」という即位についての記述は、手白香皇女を王権の正統な後継者とみる『古事記』下巻の立場にもとづくものである。塚口氏によれば、こうした思想は、さらに溯れば、欽明天皇朝に編まれた「原帝紀」に淵源をもつもので、それは、一言でいえば、仁徳・履中天皇系王統を是として、允恭天皇系のそれを非とする思想だという。欽明天皇朝においては、畿外出身の継体天皇系のグループと、仁徳・履中天皇の流れを汲むグループとが対立しており（継体天皇の大和入りが遅れたことも、継体天皇陵が摂津に築かれたことなど、天皇にかかわる不審な記述も、こうした反目とのかかわりでとらえるべきであろう）、欽明天皇が「原帝紀」の編纂を思い立ったのは、その王統の正統性を主張するためだったと考えられる（塚口氏前掲論文、一一二～一二〇頁）。

そうなると、継体天皇記がわざわざ磐井の叛乱のことを掲げているのも、「合二手白髪命一授二奉天下一也」という記述とのかかわりでいえば、継体天皇政権の不安定さをアピールする意味合いがこめられているのかも知れない。ただし、これは確証のあることではない。この記事についてはひとまず、『古事記』における叛乱の記載は、帝紀が掲げる「治世の重要事項」の一例とみておきたいが（塚口氏前掲論文、一〇六頁）、この点については最後にあらためて考えることにする。

いずれにしても、記紀（さらには後述の風土記の伝承から）の記述から、継体天皇の治世に、当時、筑紫・豊・肥の広い地域にわたる地域政権の盟主的存在であった磐井君が、ヤマト政権に叛旗を飜し敗北したことは認めてよいと思う。叙述には出入りがあるものの、叛乱↓鎮圧という核心部分は史実であろう。ただ、乱がヤマト政権の朝鮮経営と連動するものだという『日本書紀』の説明は、ありそうな話ではあるが、その史実性の有無は判定がむつかしく、結局のところ、確実なのは『古事記』継体天皇段にもある、素朴な伝承のみということになる。

ちなみに、『先代旧事本紀』所収の『国造本紀』にも、かんたんであるが、磐井の乱に関聯した記述があるので、あわせてここで確認しておく。

伊吉嶋造。磐余玉穂朝。伐石井従者新羅海辺人天津水凝後上毛布直造。

（読み下し文）

伊吉嶋造。磐余玉穂の朝、石井に従へる者新羅の海辺の人を伐つ。天津水凝の後の上毛布直の造なり。

短文で意を尽さないところもあるが、壱岐島造は磐余玉穂の朝（継体天皇朝）に磐井に従った者としての新羅海辺の人を伐ったという程度の意味であろうか。官軍側に加担して戦果をあげた祖先の功績をいったものかとも考えられるが、そうなるとのちの附会の可能性が大きい。いずれにしても、記紀との関聯もあきらかでないし、詳しいことは不明とするほかない。

三、『筑後国風土記』逸文の再検討

風土記の語るもの　ところで、『筑後国風土記』逸文には、磐井の墓とそれにかかわって乱の経緯とにふれた古老の言い伝えを記載している。記紀にみえる重要な事件が風土記にも語られる例は、神功皇后の新羅征伐や顕宗・仁賢天皇の逃避譚などがあるが、それほど多いわけではなく、その意味で、磐井に関する『筑後国風土記』逸文は貴重である。

あらかじめ断っておくと、この記事は、『釈日本紀』巻十三に「筑後国風土記曰」として引用される『筑後国風土記』の逸文である。

周知のように、九州地方の古風土記には、二つの種類の風土記が存する。現存『豊後国風土記』『肥前国風土記』をふくむグループを甲類、逸文のみが知られる別のグループを乙類と称している。それぞれのグループで書式や文体に統一性がみられ、おそらくは甲乙ともに、各地から提出されたものを大宰府において調整したのであろう。とくに、乙類については、『釈日本紀』に三箇所、「筑紫風土記曰」として引用される逸文が存在することから、あるいは「筑紫風土記」という総称をもって呼ばれたのかも知れない。

ただ、甲類・乙類の先後関係については依然として不明な点が多い。研究者のあいだでも容易に帰趨をみないが、筆者は、乙類が甲類に先行するとみている（「九州風土記の成立をめぐって」『風土記研究』三三、平成二十三年六月、のち拙著『風土記と古代史料の研究』〈国書刊行会、平成二十四年三月〉所収、なお廣岡義隆「乙類風土記から甲類風土記へ―九州風土記寸考―」菅野雅雄喜寿記念論集刊行会編『記紀・風土記論究』〈おうふう、平成二十一年三月〉所収も参照）。

甲類は、『日本書紀』を参照していることから、その成立は『日本書紀』の完成した養老四年（七二〇）以降のことなので、これとのかかわりからいえば、乙類は、和銅六年（七一六）にいわゆる風土記撰進の通達が出てから、比較的はやい時期に撰進されたものではないかとの推測が成り立つ。坂本太郎氏なども、「九州を総称した筑紫が他の諸国に対して一国に準ずるものと観念せられたことは古い慣行で」あることを実例をあげて示しつつ、「筑紫風土記の名を負った風土記が各国別々の名を負った風土記よりも古い」ことを指摘しておられる（「風土記と日本書紀」『史蹟名勝天然紀念物』一七―五、昭和十七年五月、のち『坂本太郎著作集』第四巻〈吉川弘文館、昭和六十三年十月、引用はこれによる〉所収、二四頁）。

もっとも、乙類は逸文に限定され、甲類との比較の材料に乏しいこともあって、ぎゃくに甲類が乙類に先んじて編まれたことを主張する研究者も少なくない。いずれをとるにしても、九州地方において風土記が二度編纂されたことは、動かしがたい事実である。

以上のことを踏まえたうえで、あらためて『筑後国風土記』逸文の「筑紫国造磐井」条をみてみよう。

筑後国風土記曰。上妻県。々南二里。有二筑紫君磐井之墓一。墳高七丈。周六十丈。墓田南北各六十丈。東西各卌丈。石人石盾各六十枚。交陣成行。周二匝四面一。当二東北角一。有二一別区一。号曰二衙頭一。衙頭。政所也。其中有二一石人一。縦容立レ地。号曰二解部一。前有二一人一。躶形伏レ地。号曰二偸人一。生為レ偸レ猪。仍擬レ決レ罪。側有二石猪四頭一。号曰二贓物一。贓物。盗物也。彼処亦有二石馬三疋。石殿三間。石蔵二間一。古老伝云。「当二雄大迹天皇之世一。筑紫君磐井。豪強暴虐。不レ偃二皇風一。生平之時。預造二此墓一。俄而官軍動発。欲レ襲之間。勢二知不一レ勝。独自遁二于豊前国上膳県一。終二于南山峻嶺之曲一。於レ是。官軍追尋失レ蹤。士怒未レ泄。撃二折石人之手一。打二堕石馬之頭一。」古老伝云。「上妻県。多有二篤疾一。蓋由レ茲歟。」

（読み下し文）

筑後《ちくご》の国《くに》の風土記《ふどき》に曰ふ。上妻《かにつやめ》の県《あがた》。県の南のかた二里《ふたさと》に筑紫《つくし》の君《きみ》磐井《いはゐ》の墓あり。墳《はか》の高さ七丈《ななつゑ》、周り六十丈《むそつゑ》、墓の田《まち》は南と北と各《おのおの》六十丈、東と西と各四十丈《かくよそつゑ》、石人《いはひと》と石盾《いはたて》各六十枚《むそひら》あり。交《こもごも》に陣《つら》成行《つらな》りて、四面《よも》を周匝《めぐ》れり。東北《うしとら》の角《すみ》には一別区《あることまち》有り。号《なづ》けて衙頭《がとう》と曰《い》ふ。衙頭とは政《まつりごと》の所也。其の中《なか》に一つの石人有り。縦容《ほしきままに》地《つち》に立てり。号けて解部《ときべ》と曰《い》ふ。前に一人あり。躶形に地に伏したり。号けて偸人《ぬすびと》と曰ふ。生《いのち》あるとき猪《しし》を偸《ぬす》めり。仍《すなは》ち罪《つみ》なはれぬ。側《かたはら》に石猪四頭《いはししよぎ》有り。号《なづ》けて賊物《かすみもの》と曰《い》ふ。賊物とは盗《ぬす》める物なり。その処《ところ》に亦石馬三疋《いはうまみぎ》、石殿三間《いはとのみつ》、石蔵二間《いはくらふたつ》有《あ》り。古老《ふるおきな》の伝へて云はく、「雄大迹《をほど》の天皇《すめらみこと》の世《みよ》にしも、筑紫君磐井、豪強《つよ》く暴虐《あらぶ》れて皇風《おほきみ》に偃《したが》はず。生平《おだひか》なる時、預《あらかじ》め此の墓を造りをりけり。俄《にはか》に官軍《みいくさ》動発《うご》き襲《おそ》はむとする間《あひだ》、勢《いきほひ》の勝《あ》へずあるを知り、独《ひと》り自《みづか》ら

豊前国《とよくにのみちのくち》の上膳《かみつみけ》の県《あがた》に遁《のが》れ、南の山の峻《さが》しき嶺《みね》の曲《くま》に終《にげう》せけり。是に、官軍追ひ尋《と》むるに蹤《あと》を失ひけり。士《もののふ》の怒《いか》り泄《つ》きず。石人《いはひと》の手を撃《う》ち折り、石馬の頭《かしら》を打ち堕しけり」といふ。古老また伝へて云はく、「上妻県に多く篤《あつ》き疾《やまひ》のあるは蓋《けだ》し茲《これ》に由《よ》る歟《か》」といふ。

磐井の墓と岩戸山古墳　ここに引いた逸文は、『筑後国風土記』（あるいは『筑紫風土記』の筑後の部分）の上妻県（植垣節也校注・訳新編日本古典文学全集5『風土記』〈小学館、平成九年十月〉に、「持統天皇紀四年九月条には古称の上陽怡郡が出る。上妻はそれを二字化したもので、『和名抄』の「加牟豆萬」の訓は後世の読み。現在の福岡県八女郡の東北部」とある）の一節で、県の南二里のところにあるという磐井の墓についての描写と、それにかかわる伝承を載せる。森浩一氏は「今日の考古学者が一つの古墳の概説を書いても、これほど見事には書けないと思うほど要点を漏らしていない」（森浩一『考古学と古代日本』〈中央公論社、平成六年三月〉三七四頁）と絶賛したが、前半の古墳の形状の描写もさることながら、それにかかわる伝承を採訪している点も心憎い。

逸文の内容は二段にわけることが可能で、前半は、墓の規模や別区の存在、そこに配された石人石馬（石製表飾）の描写・観察である。また、後半は、これにかかわる古老の伝える伝承で、磐井の墓に関する古老の言い伝えを引いて、

石人が手や頭を欠損している理由を、磐井の乱とのかかわりで説明する。

以下、内容について、いま少し詳しくみていきたいが、逸文前半で注目されるのは、磐井の墳墓について克明な記述があり、しかも、それに比定しうる古墳が現存することである。

江戸時代末期の嘉永六年（一八五三）に刊行された矢野一貞の『筑後将士軍談』が、八女市にある岩戸山古墳を磐井の墓にあてたが、当時は、おなじ八女丘陵の西端にある石人山古墳（旧八女郡広川町一条）にあてる説が有力で、これを覆すには至らなかった。しかし、昭和十五年（一九四〇）ごろ、岩戸山古墳周囲の開墾にともなって、別区の存在が確認された。そして、昭和三十一年には、森貞次郎氏が、磐井の墓は岩戸山古墳をおいてほかに考えがたいことを発表し、以後、岩戸山古墳が筑紫君磐井の墳墓であるという説が定着した（「筑後風土記逸文に見える筑紫君磐井の墳墓」『考古学雑誌』四一―三、昭和三十一年二月・「磐井の反乱―古墳文化からみた磐井の反乱―」井上辰雄編『古代の地方史』1西海編〈朝倉書店、昭和五十二年九月〉所収、八女市史編纂専門委員会編『八女市史』上巻〈平成四年三月〉ほか）。

岩戸山古墳は、八女丘陵のほぼ中央に位置する巨大な前方後円墳で、墳丘長は一三八メートルにおよぶ。これは、六世紀前半の古墳としては、大阪府高槻市の今城塚古墳（墳丘長一八〇メートル）、群馬県藤岡市の七越山古墳（墳丘長一四〇メートル）につぐ第三の規模で、小規模化の傾向にある後期古墳のなかでは傑出した存在である。この点からみても、磐井君氏が筑紫を拠点に火・豊二国にまで勢力を及ぼしていた九州の雄であったことがわかる。

この墓が磐井の生前に築造されたものであるとする伝承があったことは、風土記の引く古老の言い伝えのなかに「古老伝云。当二雄大迹天皇之世一。筑紫君磐井。豪強暴虐。不レ偃二皇風一。生平之時。預造二此墓一。俄而官軍動発」とみえることから判明する。実際に岩戸山古墳が寿陵かどうかは判断しがたいが、風土記では直下に「俄而官軍動発」という一文が続くので、不遜にも大王陵にも比肩しうる大規模な墳墓を造営したことがヤマト政権の逆鱗にふれたのではあるまいか。栗田寛氏は、これを蘇我蝦夷・入鹿父子の大陵・小陵造営になぞらえるが（『古風土記逸文考證』下〈大日本図書株式会社、明治三十六年六月〉二十五丁オ）、蓋し炯眼である。だとすると、『古事記』の「多レ无レ礼」という表現の意味するところもよく理解できる。ただし、これは、あくまで風土記の伝承が史実を反映していると仮定しての立論である。

ところで、この古墳の周囲には周湟と周堤がめぐらされ、さらに後円部の周堤に接して、一辺四五メートルの方形別区が存在する。これが、風土記にいう別区・衙頭にあたると考えられる。風土記には「墓の田（マチは区劃の総称）は南と北各六十丈。東と西各四十丈なり」とあるが、墓域の南辺と北辺をそれぞれ六十丈とするのは、この別区までをふくめた長さに近い。

ちなみに、別区は岩戸山古墳独特の施設で、他に類例はないとされてきたが、旧豊前国内にあたる福岡県京都郡勝山町所在の八雷古墳が周溝外に別区を備えていたことが確認されている。同古墳は、南北に伸びる墳丘の全長が五八メートルほどで、後円部の南側に別区が設けられている。古墳の所在地の勝山町はかつての上妻県で、風土記の引く古老の言い伝えでは、磐井は官軍の勢いに抗しきれなくなり遁れたのが豊前国の上膳県であったというから、岩戸山古墳・八雷古墳がともに別区を有していることは、両者の関聯をうかがわせる。

別区の用途は不明だが、中司照世氏のご教示によれば、前・中期古墳で、後円部に周溝を介さずに直接別区同様の方形区劃施設を附設するケースは、三重県伊賀市の石山古墳・福井県永平寺町の手繰ヶ城山古墳をはじめ、各地にあるという。とくに、石山古墳は、京都大学の報告書では「東方外区」と称されているが、墳丘と「東方外区」が接続したもので、正確には「外区」ではなく、いわゆる後円部附設の方形区劃である。

これらは、後代には王陵などでくびれ部に附設される「造り出し」と同様な役割を有する遺構とみてよいものである。残念ながら、これらの施設の全掘例はなく、一部のトレンチによる確認調査のみで、全貌はよくわかっていない

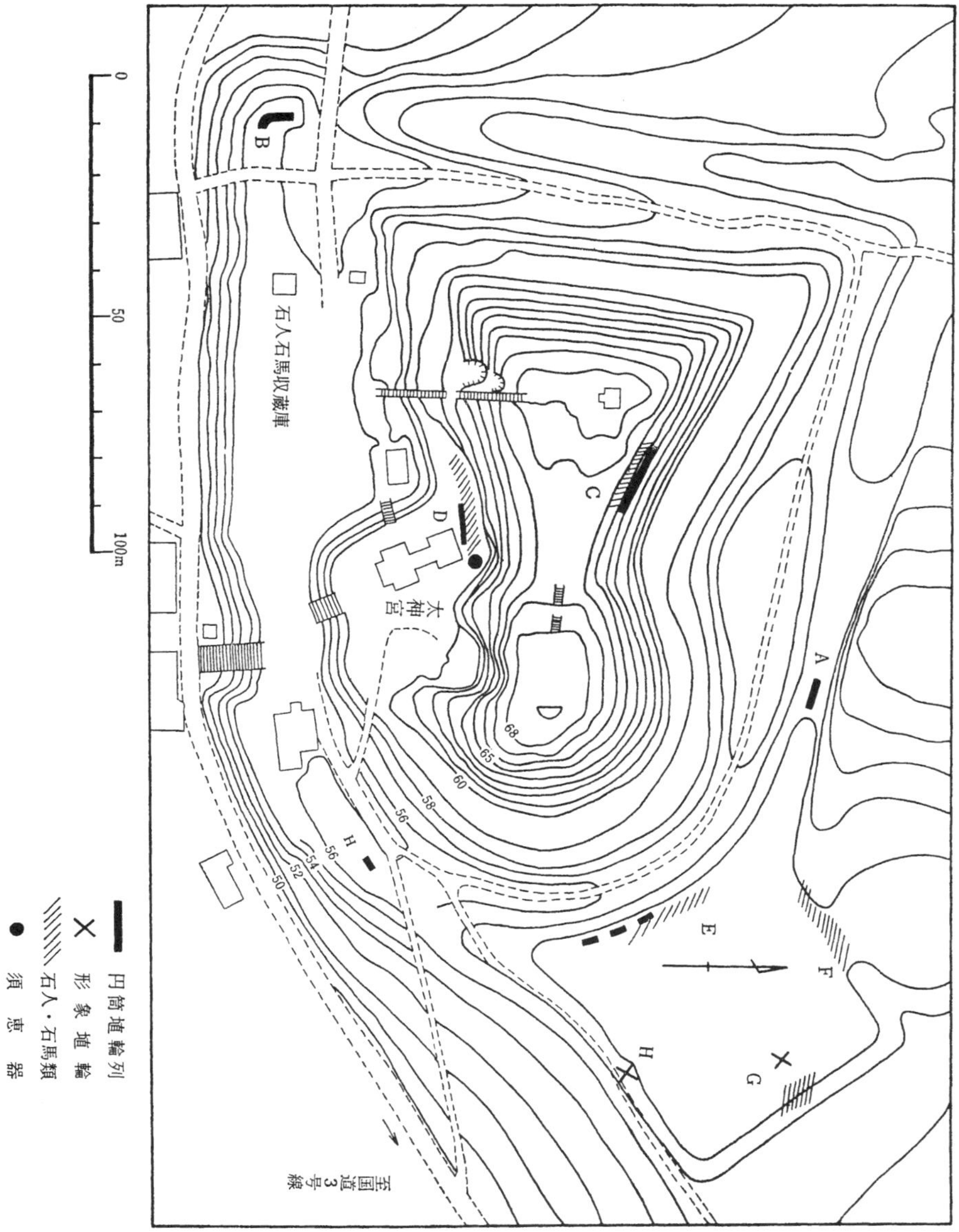

図Ｉ　岩戸山古墳（森貞次郎『岩戸山古墳』より転載）

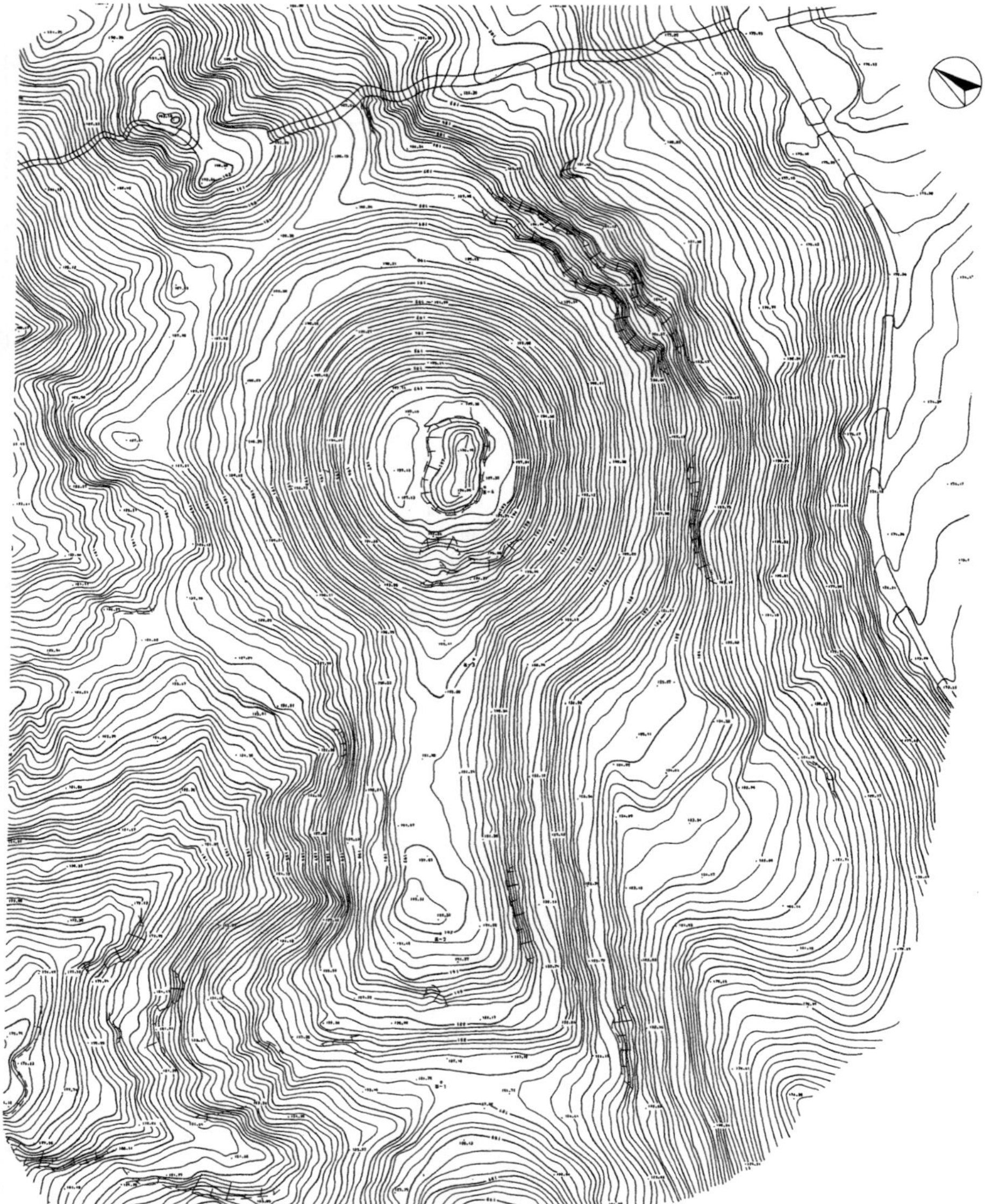

図Ⅱ　石山古墳地形測量図（『三重県史』資料編考古Ⅰより転載）

が、土製の小型模造品など祭祀関係の遺物が検出されている。

こうした方形区劃と岩戸山古墳の別区との大きなちがいは、墳丘と別区との間に周溝があるかないかだが（ただし、丘陵上に立地する古墳は、平地〈臺地〉の古墳とは異なり周溝は設置できない）、別区も「造り出し」の範疇に入れてよいものかも知れない。岩戸山古墳の石像群（後述参照）は、通常の古墳祭祀における埴輪に相当するものだというのが（同時代の今城塚古墳の形象埴輪群を起想されたい）考古学者の共通した理解だが（それは、豊富な石材に恵まれた北部九州の環境によるところが大きい）、だとすれば、岩戸山古墳の別区も、古墳祭祀の場ととらえるのが妥当なように思われる。

岩戸山古墳の内部は未発掘であるが、墳丘や別区からは、多数の埴輪とともに石製品が出土しており、墳丘に並べられた石製品は、風土記に「石人石盾各六十枚。交陣成行。周㆓匝四面㆒」とあるものに相当し、また、別区にあるものは、おなじく逸文が「其中有㆓一石人㆒。縦容立㆑地。号曰㆓解部㆒。前有㆓一人㆒。躶形伏㆑地。号曰㆓偸人㆒。（生為㆑偸㆑猪。仍擬㆑決㆑罪。）側有㆓石猪四頭㆒。号曰㆓贓物㆒。（贓物。盗物也。）彼処亦有㆓石馬三疋。石殿三間。石蔵二間㆒」としるすものにあたると考えられている。

風土記によれば、別区の石製品のうち、石人や石猪は、猪を盗んだものを裁く裁判の光景をあらわした示したものであるという。ここにいう「猪」は、豚のことで、豚が飼育されていたことは、『播磨国風土記』賀毛郡猪養野条に「此処を賜はりて、猪を放ち飼ひき。故、猪養野といふ」とみえるなど例が多く、家畜であり財産であったことが知られる。ただし、これが造営当初から「贓物」と認識されていたのかについては、あらためて考えたい。

なお、石殿・石蔵については、磐井の住む建物（石殿三間とは主殿とコの字形に配された東西の脇殿、石蔵二間は正殿背後の倉庫とみることができるという）を示しているとする考えがある（和田萃『大系日本の歴史②　古墳の時代』〈小学館、初版は昭和六十三年一月、のち小学館ライブラリーとして平成四年八月、引用はこれによる〉三四四頁）。

岩戸山古墳その後　ところで、岩戸山古墳が当時としては傑出した規模を誇っていたことはさきにもふれたとおりだが、この岩戸山古墳をふくむ八女古墳群（吉田小群）では、岩戸山古墳以降も、六世紀末ごろまで乗場古墳や鶴見山古墳が築造されている。とくに、乗場古墳は、前述のとおり、葛子の墓に比定されている。これら後続の古墳は、岩戸山古墳にくらべるといずれも小規模であり、それを根拠に、磐井の叛乱ののち、筑紫君一族の勢力が衰退したとする考えもある。

　しかし、こうした考えはあたらない。なぜなら、後期古墳における規模の縮小は全国的な傾向だからである（森浩一「継体大王の古墳と磐井戦争」猪熊兼勝他著『大王陵と古代豪族の謎』〈学生社、平成四年十二月〉所収、五五〜五六頁）。周知のように、後期古墳は小規模化の傾向にある（ただし、関東地方は除く）。地方の大首長（のちの国司相当）墳墓は、四〇〜五〇メートルが通例で、記紀にその名が残るほどの雄族では、六世紀半ばまでおおよそ八〇メートル餘の規模の前方後円墳と築いている。七〇メートル規模の乗場古墳や八七・五メートル規模の鶴見山古墳は、それらの古墳と比較してもなんら遜色はないのである。したがって、これら古墳の規模は筑紫一族の勢力の衰退とは無関係で、むしろ、乱の鎮圧後も、在地の政治集団としての勢力の衰退はなかったと考えるべきである。

　ただ、磐井の乱の直後に、葛子による糟屋屯倉の献上があり、その後も安閑天皇紀五月九日条によれば、筑紫・豊国・火国に盛んに屯倉が設置されたというから、これらの記事のとおりだとすれば、ヤマト政権の九州支配は、ピンポイント的にではあるが、確実に滲透していったといえよう。

　なお、これに関聯して注目されるのは、九州地方の国造の場合、その多くは一般的な国造のカバネである「直」ではなく、「君」（のちに「公」）を名乗っていることである。「キミ」というカバネは、もともと地方の独立国の尊称より生じたものであろうから、「九州の国造は、大和朝廷に服属しながらも、旧来の在地の支配権が比較的温存され、ある程度の自立性を残していた」というみかたも可能である（井上辰雄「筑・豊・肥の豪族と大和朝廷」鏡山猛・田村圓澄編『古代の日本』3九州〈角川書店、昭和四十五年二月〉所収、一四九頁・鎌田氏前掲論文、六九〜七〇頁）。この点も、磐井の叛乱の筑紫君氏のありかたを考えるヒントになるかも知れない。

別区と裁判風景　ところで、この風土記逸文に関する研究は多いが、岡田精司「風土記の磐井関係記事について―史実と伝承の狭間―」（上田正昭編『神々の祭祀と伝承』〈同朋舎出版、平成五年六月〉所収）は、旧説にとらわれないすぐれた視点を示した論文である。

かい摘まんでいえば、氏は、この風土記逸文に対してはまったく史料批判が加えられず、そのまま史実として扱われてきた点に疑問を呈しておられる。すなわち、磐井の乱が六世紀前半の事件であるのに、風土記の記事は二百年後の奈良時代の書物に筆録された、後世の記述であることを力説されているのである。

岡田氏によれば、磐井の墓の別区に立つ石像群が、裁きの庭を示すという風土記の記述は、事実でも民間伝承でもなく、風土記編者が説明として案出した話であり、これをもって磐井の権力構造を説く吉田晶「古代国家の形成」（『岩波講座日本歴史』第二巻〈前掲〉所収）や山尾幸久「文献から見た磐井の乱」（前掲）は誤りであるという。

筆者も、風土記の描写はあくまで磐井の墓＝岩戸山古墳をみた後世の人々の理解であって、これを磐井が実際におこなった裁判の様子と断定することは不可能だと思う。この点については、岡田氏の主張に賛意を表する。それゆえ、これを磐井の政治権力を示すものとして、彼がその首長権を「地域的な国家形成の方向に再編しようとする志向性をもっていた」などという吉田晶氏の推論は、岡田氏の批判のとおり、あたらないといえよう。

もっとも、岡田氏が、「衙頭の石人石馬を裁判の光景とするのは、風土記編者が説明として案出した〝話〟」であるとか（一七八頁）、「風土記の編者の筆先から生まれたものと理解すべきであろう」（一七四頁）とする説には同意できない。

岡田氏がそのように考える理由は二つある。第一は、風土記のこの部分には「古老伝云」のような在地伝承であることを示すことばを欠くという点である。しかしながら、現存する他の風土記（風土記逸文もふくむ）をみればわかるように、風土記の伝承は古老の言い伝えのみで構成されているわけではない。地の文のなかにも数多くの伝承がみえるのであって、「古老伝云」「古老曰」のスタイルを採用していないからといって、それが土地で採輯された話ではないとは断言できない。

第二に、「解部」のような律令用語が用いられているばかりでなく、地方民衆の知識の域を超えた上級の裁判形態が反映している、という点である。

たしかに、岡田氏も指摘しておられるように、この逸文はわずかな記事のなかに律令用語が頻出する。岡田氏の論文に洩れている点もふくめていうと、「墳高」「墓田」「解部」「贓物」「篤疾」がそれである。いったい九州地方の乙類風土記は、漢文による凝った修飾が顕著だが、学識のある役人の手にかかるものらしく、当時の法律用語とおぼしきものが多用されている。

まず、「墳高」「墓田」については、『唐令拾遺』の復原する唐喪葬令18に、「諸百官葬。墓田。一品方九十歩。墳高一丈八尺。（後略）」とある（八三〇頁）。「墳高」や「墓田」は、養老喪葬令にはみえない用語であって、ここから、本条の作者は、唐令にも通じた人物であったことがわかる。餘談だが、風土記逸文の「上妻県。々南二里。有筑紫君磐井之墓墳高七丈」という箇所は、秋本吉郎校注日本古典文学大系2『風土記』（岩波書店、昭和三十三年四月）などでは「上妻の県。県の南二里に筑紫君磐井の墓墳有り。高さ七丈」云々と読み下されていたが、これは、「筑紫君磐井の墓墳高七丈」と解するのが正しい（森氏前掲書、三八四～三八五頁）。

つぎに、「解部」だが、これは治部省と刑部省に所属し、裁判において事実審理を担当する官人のことで、養老職員令の治部省条と刑部省条にその名がみえている（この場合は刑部省解部をいうのであろう）。ただし、近年、嵐義人「筑後国風土記逸文についての一考察」（『記紀・風土記論究』〈前掲〉所収）は、磐井墓条の役人の貌に該当するのは、むしろ刑部省被管の囚獄司に属する「物部」であろうとして、「解部」は「物部」の誤記とみておられる。両者の職掌の比較から考えると、そうしたみかたも成り立つであろう。しかし、職員令の職務規定にさして明るくもないであろう、現地の人々の間では「解部」として伝えられていた可能性も皆無とはいえず、令条文を厳密に当て嵌めて「物部」の誤記とみるのが妥当かどうかは、疑問が残る。

なお、「贓物」も「解部」とおなじで、養老関市令、官私交関条に「凡官与私交関。以物為価者。准中估価。即懸評贓物者。亦如之」とある。植垣節也校注・訳新編日本古典文学全集５『風土記』（前掲）ではこれを前田本の『釈日本紀』によって「賊物」としているが、ここは新訂増補国史大系本の校異（一七四頁）にしたがって「贓物」と改めたほうがよいと思う。

最後の「篤疾」も律令用語の一つで、養老戸令、目盲条に「（前略）二支廃。両目盲。如此之類。皆為篤疾」とあり、残疾よりも重度、癈疾よりは軽度の障碍を指すことばである。前掲の新日本古典文学全集の『風土記』では「篤き疾」と読み下しているが、ここは「篤疾」と音読して一つの漢語に解釈するのがよかろう。

このように、この風土記逸文の文章では、至るところに日唐の律令にかかわりの深い漢語が用いられており、文章化の際にこうした用語によって潤色を施していることは明白である。しかし、だからといって、そこにのべられている内容までもが、編者の筆先から生じたものと断定してよいだろうか。筆者は、この点を疑問に思う。むしろ、現地で採訪した話があり、これを風土記編者が文章に整える際に、適宜潤色したと考えるほうが実情に合っていると思う。げんに、岡田氏が古老の伝えた伝説とみなしている後半部分にも「篤疾」という律令用語がみえるのだから、古老の発言でさえ、編者が文章化にあたってアレンジしていることは動かしがたい。そうなると、漢語による潤色の有無によって、編者の造作か在地の伝承かを決めることはできないのである。

ちなみにいうと、岡田氏は、『筑後国風土記』逸文の別区の説明に「地方民衆の知識の域を超えた上級の裁判形態が反映している」といわれるが、これもはたしてそのとおりであろうか。氏が「上級」と判断するのは、この記事に「律令時代の中央における裁判・刑罰の反映が認められる」からであろう。たしかに、「解部」は治部省・刑部省のそれと名称は一致しており、編者の潤色と考えられるが、名称が律令制的であることと、実際にそうした役割の人がいたこととは、別問題である。

だとすると、結局のところ、風土記に登場するのは、訴訟の審理にあたる解部的な人物、被疑者、そして犯行の証拠品という、きわめて素朴な裁判の光景である。これが、養老公式令にみえる訴訟手続や同獄令に規定される三覆奏のような複雑な手続きが反映しているというなら話はべつだが、『筑後国風土記』の描写は、用語の厳《いかめ》しさとは裏腹に、むしろ素朴な裁判の様子でしかない。ゆえに、これを「上級の裁判形態」というのは無理があるといわざるをえない。

別区の石像群が、本来、なにをあらわそうとしていたのかは不明であり、破損や紛失の甚だしい現状からそれをうかがうことはむつかしい。しかし、風土記が編纂された時代に、石像群に対して風土記が載せるような解釈が存したこと、そして、風土記編纂のために現地を訪れた役人がそれを聞き取って記録に留めたことは事実として認めてよいのではあるまいか。それゆえ、筆者は、これを風土記編者が石像群についての説明として案出したものだとする、岡田氏の所説にはしたがうことができないのである。

『丹後国風土記』のケース　あらためていうまでもないことだが、風土記は、和銅六年（七一三）の政府通達に対して、諸国が提出した文書（解）をいう。このときの通達については、『続日本紀』和銅六年（七一三）五月二日条に、

五月甲子。畿内七道諸国郡郷名着二好字一。其郡内所レ生。銀銅彩色草木禽獣魚虫等物。具録二色目一。及土地沃塉。
山川原野名号所由。又古老相伝旧聞異事。載二于史籍一言上。

（読み下し文）

五月甲子。畿内《きない》と七道《しちだう》との諸国《くにぐに》の郡《こほり》・郷《さと》の名《な》は好《よ》き字《じ》を着《つ》けしむ。その郡《こほり》の内《うち》に生《な》れる。銀《しろかね》・銅《あかかね》・彩色《さいしき》・草《くさ》・木《き》・禽《とり》・獣《けだもの》・魚《うを》・虫《むし》等の物《もの》は、具《つぶさ》に色目《しきもく》を録《しる》し、土《と》地《ち》の沃塉《よくせき》、山川原野《さんせんげんや》の名号《みやうがう》の所由《しょいう》、また、古老《こらう》の相伝《あひつた》ふる旧聞《きうぶん》・異事《いじ》は、史籍《しせき》に載《しる》して言上《ごんじやう》せしむ。

とあって、①全国の地名に好い字をつけよ、②郡内の物産を筆録せよ、③土地の肥沃の状態、④山川原野の名称の由来、⑤古老が代々伝える旧聞異事、という五点について、史籍に記載して報告せよ、というものである（通達の文意については、増尾伸一郎「風土記編纂の史的意義」植垣節也・橋本雅之編『風土記を学ぶ人のために』〈社会思想社、平成十三年八月〉所収）六〇～六五頁の解釈にしたがう）。したがって、この通達を読む限りでは、中央政府は、在地の伝承に対して採訪者である役人のコメントや解釈を需めているのではないことがわかる。

この点については、かつて『丹後国風土記』逸文の「水江の浦の嶼子」を伊預部馬養連のフィクションであるとする、三浦佑之氏の所説に対する反論でも詳しく論じたことがある（拙稿「『丹後国風土記』をめぐる二三の問題」『金石文と古代史料の研究』〈燃焼社、平成二十六年三月〉所収）。旧稿の繰り返しになるが、その要点をここに摘出しておく。

三浦氏は、『丹後国風土記』の当該記事は伊預部馬養の「作品」そのままではないにしても、その文章や内容のほとんどが馬養の書いた作品と重なるとみつつ、逸文の検討から、「丹後国風土記の浦島子物語は、どのように考えてみても、土地に伝えられた神話・伝承だとみる痕跡のない、神仙思想に彩られた文章で書かれており、その内容や構造も共同体を基盤とした伝承とは異質のもの」と判断し、これを馬養の創作とされた（『浦島太郎の文学史―恋愛小説の発生』〈五柳

書院、平成十一年十二月〉六五～一〇八頁）。

氏の假説は、『丹後国風土記』所引の「水江の浦の嶼子」の丹念な検討から導かれたもので、一見説得力がある。たしかに、神仙思想や中国風の文体で染上げられた、この逸文だけを眺めていれば、三浦氏のような結論が導き出されても不思議ではない。

しかし、三浦氏は、肝心な点を見落としておられると思う。それは、右の「水江の浦の嶼子」の冒頭に「是旧宰伊預部馬養連所レ記無二相乖一。故略陳二所由之旨一。」としるされる点である。この部分は、新日本古典全集本の『風土記』が「以下の話は前任の国司である伊預部馬養様が記している内容と矛盾するところはない。よってこの昔話の概略をここに記すこととする」（前掲書、四七四頁）と訳出しているが、これによれば、『丹後国風土記』編者は、馬養が記録した伝承が、ほんとうに与謝郡日置里で採輯された話であり、その内容にまちがいはないか、ウラをとっているのである。そして、それがいい加減でないことを確認したうえで、風土記に採録したのである。これは、編者が、和銅六年（七一三）に出た風土記撰進の通達を遵守した結果であり、当地の国司が職務に忠実であったことを示すことにほかならないが、当時の律令官人としては、むしろ当然のことであった。

馬養がかかる伝承を記録に留めた理由についてここでは深く詮索しないが、彼の記録が日置里における伝承をよく伝えたものであることは、ほかならぬ風土記編者が確認しているのであって、これを馬養の創作だと決めつけるのは、不見識もはなはだしい。

むろん、伝承を文章化するにあたって、馬養が潤色を施した可能性は否定できない。しかし、だからといって、それが、この伝承は実際に日置里で採輯された説話ではないとする証拠にはならないのである。当時の地方官にとって、中央からの通達がどれだけの重みをもっていたかは、律令制の研究を手がけてみれば、容易に感得できるはずである。

以上は『丹後国風土記』の例だが、ことは『筑後国風土記』でもおなじである。そもそも、風土記は、律令政府が地方の情勢を把握するために提出を命じたものであって、その重要性は地方に赴任していた律令官人たちもじゅうぶん認識していたはずである。その要求に、山川原野の名称の由来や古老が代々伝える旧聞異事が謳われている以上は、その採訪を第一にしたはずである。とすれば、『筑後国風土記』の場合も、風土記編者が説明として案出した〝話〟とはいえないのである。

おわりに―ヤマト政権と磐井―

磐井の乱はなぜ起きたか　ここまで、磐井の乱についてふれた複数の史料について検討を加えてきた。『日本書紀』は詳細だが、疑わしい点が少なくない。また、『古事記』の記述は信憑性が高いとはいえ、いかにも簡略である。『筑後国風土記』逸文は、磐井の墓にも言及する稀有の史料ではあるが、八世紀初頭の記録であることを考慮すると、やはり、そのまま乱の分析に利用するのは危険を伴う。

こうした制約のもとで、磐井の乱を考察するのは困難な作業だが、これまでの考察をもとに、乱を継体天皇朝前後のヤマト政権の動向のなかに位置づけ、もって小論のまとめにかえたい。

まず、磐井は、どうしてヤマト政権の掣肘を受けねばならなかったのだろうか。

この点については、『日本書紀』は「於レ是筑紫国造磐井。陰謨二叛逆一。猶預経レ年。恐二事難一レ成。恆伺二間隙一」（継体天皇紀二十一年六月条）と語るのみで、その謀反の理由は明記しない。いっぽう、『古事記』は「竺紫君石井。不レ従二天皇之命一而。多レ无レ礼」（継体天皇記）と、磐井に無礼な言動の存したことをしるすが、これまた具体的な記述を欠いている。『古事記』にいう不遜なふるまいが『筑後国風土記』の「生平之時。預造二此墓一。」を指すのではないかという臆測はさきにものべたが、これも風土記の伝承が信頼できての話である。

磐井が、ヤマト政権ないしはその支配に対して、なんらかの不満を抱いていたことはたしかであろう。そして、それが継体天皇朝に顕在化したのであろう。地域的政治集団の首長として服従しがたい要求が、ヤマト政権の側から出されたのかも知れない。

磐井の抱えていた不満については、当時、ヤマト政権の朝鮮出兵における前線の兵站基地として厳しい負担を強いたことに対する反抗というみかたもあるが（藤間生大『日本民族の形成』〈岩波書店、昭和二十六年十一月〉二一〇～二一二頁、ほか）、これも想像の域を出ない。また、継体天皇が中央の有力豪族と結んで中央権力の強化を推進する道をえらんだことに対する、地方豪族からの反撃ととらえるみかたもある（長山氏前掲論文、八一頁）。

継体天皇政権が、中央の諸氏族との妥協の上に成立したことは事実だろう。しかし、後述のような、継体天皇の勢力基盤を考えると、かならずしも地方豪族を蔑ろにしていたとも思えないので、はたして、磐井の叛乱の原因が継体天皇の「方針転換」に対する不満であったかは、決め手を缺く。

『日本書紀』の記述では、新羅が賄賂を贈って毛野の軍を防遏するよう仕向けたとあり、いわば磐井を焚きつけたという書きぶりであった。加耶地方との交渉をうかがわせる朝鮮半島製の垂飾附耳飾が、六世紀前半の九州北中部の古墳から出土している事実や、久留米市の権現山古墳から出土した新羅土器などをみても（六世紀前半か）、この地方が新羅と交渉をもっていたことは事実である（柳沢氏前掲書、八四頁）。むろん、こうした遺物が『日本書紀』の記述の正しさを裏づける直接の証左とはならないが、一般的な背景として、ヤマト政権の朝鮮半島出兵があったとする考えは頭から否定はできない（鎌田氏前掲論文、九一頁）。

いずれにしても、この叛乱は、継体天皇が物部麁鹿火軍を派遣したことによって鎮圧される。麁鹿火が苦戦したことは『日本書紀』編者の脚色かも知れないが、最終的に磐井は殺害され、子の葛子が糟屋屯倉を献上することでいちおうの決着をみる。ただ、前述のように、これで磐井の率いる政治集団が潰えたわけではなく、岩戸山古墳以後の八女古墳群の消長からは、叛乱後も、筑紫君の、在地の政治集団としての勢力の衰退はなかったと考えられる。そうなると、この叛乱も、筑紫君の政治集団に対する弾圧というよりも、むしろ、ヤマト政権を侮る磐井個人に対する「制裁」だったという印象が強い。

継体天皇朝のヤマト政権　ところで、五世紀後半の雄略天皇朝以降は、吉備や筑紫で大規模な叛乱が蜂起している。ヤマト政権は、それらの鎮圧に成功したわけだから、その意味では、叛乱の平定を梃子に、地方の政治集団に対する影響力を強めていったと評価できる。しかしながら、べつな観点からすれば、こうした叛乱が勃発する背景には、ヤマト政権の機軸である大和の政治集団の弱体化があったといえる。

周知のように、五世紀のなかごろから六世紀前半にかけては、皇室内部で皇位継承をめぐる骨肉の争いが、絶え間なくつづいた時代であった。仁徳天皇ののち、履中・反正・允恭という同母の皇子があいついで即位してからは、兄弟による皇位継承が定着する。しかし、これが、皇位をめぐる争いに拍車をかける原因となった。履中天皇は、即位前に同母弟の住吉仲皇子を殺害しているし、允恭天皇も同母兄の木梨軽皇子を自害に追い込んでいる。しかし、もっとも残虐なふるまいをしたのは、雄略天皇である。

安康天皇は、根使主の讒言を信じて伯父の大草香皇子を殺したために、みずからも大草香皇子の子眉輪王に殺害された。大泊瀬皇子（のちの雄略天皇）は、この報に接し、驚愕すると同時に、兄たちを疑う。そして、まず同母兄の八釣白彦皇子を殺害し、同母兄の境合黒彦皇子と従兄弟の眉輪王にもその矛先を向ける。二人は、相談して葛城円大臣の家に逃げ込んだが、大泊瀬皇子は、兵を起こして円大臣の家を囲む。円大臣は、娘の韓愛と葛城七ヶ所を献上して許しを乞うが、皇子は彼らを焼き殺してしまう。大泊瀬皇子の残虐ぶりは、その後も止まるところを知らず、ひきつづき安康天皇が市辺押磐皇子を皇位継承者に予定していたことを恨み、皇子を騙して狩りに誘い出して殺害する。そして、同じ月に、皇子の同母弟の御馬皇子も殺害している。

　こうして兄弟の排斥に成功した大泊瀬皇子は、泊瀬の朝倉において即位を果たすが、こうした血で血を洗う抗争は、結果的に、大和の政治集団の弱体化を招き、最後は皇位継承者にもこと欠くありさまであった。『日本書紀』によれば、雄略天皇の子の清寧天皇には皇子がなく、殺された市辺押磐皇子の子で、播磨国に身を隠していた億計王（顕宗天皇）・弘計王（仁賢天皇）の兄弟が発見されて、いったんは皇位断絶の危機を逃れた。しかし、仁賢天皇の子の武烈天皇にも皇子がなく、ついに仁徳天皇の皇統は杜絶えてしまう。武烈天皇はこの皇統の、最後の天皇となったのである。

　『日本書紀』は、この武烈天皇を悪逆無道の暴君として描くが、こうした描写がどこまで真実かはきわめて疑わしい。中国では、夏の桀王《けつおう》・殷の紂王《ちゅうおう》といった不徳の帝王があらわれ、国を滅ぼし、王統もそこで杜絶えるという考えがはやくからあった。『日本書紀』編者が武烈天皇を悪く描いているのも、こうした中国の革命思想の影響である。武烈天皇紀の暴虐行為が、多く中国の典籍からの引き写しであることは、それを裏付けていよう。

　周知のように、『日本書紀』は、天武天皇十年（六八一）に勅命によって編纂が開始され、持統・文武・元明天皇三朝を経て、元正天皇朝の養老四年（七二〇）に完成したが、編纂に関与した歴代天皇は、すべて継体天皇を直接の始祖とする皇統に属する。彼らは、断絶した皇統の最後に出た武烈天皇をことさら悪者に仕立てることで、つぎに登極した継体天皇を際立たせようとしたのであろう。しかし、みかたをかえると、こうした記述も、当時、ヤマト政権が危殆に瀕していたことを、編者自身が強く認識していたことを物語っている。

ところで、こうした皇統の断絶のあとを受けて皇位についたのが、男大迹王（継体天皇）であった。『日本書紀』の伝えるところによれば、当初は、大伴金村の発議によって、丹波国の桑田郡にいた仲哀天皇五世孫の倭彦王を迎えようとしたという。しかし、王は迎えにきた兵を望見して色を失い、山壑に逃亡してしまう。金村らは、ふたたび協議して、こんどは越前国にいる応神天皇の五世孫男大迹王（継体天皇）を迎え、天緒を伝えることにした。王は、なかなか承知しなかったが、やがて河内馬飼首荒籠の助言によって承諾し、樟葉宮で即位する。

しかし、その後もただちに大和に入らず、山背の筒城、弟国と宮処を転々とし、即位後、じつに二十年（七年という異説もある）ののち、ようやく磐余王穂宮で政治をおこなった。継体天皇がなかなか大和入りを果たせなかったのは、大和や河内の豪族のなかに、天皇の存在を快く思わない一派があったからであろう。天皇が名実ともに「大王」として認められるのは、前王統の血を引く仁賢天皇皇女の手白香皇女との婚姻が成立してからのことである。

ただ、ヤマト政権のほんとうのねらいは、仲哀天皇五世孫・応神五世孫といった血統よりも、倭彦王や大迹王がもっていた政治力や経済的基盤にあったと考えられる。

さきにもふれたように、大迹王に先だち、丹波国桑田郡を本拠地としていた倭彦王が擁立された。こちらも、仲哀天皇の五世孫というから、血筋のうえでは、傍系である。しかし、京都府亀岡市にある千歳車塚古墳（墳丘長が約八〇メートル、三段築成、五世紀末から六世紀前半）の存在からも知られるように、当時、桑田郡には巨大な政治集団が存在していた。じつは、ヤマト政権は、この勢力を取り込むことによって、その権力基盤の強化をもくろんでいたのであろう（拙稿「継体天皇即位前紀にみえる倭彦王について」横田健一先生米寿記念会編『日本書紀研究』第二十六冊〈塙書房、平成十七年十月〉所収、のち『記紀と古代史料の研究』〈国書刊行会、平成二十年二月〉所収）。

あいにく倭彦王との交渉は不首尾に終わり（倭彦王が逃亡したことになっているのは、ヤマト政権側が、みずからの威厳を守るために、都合よく話を改変した結果であろう）、次善の策として大迹王に白羽の矢が立ったわけだが、ここでも、大迹王が越前・近江・尾張といった広い範囲に勢力を有していたことが決め手になったと思われる。さらに、大迹王は、山城南部から河内北部・摂津にかけて地域の勢力とも結んでいたから、血統では傍流でも、その勢力は強大であったと考えられる。

たしかに、継体天皇即位直前までのヤマト政権は、危機的状況であった。しかも、前述のように、即位後も二十年間（あるいは七年）大和入りを果たせなかったというから、その後も政権の基盤は盤石ではなかったのであろう。『古事記』がしるす「不レ従二天皇之命一而。多レ无レ礼」という磐井の無礼なふるまいも、こうしたヤマト政権の衰微と無関係だとは思えない。ヤマト政権の弱体化や内紛を熟知していた磐井が、ヤマト政権を侮る態度に出たこととしても不思議ではないのである。

しかし、結局は、ヤマト政権が磐井を押さえ込んだ。これは、強固な権力基盤をもつ継体天皇を迎え、さらにはその大和入りも実現したことで息を吹き返したからであろう。塚口氏は、手強い磐井の軍を鎮圧できたのは偶然ではなく、天皇の擁立に成功し、権力基盤を再編・強化しえたことのあらわれだといわれるが（塚口義信「継体天皇―謎につつまれた即位事情を探る―」（『ＡＥＲＡ　ＭＯＯＫ82　古代史がわかる。』〈朝日新聞社、平成十四年八月〉所収）一二五頁）、筆者もそのとおりだと思う。

天皇が磐余王穂宮に落ち着くのに二十年を要したとすると、磐井の乱はそのわずか一年後のことである。むろん、この年紀に疑問が残ることはさきにのべたとおりだが、『日本書紀』の記事の排列からすると、磐井の乱が天皇の大和入りあとだということは認めてよいように思う。政権が安定した継体天皇の側からすれば、叛乱の鎮圧はそれほどむつかしいことではなかったのであろう。

水谷氏は、記紀に磐井の蜂起を伝える記事がないことから、さきに武力攻撃を仕掛けたのはヤマト政権の側だったのではないかと推測しておられる（水谷氏前掲論文、二四一・二四三頁）。征討の原因を作ったのは磐井の側だったと察せられるから、どちらが先に手を出したかは、この際あまり関係はない。しかし、大和入りによっていよいよ体制を整えた継体天皇のほうから、積極的に磐井排除に乗り出したというのが、ことの真相ではないかと思う。なお、この点については、最後にもう一度ふれたい。

いずれにしても、磐井を殺害したことで、実力のちがいをまざまざと見せつけたヤマト政権は、以後地方支配を強化していく。安閑天皇紀にみえる屯倉の増設や、国造の任命などは、そうした事情を雄辯に物語っている。とくに、安閑天皇朝に設置されたという二十六の屯倉のなかには、磐井の勢力圏であった筑紫・豊・火の三国に点在する八つの屯倉がふくまれていることは、磐井誅滅が地方支配を確立していくうえで大きなエポックであったことを如実に示している（ただし、屯倉の設置が『日本書紀』の記述のとおり、ことごとく安閑天皇朝のことであったかはなお検討の餘地があるが、安閑天皇朝が屯倉の拡大を象徴する時期であったことは認めてよいと思う）。

さきに継体天皇記が磐井の乱を掲げていることの特異性にふれたが、そのおりに書いたとおり、筆者は、これが治世中の重要事項の一つとして記録に留められたのではないかと思う。それは、ヤマト政権を震撼させた深刻な内乱というよりは、むしろ、磐井の殺害を契機に、ヤマト政権がさらなる飛躍の時代に入る劃期となる出来事と認識されていたことが、『古事記』に採択された大きな理由ではなかったかと推測するのである。

今後の課題　以上、磐井の乱についていくつかの問題に焦点をあてて検討を加えてきた。論が拡散し、散漫になったことをお詫びしたい。小論でのべたことをかんたんに整理すると、おおよそつぎのとおりである。

①乱の発端を、磐井が近江毛野軍の渡海を阻んだことにあるとする『日本書紀』の説明は信憑性に乏しい。

②近江毛野の任那派兵にまったくふれていない『古事記』の記述のごときものが、事実の伝承に近いものであったと考えられる。したがって、乱の勃発年も不明である。

③磐井討伐の原因が、彼のヤマト政権に対する不服従にあったことは間違いないとしても、具体的にはなにがきっかけで、ヤマト政権が磐井征討に乗り出したのかは不明とするほかない。ただし、磐井の「无礼」「不偃皇風」は、当時弱体化の一途を辿っていたヤマト政権への侮りに起因する可能性が大きい。

④北部九州で強大な勢力を誇った磐井が敗れたのは、畿内とその周辺に強固なネットワークと勢力基盤を有した継体天皇の擁立に成功したことによるところが大きい。

⑤風土記の伝える伝承も、八世紀初頭に採訪されたものであることを考慮すると、磐井の乱の実相を記録したものとはいえない。ただし、伝承自体は、現地において採訪されたものであり、断じて風土記編者の創作ではない。

⑥乱の直接の原因などによくわからない点はあるものの、乱後にヤマト政権の地方支配が滲透していくことは確実で、その意味で、磐井の乱は大きな事件であったと評価できる。

磐井の乱は、古代国家の成立過程における分水嶺であるとの位置づけを得て、戦後脚光を浴びた事件であったが、あらためて検討すると、議論の根本となる史料は、思いのほか乏しいことがわかる。

ただ、わずかな史料でからではあるが、ヤマト政権の求心力が衰えた時期に、中央に対して反抗的な態度で臨む筑紫政権の首長の磐井が、体勢の立て直しに成功した継体天皇によって掣肘されたことは、事実として認めてよいであろう。中央集権的国家の形成を目指すヤマト政権が各地の地域政権と衝突し、それを超克していかねばならないことは、避けて通ることのできない課題であって、磐井の乱はそうした時代の潮流のなかに位置づけることができると思う（鎌田氏前掲論文、九一頁参照）。さきに「大和入りによっていよいよ体制を整えた継体天皇のほうから、積極的に磐井排除に乗り出したというのが、ことの真相ではないか」と書いたが、むしろそれが当然のなりゆきだったのではあるまいか。その意味で、この事件を磐井の「叛乱」ととらえたのではことの真相はみえてこないかも知れないのである。

もっとも、『日本書紀』や『筑後国風土記』逸文が乱の経過を示す史料としてはそれほど信がおけないとすると、乱の具体的なプロセスを究明することはむつかしい。それゆえ、これまでの研究はやや臆測に流れ過ぎた嫌いがある。われわれに需められるのは、原点に立ち返り、虚心に関聯史料を読み返すとともに、継体天皇朝におけるヤマト政権の動向のなかでこの叛乱を的確に評価することであろう。小論がそうした再検討の捨て石となれば幸いである。

〔附記Ⅰ〕

文中、岩戸山古墳の記述をはじめ、古墳全般については中司照世先生のご教示を得た。先生のご厚意にはあつく感謝申し上げる次第である。なお、小論の前半については、「磐井の乱とその史料」と題して、『つどい』三三一号（豊中歴史同好会、平成二十七年八月一日刊）に『日本書紀』『古事記』に関する部分のみを発表した。発行部数も限られた会報ゆえ、目にふれる機会も少ないかと思い、小論では『つどい』掲載の部分もあわせた全文を掲載した。ご諒解を乞う次第である。

〔附記Ⅱ〕

初出論文の校了寸前の平成二十八年一月末に、篠川賢先生より『継体天皇』（吉川弘文館、平成二十八年一月）を頂戴した。同書では、継体天皇朝の重要事件としてこの磐井の乱も詳しく取り上げられており、多くの教示を得たが、残念ながら小論には取り込むことができなかった。篠川先生はじめ、諸氏のご海容を乞う次第である。

〔附記Ⅲ〕

本文に引用した記紀と風土記逸文は新編日本古典文学全集本に、『続日本紀』は新日本古典文学大系本によりつつ、一部私見をもって改変を施した。

第三章　伊勢神宮の創祀をめぐって

―豊受大神宮と丹後地方―

伊勢神宮とは　筆者に与えられた課題は、伊勢神宮（内・外宮）と丹後地方とのかかわりである。以下、神宮（ここでは、とくに外宮）の創祀と丹後地方との結びつきについて考えてみたい。

皇大神宮《こうたいじんぐう》、いわゆる内宮《ないくう》は、延喜《えんぎ》伊勢《いせ》大神宮式《だいじんぐうしき》に「太神宮三座〈度会郡《わたらいぐん》宇治郷の五十鈴の河の上《ほとり》に在す〉。天照《あまてらす》大神一座。相《あい》殿《どのの》神二座」、同神名式に「太神宮三座〈相殿に坐す神二座。並大。月次《つきなみ》・新嘗《にひなめ》等の祭に預る〉」とあるように、天照大神を祀る神社で、現在も三重県伊勢市に鎮座している。いっぽう、豊受大神宮《とようけだいじんぐう》、いわゆる外宮《げくう》については、やはり伊勢大神宮式に「度会宮四座〈度会郡沼木《ぬまき》郷山田原に在り。大神宮を西に去ること七里〉。豊受大神一座、相殿神三座」、神名式に「度会宮、四座〈相殿神に坐す神三座、みな大、月次・新嘗〉」とある。豊受大神とは、天照大神に食事を奉る神をいう。この両正宮と、これに所属する別宮・摂社・末社・所管社《しょかんしゃ》をあわせて、一般に「伊勢神宮」と称する（正式には「神宮」）。

神宮が、いつごろ成立したのかという問題は、ひじょうに重要な意味をもつ。なぜなら、内宮は、皇祖神である天照大神を祭神としているからである。こうした神を奉祀する神社が伊勢の地に鎮座した時期や理由を探ることは、天照大神を奉祀する政治的集団、すなわちヤマト政権がいかにして東方へ勢力を拡大してきたかという問題と結びついている。

また、外宮の豊受大神は、後述のように、雄略天皇の時代（おおよそ五世紀後半）に丹波地方から招かれたと伝えられる。これが事実だとすれば、外宮の遷座は、五世紀後半のことであって、当時におけるヤマト政権と丹後地方の政治集団との関係を知るうえで、重要な手がかりとなる。

伊勢神宮の起源　さきに、皇大神宮（内宮）のほうからみていきたい。内宮は、いったいいつごろ成立したのであろうか。右にのべたように、内宮は、皇祖神を祀る神社だけに、その創祀や展開が、ヤマト政権の勢力伸張、さらにはその後の律令《りつりょう》国家《こっか》の形成と密接に結びついている。

内宮の起源に関しては、のちほど詳しい史料を掲げるが、『日本書紀』垂仁《すいにん》天皇二十五年三月丁亥（十日）条に、大神の教《おしえ》にしたがって、その祠《やしろ》を伊勢国に立て、そうして斎宮《いわいのみや》を五十鈴川のほとりに建てた。これを磯宮《いそのみや》と謂《い》うのだ、という伝承が語られている。また、この記事につづく異伝では、神の教えに従って、丁巳年、垂仁天皇二十六年の冬十月甲子の日に、伊勢国の渡遇宮にお遷し申しあげた、としるされている。ここの「丁巳年」という干支は、いささか注意を要する。じつは、この干支は、『太神宮諸雑事記』『倭姫命世記』などにみえる外宮鎮座、あるいはその託宣のあった年の干支と符合するのである。

この点はのちに詳述するとして、かかる『日本書紀』の記述とはべつに、『続日本紀』文武天皇二年（六九九）十二月乙卯（二十九日）条に、つぎのような記事がみえている。

多気《たきの》大神宮《だいじんぐう》を度合郡《わたらいぐん》に遷す。

この記事を虚心に読むかぎりでは、「多気大神宮」が文武天皇二年に現在の地に遷座したのであり、内宮の伊勢鎮座は、八世紀初頭の文武天皇朝となる。しかしながら、さきに紹介した『日本書紀』は、内宮の鎮座を垂仁天皇の時代のことと伝えている。もし、右の『続日本紀』の記載を信用すれば、『日本書紀』の所伝のほうをどのように理解すべきかが問題となってくる。

そこで、まず、この『続日本紀』の文武天皇二年条を手がかりに、内宮鎮座の時期について考えてよう。

文武天皇二年条の問題点　この『続日本紀』の記事に誤りがないとすると、これをもとに、元来多気郡にあった内宮が、この年はじめて度会郡に移されたと考えることができる。福山敏男氏は、この「多気大神宮」は、度会郡に移されるまえの外宮の名称ではないかとみておられる〔福山＝一九五二〕。しかし、そうすると、度会郡に移されるまえの外宮が、なぜ「大神宮」と称されたかがうまく説明できない憾みがある。

こうした「文武天皇二年遷座説」は、筑紫《つくし》申眞《のぶざね》氏が、昭和三十七年〔一九六二〕にはじめて提唱されたものである。筑紫氏によれば、皇大神宮の別宮の瀧原宮《たきはらのみや》〔遥宮〕がある三重県度会郡大紀町瀧原の地は、もと多気郡に属していたという。そして、文武天皇二年に至って、その多気から五十鈴川の川上に大神宮がうつってきたのであり、現在の瀧原宮はかつての多気大神宮の名残だという〔筑紫＝一九六二〕。

その後、川添登〔川添＝一九七三〕・菊地康明〔菊地＝一九七七〕・櫻井勝之進〔櫻井＝一九九一〕・田村圓澄〔田村＝一九九六〕らの諸氏が、やはりこの記事をもとに文武天皇二年説を展開しておられるが、当該記事の「多気大神宮」が内宮を意味するのであれば、内宮が文武天皇二年に現在の地に遷座したことは動かしがたい。

ただ、神宮側の史料である『皇太神宮儀式帳《こうたいじんぐうぎしきちょう》』や『止由気宮儀式帳《とゆけのぎしきちょう》』〔いずれも、文武天皇二年から百年余りのちの延暦二十三年〈八〇四〉に成立〕などがその事実にまったく口を閉ざしているのは不思議である。しかも、『続日本紀』の記事にまちがいがなければ、養老四年〔七二〇〕に完成した『日本書紀』は、わずか二十年餘りまえの事実を無視し、あえて内宮の伊勢鎮座を垂仁天皇の時代のこととする虚構の所伝を掲げたことになる。しかし、『日本書紀』の編者がそのような見え透いた工作をおこなったとはちょっと考えがたい。菊地氏らは、垂仁天皇二十五年条に「斎宮を五十鈴川上に興す」とあるのは、神宮としての祠ではなく、斎王の忌みこもる宮のことで、内宮そのものではないというが、この説は、史料解釈において納得しがたい点がある（後述参照）。

ちなみに、『日本書紀』天武天皇元年（六七二）六月丙戌（二十六日）条には、壬申の乱に関聯して「旦《あした》に、朝明郡《あさけのこほり》の迹太川の辺にして、天照大神を望拝みたまふ」という記事にみえている。西宮秀紀氏によれば、「迹太川」（現在の朝明川）から天照大神を望拝したとすれば、伊勢湾越しに現在の伊勢市方面を望んだとみるべきで、このとき、すでに内宮は度会郡に鎮座していたという〔西宮＝一九九三b〕。

こうしてみていくと、文武天皇二年説も鉄案とはいいがたい。ただ、文武天皇二年説を否定した場合、この『続日本紀』の記事はいったいなにをしるしたものであるかということが、あらためて問題になる。さきにも書いたが、福山氏は、これを外宮のこととし〔福山＝一九五二〕、田中氏は、多気大神宮司の誤写か、多気斎宮の分置（離宮院の新設）かのいずれかであろうとしておられる〔田中＝一九八五〕。岡田登氏は、鎌倉時代初期の成立とされる『年中行事抄』という書物が、この記事を「伊勢斎宮事」としるしている点に注目される。そして、当時は、斎王の居所である斎宮と皇大神宮が、かならずしも明瞭に区別されていなかったとして、『続日本紀』の編者は、「多気の斎宮」を誤って「多気の大神宮」としるしたのではないかとみておられる〔岡田登＝二〇一二〕。筆者も、岡田氏の解釈がよいのではないかと思うが、いずれにしても、当該記事が内宮そのものの遷座を示すという説には無理がある。多くの研究者に支持されている文武天皇二年説だが、『続日本紀』のわずかな記述を唯一のよりどころとしているだけに、いささか心もとないところがある。

雄略天皇朝創祀説　ところで、このほかにも、内宮の成立時期については、じつにさまざまな学説が提起されている。その一つ一つをここで検討するわけにはいかないが、右の文武天皇二年説以上に有力視されているのが、雄略天皇朝説である。そこで、つぎにこの説を取り上げてみたい。

雄略天皇朝説をはじめて唱えたのは、直木《なおき》孝次郎《こうじろう》氏である〔直木＝一九五一〕。直木氏によれば、伊勢神宮はもともと日の神として信仰されていた地方神であり、皇祖神として信仰されるようになるのは、古くみても雄略天皇朝のことで、しかも、それは皇室の東国進出と関係があるという。

こうした直木説を踏まえて、伊勢神宮の成立に関して包括的な研究をおこなったのが、岡田《おかだ》精司《せいじ》氏である〔岡田精司＝一九六〇〕。岡田精司氏の説は、雄略天皇朝説を代表するものであり、これを支持する研究者も少なくない。そこで、以下は、この説について検討してみたいが、まず、同氏自身の要約によって〔岡田精司＝一九八二〕、その所説の要点を紹介しておく。

(1)雄略天皇の治世の西暦四七七年に、大王の守護神の祭場を河内・大和地方から伊勢へ移したものと推定される。それが、内宮の起源＝伊勢神宮の成立である。ここで、唐突に四七七年という年代が登場するが、これは、神宮関係の書物が外宮鎮座を「丁巳年」としているものを西暦に換算したものである。

(2)神宮成立の歴史的背景として、五世紀後半の社会的変動や伝統的信仰の変質、東国経営の進展などが考えられるが、直接的には中国南朝に対する朝貢外交のゆきづまりと朝鮮半島における日本勢力の敗退にともなう国際的危機が、もっとも大きな要因になったにちがいない。

(3)外宮の前身は、南伊勢地方の国造クラスの豪族度会《わたらい》氏《し》の守護神で、古くからこの地で崇敬されていた太陽信仰の対象であったらしい。

(4)伊勢の度会の地が内宮の鎮座地に選ばれたのは、(3)にみたような太陽信仰の聖地としての、宗教的条件が主であったが、東国経営との関係も重要な要素であった。

(5)内宮祭神＝太陽神は、古い形態では男性神であったが、随従する巫女神《みこがみ》と主客交替するかたちで祭神の変更が起こったのは、六世紀末から七世紀初頭にかけて進行した変化である。

このように、岡田精司氏は、内外の動向にも目を配りつつ、伊勢神宮の成立を雄略天皇朝とみているのだが、その根拠としてあげておられるのは、以下の諸点である。

①『日本書紀』には雄略天皇朝に伊勢服属の説話が集中している。

②垂仁天皇二十五年紀の「一書」に、内宮鎮座の年を「丁巳年冬十月甲子」としているのは、神宮関係の諸書に外宮鎮座を「丁巳年」とするのと一致し、それが倭王武の南朝遣使のときにあたっている。

③斎王任命は、雄略天皇朝以後ほぼ確実となる。

なお、岡田精司氏は、「四七〇年代の雄略の治世に〈内宮の〉創建年代を求められることは、考古学資料からも裏づけられる」として、つぎの二点をあげておられる。

④第一点は、祭祀遺跡である。外宮だけでなく内宮の神域からも滑石製臼玉が大量に出土しており、これらは五世紀代に盛行した祭祀遺物であるから、社殿の有無はべつとしても、五世紀代に内宮もしくはその前身の太陽神祭場がすでに存在していたという、有力な証拠となる。

⑤第二点は、内宮の御神体を納める「御船代」の形態である。「御船代」の形態は古墳時代前・中期に盛行した〈舟形《ふながた》石棺《せっかん》〉のかたちそっくりで、内宮の成立がまだ〈舟形石棺〉のおこなわれていた時代であったと推定できる。

こうした論拠は、一見説得力があるような印象を与えるが、すでに高森明勅《たかもりあきのり》氏が批判しておられるように〔高森＝一九九六〕、いずれも雄略天皇朝説を支える根拠とはならない。以下、おもに高森氏の批判によりながら、岡田精司説の問題点を指摘しておく。

まず、①だが、伊勢服属の説話が集中しているからといって、それをそのまま鎮座の時期と断定してしまうことは行き過ぎである。雄略天皇紀を利用して議論を進めるなら、なぜそこに鎮座そのものの記事がないのか、鎮座記事がなくても鎮座の事実があったと主張できるのか、この点をあきらかにする必要がある。

つぎに、②だが、垂仁天皇紀の本文を頭から否定しながら、いっぽうでその異伝である「一書」を採用し、さらにそれを『太神宮諸雑事記』や『倭姫命世記《やまとひめのみことせいき》』などにみえる外宮鎮座（またはその託宣のあった）の「丁巳年」（雄略天皇二十一年〈四七七〉）に結びつけるのは、およそ学問的なルールにはずれた立論である。

ちなみに、岡田精司氏は、四七七年（中国の年号でいうと、昇明元年）に、宋に使者を派遣した倭国の王を雄略天皇とみておられるが、これはいかがなものであろう。筆者の研究では〔荊木＝二〇一二〕、このときの使者は、武、すなわち雄略天皇ではなく、安康天皇（『宋書』にいう「興」）が派遣したものである。したがって、四七七年は、まだ安康天皇の治世なのである。

また、③にしても、斎宮記事は、雄略天皇朝以降も断続的にしか存在しないのだが、なぜか、岡田精司氏はそのことには口を閉ざしておられる。

さらにいえば、岡田精司氏があげておられる考古資料に関しても、④は、内宮神域の祭祀遺物に五世紀代にまで溯るものが存在するという程度の証拠でしかないし（ちなみに、こうした五世紀の遺物が現在の内宮宮域から出土することは、文武天皇二年鎮座説に対する有力な反証となる）、⑤に至っては、自説の有力な補強材料として持ち出しておられる〈舟形石棺〉が、古墳時代中期、すなわち五世紀代のものではなく、じつは古墳時代前期の四世紀代に使用されたものであるという事実を確認するとき〔安本＝二〇〇九〕、われわれは、岡田精司説の脆さを感ぜずにはおれない。

高森氏は、岡田精司説を批判しつつ、つぎのようにのべておられる。

この説の基本的な問題点は、『書紀』本文の記事およびそれと共通する伝承をあたまから否定するいっぽうで、それ以外のものについては時代もくだり、史料性に疑問があるやうな場合でも、自説の補強になりさうな記事をたやすく採用してしまふことだ。さらには補強材料でもないものを、類推や拡大解釈をかさねて「根拠」にまでひきあげてゐる。全体にフェアでない史料操作が目につく。かうしてくみたてられた意見には、とてもしたがふことはできない。

なかなか手厳しいが〔高森＝一九九六〕、岡田精司氏の雄略天皇朝説は、所詮、その程度のものでしかない。

垂仁天皇紀の記事をめぐって　そこであらためて検討すべきは、『日本書紀』の記載である。すなわち、『日本書紀』崇神天皇六年条には、まず、崇神天皇の時代のこととして、つぎのような記述がみえている。

六年、百姓《おほみたから》流離《さすら》へ、或いは背叛《そむくもの》有り。其の勢、徳《うつくしび》を以ちて治め難し。是を以ちて、晨《つと》に興き夕《ゆふへ》に惕《おそ》り、罪を神祇に請《の》みたまふ。是より先に、天照大神・倭大国魂《やまとのおほくにたま》二神を並びに天皇の大殿《おおとの》の内に祭る。然るに其の神の勢《みいきほい》を畏《おそ》り、共に住みたまふこと安からず。故、天照大神を以ちて豊鍬入姫命《とよすきいりひめのみこと》に託《つ》け、倭《やまと》の笠縫邑《かさぬひのむら》に祭り、仍《よ》りて磯《し》堅城《かたき》の神籬《ひもろき》を立つ〈神籬、此には比莽呂岐《ひもろき》と云ふ〉。（後略）

これによると、それまで「大殿の内」に祭られていた天照大神は、天皇がその神勢を畏れたために、皇居をでて笠縫邑（奈良県磯城郡田原本町や桜井市域にあてる説があるが不明）に祀られるようになったという。田中卓氏などは、これを「邸内の氏神から地域神へといふ画期的な発展」ととらえておられるが〔田中＝一九八四a〕、それはともかく、右の記事が天照大神の伊勢鎮座の発端を語る伝承であろう。そして、これにつづいて垂仁天皇二十五年三月丙申（十日）条には、天照大神が倭姫命を御杖代《みつえしろ》とし、鎮座地をもとめて宇陀の筱幡《ささはた》・近江国・美濃国の各地を巡行し、やがて伊勢国に至って、五十鈴川のほとりに「斎宮」を立てたという、内宮鎮座の経緯がしるされている。『日本書紀』の記載は、以下のとおりである。

三月の丁亥《ていがい》の朔にして丙申《へいしん》に、天照大神を豊耜入姫命《とよすきいりびめのみこと》より離ちまつり、倭姫命《やまとひめのみこと》に託けたまふ。爰《ここ》に倭姫命、大神を鎮《しず》め坐《ま》させむ処《ところ》を求めて、菟田《うだ》の筱幡《ささはた》に詣《いた》り、〈筱、此には佐佐と云ふ〉更に還《かへ》りて近江国に入り、東《ひがしのかた》美濃を廻《めぐ》り、伊勢国に到《いた》る。時に天照大神、倭姫命に誨《おし》へて曰《のたま》はく、「是の神風の伊勢国は、則ち常世《とこよ》の浪《なみ》の重浪《しきなみ》帰《よ》する国なり。傍国《かたくに》の可怜国《うましくに》なり。是の国に居《を》らむと欲《おも》ふ」とのたまふ。故《かれ》、大神の教《おしへ》に随《まにま》に、其の祠《やしろ》を伊勢国に立て、因りて斎宮《いつきのみや》を五十《い》鈴川《すずのかは》の上《へ》に興《た》てたまふ。是を磯宮《いそのみや》と謂《い》ふ。則ち天照大神の始めて天より降《くだ》ります処なり。〈一《ある》に云《い》はく、天皇《てすめらみこと》、倭姫命を以ちて御杖《みつえ》として、天照大神に貢奉《たてまつ》りたまふ。是を以ちて、倭姫命、天照大神を以ちて磯城《しき》の厳橿《いつかし》の本《もと》に鎮め坐せて祠る。然して後に、神の誨の随に、丁巳年《ていしのとし》の冬十月の甲子《かっし》を取りて、伊勢国の渡遇宮《わたらひのみや》に遷しまつる。（後略）〉

こうした天照大神の遷宮と鎮座については、延暦二十三年（八〇四）の『皇太神宮儀式帳』にも詳しい記載がある。また、同じ年に完成した『止由気宮儀式帳』にも垂仁天皇の時代のこととして「度会の宇治の伊《い》須《す》々《す》の河上に大宮供《つか》へ奉《たてまつ》る」としるされている。

ちなみにいうと、のちの史料であるが、十三世紀後半に外宮の神官であった度会家行が書いた『倭姫命世記』には、倭姫命の巡行の経路と滞在地が詳しくしるされている。

先述のように、『日本書紀』では、宇陀の筱幡・近江国・美濃国といった大雑把な地名がしるされるだけだが、『皇太神宮儀式帳』になると、詳しい経路や途中の遷座地が記載されるようになり、『倭姫命世記』の段階では、『日本書紀』や『皇太神宮儀式帳』にみえなかった土地にまで足を運んだことが記載されている。これらは、倭姫命巡行譚が、時間の経過とともに次第に膨らんでいった結果だろうが、その信憑性には問題がある。

さて、話をさきの垂仁天皇紀の記載に戻す。

この『日本書紀』の文章については、いろいろな解釈がおこなわれているが、記事の内容を把握するうえで、ぜひとも確認しておかなければならない点がいくつかある。

第一に、本文にでてくる「祠」と「斎宮」が、それぞれなにを指すのかという問題である。さきに紹介した菊地氏をはじめ、櫻井氏・田村氏などによれば、右の記事には「祠」と「斎宮」の書き分けがあって、「祠」は神宮のことを指すが、「斎宮」のほうは「神宮としての祠」ではなく、「斎王の忌みこもる宮」の意味だという〔菊地＝一九七七・櫻井＝一九九一・田村＝一九九六〕。小学館から刊行された新日本古典文学全集の『日本書紀』の現代語訳も「斎王の宮」になっている。

しかしながら、本文をみればあきらかなように、「斎宮」ということばは、下文では「是を磯宮と謂ふ」と言い換えられている。これがもし「斎王の忌みこもる宮」をいうのなら、それを「磯宮」と呼ぶのはいささか無理があろう。なぜなら、「磯宮」の「磯」は「伊勢」の語源ともいわれ、「イソの宮」とは「イセの宮」にほかならないからである〔田中＝一九八四ｂ〕。

もっとも、九世紀初頭にできた『古語拾遺《こごしゅうい》』には、「仍《よ》りて神の教《おしへ》の随《まにま》に、其の祠を伊勢国の五十鈴の川上に立つ。因りて斎宮を興《た》てて、倭姫命をして居《を》らしむ」とあり、これを参考にすれば、「斎宮」が斎王の宮だということになろう〔櫻井＝一九九二〕。しかし、『古語拾遺』のこの部分は、『日本書紀』を下敷きに、『古語拾遺』の作者である齋部《いんべの》広成《ひろなり》が自己流の解釈によって書き換えたもので、垂仁天皇二十五年条を理解するうえではあまり役に立たない。

さて、つぎに問題となるのは、後段の「一云」に「然して後に、神の誨の随に、丁巳年《ていしのとし》の冬十月の甲子《かっし》を取りて、伊勢国の渡遇宮《わたらひのみや》に遷しまつる」としるされた部分である。この干支は、さきにもふれたように、『太神宮諸雑事記』や『倭姫命世記』などにみえる外宮鎮座（またはその託宣のあった）の「丁巳年」に一致していることから、田中氏は、外宮に関する年紀の所伝が誤って混入したのだと考えておられる。しかし、「渡遇宮《わたらひのみや》」はかならずしも外宮のこととは断言できない。雄略天皇朝に外宮が鎮座するまでは度会の地には内宮しかなかったわけだから、これを度会にある宮という意味で「渡遇宮《わたらひのみや》」と称することはじゅうぶんに考えられるのである〔岡田登＝二〇一二〕。

ちなみにいうと、さきに雄略天皇朝説のところでふれたように、岡田精司氏は、『太神宮諸雑事記』や『倭姫命世記』などにみえる外宮鎮座（またはその託宣のあった）の「丁巳年」を、この「一云」にみえる内宮鎮座の年紀と結びつけ、内宮の創祀を雄略天皇朝のこととされた。しかしながら、これは、外宮鎮座をしるした所伝が、垂仁天皇紀に紛れ込んだとみる田中説の裏返しに過ぎず、安易な感が否めない。

ところで、こうした垂仁天皇紀の記述から、どこまで史実が読み取れるかは、むつかしい問題だが、まったくの伝承として無視するのもいかがであろう。記紀が語るところによれば、崇神・垂仁・景行天皇朝は、天皇の勢力が伸長し、それにともなって国力が大和のそとに向かって発展した時代だったという。崇神天皇朝の四道将軍《しどうしょうぐん》の派遣、垂仁天皇朝の出雲の神宝検校《しんぽうけんぎょう》、景行天皇朝の熊襲《くまそ》征伐・日本武尊の巡行などは、それを示す伝承である。

しかも、垂仁・景行天皇の宮都《きゅうと》（垂仁天皇の「纏向珠城宮」、景行天皇の「纏向日代宮」）との関聯が指摘される三輪山山麓の纏《まき》向《むく》遺蹟や、あるいは崇神天皇陵に治定される行燈山《あんどんやま》古墳、おなじく景行天皇陵に治定される渋谷向山《しぶたにむこうやま》古墳（これらの古墳は、当時としては、全国で最大の前方後円墳である。なお、これらの古墳の築造時期については、異論もあるが、四世紀中葉を中心とする時期を考えておく）の偉容を考えるとき、ヤマト政権の躍進を語った記紀の伝承がまったく架空の造作であるとは思えない（荊木＝一九九三）。同様に、附会の物語であるかのようにいわれる天照大神の巡行譚《じゅんこうたん》も、ヤマト政権の東国進出のプロセスを投影したものであると考えれば、これまた荒唐無稽《こうとうむけい》な物語では片付けられない点がある。

有力な学説として一般にも流布している雄略天皇朝説や文武天皇二年説が（なお、ここでは取り上げなかったが、ほかにも天武天皇朝説・斉明天皇説などがある）たしかな根拠をもたない以上、垂仁天皇紀の所伝をもうすこし大切に扱う必要があるのではないだろうか。

内宮鎮座の年代　ところで、右にのべたように、内宮の鎮座を伝えた垂仁天皇紀の記載を尊重する立場に立つとすれば、それは実年代（暦年代）でいうといつごろなのであろうか。

垂仁天皇紀にみえる内宮鎮座の伝承に重きをおく田中氏（田中＝一九八四ａ）や高森氏（高森＝一九九七）は、崇神・垂仁天皇の実年代を三世紀なかばから四世紀前半としておられる。これは、『古事記』にみえる崇神天皇の崩年干支「戊寅《つちのえとら》」が二五八年ないしは三一八年にあてられることが大きな拠りどころとなっている（田中氏は二五八年を採るが、高森氏は両説併記）。

よく知られているように、『古事記』には、第十代崇神天皇以下、断続的ではあるが、十五人の天皇について、分注《ぶんちゅう》のかたちで、天皇の崩御《ほうぎょ》した年を干支でしるしている。これを、われわれは「崩年《ほうねん》干支《かんし》」とか「歿年《ぼつねん》干支《かんし》」とか呼ぶ。

この崩年干支ついては、研究者のあいだでも評価のわかれるところだが、筆者は、崇神・成務・仲哀・応神天皇のものについては、かならずしも信頼のおけるものとは考えていない。

まず一つには、帝紀（『古事記』『日本書紀』の原材料の一つで、歴代天皇に関する種々の情報をしるした書物）にそうしたものがしるされていたとしたならば、『日本書紀』がそれを採用していないのは不思議だし、干支を使わずに某月某日と数字で日をしるす略式の書法も落ち着かない。しかも、崩御の日を十五日とする例が全体の三分の一もあって故意的であることも、崩年干支を疑う理由になろう。そもそも、『古事記』は、年紀には無関心な書物であって、崩年干支はきわめて異例の記載である〔坂本＝一九八一〕。

つぎに問題となるのは、『古事記』にしるされた干支を西暦に換算した場合、崇神～応神天皇《おうじんてんのう》間の天皇の平均在位年数が大きくなりすぎる点である。この点については、推理統計学の方面から、安本美典《やすもとびてん》氏の詳しい考察があるが〔安本＝一九七二〕、それによると、『古事記』の崩年干支にしたがって、第十六代仁徳天皇《にんとくてんのう》の崩年を四二七年、第三十一代の用明天皇《ようめいてんのう》の崩年を五七八年とすれば、その間十五代百六十年で、一代の平均在位年数は、一〇・六七年となる。これは、五～八世紀の天皇一代の平均在位年数が一〇・八八年であることとよく合致している。

ところが、第十代崇神天皇から第十五代応神天皇のあいだでは、崩年干支を採用した場合、平均在位年数が大きくなりすぎる。すなわち、三一八年説をとって、崇神～応神天皇間を七十六年とすると、平均在位年数は一五・二〇年になり、二五八年説をとるに至っては、五代で百三十六年、その平均在位年数は二七・二年となってしまう。これは、統計から得られる平均値とはあまりにもかけはなれた数値で、応神天皇以前の崩年干支については、やはり信頼しがたいとみるほかないであろう。

ちなみにいうと、田中氏らが『古事記』の崩年干支を利用したのに対し、岡田登氏は、『日本書紀』垂仁天皇二十五年三月条の引く「一云」のしるす「丁巳」を西暦二九七年にあてて、およそ三世紀末とみておられる〔岡田登＝二〇一二〕。

しかし、垂仁天皇紀にみえる内宮鎮座の伝承を認めることと、『日本書紀』の干支を信用することとはべつに考える必要がある。なぜなら、垂仁天皇朝に干支による紀年法がおこなわれていたという点については、いまだ確証が得られていないからである。岡田登氏は、稲荷山古墳出土鉄剣銘の「辛亥年」（岡田登氏は四七一年とみるが、私見では五三一年が妥当と思われる）を例にあげ、暦の概念が日本にもたらされていたといわれるが、これはあくまで五世紀後半～六世紀前半の実例に過ぎない。もっと古い垂仁天皇の時代に干支を用いる紀年法が存在したという証拠は、目下のところ確認されていないのである。

周知のように、『日本書紀』では、古い部分に紀年の延長があり、実際よりもかなり古い出来事としてしるされている。神功皇后紀の記事で実年代とのあいだに干支二巡分、すなわち百二十年のずれがあることは、よく知られている。かりに、神功皇后の年紀についてはっきりした干支が伝えられていたとすれば、こうした意図的な時間の引き伸ばしは不可能なはずである。『日本書紀』の編者があえてそれをおこなっているということは、古い時代の記録には年紀が附されていなかったからではあるまいか。それゆえ、筆者は、垂仁天皇二十五年三月条の引く「一云」にみえる「丁巳」を単純に西暦に換算しても、あまり意味がないと思う。岡田登氏の論文は有益だが、暦年代に対する認識には、筆者とずいぶん隔たりがあることは否めない。

実年代を推測する　では、『古事記』の崩年干支や『日本書紀』の年紀が、天皇の活躍期の実年代を考えるうえで有効でないとしたならば、いったいどのような方法によって、記紀の年代を推定していけばよいのだろうか。

この点については、筆者は、安本美典氏の提唱される、古代天皇の平均在位年数を利用する方法が有効ではないかと考えている〔荊木＝一九九四〕。たとえば、『宋書《そうじょ》』にみえる倭国王武《ぶ》は記紀にいう雄略天皇のことだというが、この武は南朝の宋に昇明二年（四七八）に使者を派遣している。『宋書』順帝本紀には「倭国王武、使いを遣わして方物を献ず。武を以て「安東大将軍」となす」とあり、同書の倭国伝には「倭国王武、方物を献じ上表し、「使持節都督倭新羅任那加羅秦韓慕韓六国諸軍事安東大将軍倭王」を除せらる」とみえている。ここから、雄略天皇朝のある年として四七八年を押さえることが可能になり、これを基準に計算すると、雄略天皇より十代まえの垂仁天皇の活躍した時期については、

478年－（10.88年×10代）≒369年

という数値（年紀）が得られる。したがって、垂仁天皇は、四世紀後半の西暦三七〇年前後に活躍した人物と推定でき、内宮鎮座の時期も、おおよそこのころとみることができるのである。

さきにも取り上げたように、岡田精司氏は、雄略天皇朝説の補強材料として舟形石棺を持ち出し、それによって、ぎゃくに自説に矛盾を来す失態を冒した。しかし、内宮創祀の年代推定に考古資料を持ち出すのであれば、ほかにいい材料がある。

周知のように、内宮の正殿には棟持柱《むなもちばしら》という、特殊な柱が用いられている。これは、正殿の両端に屋根を支えるための柱で、やや社殿よりに傾斜して立てられているもので、高床式《たかゆかしき》建築物のおもかげを残したものである。したがって、これを採用している伊勢神宮の建築物は、思いのほか古いものであることが知られる〔渡邊＝一九八六〕。

棟持柱をもつ建物の遺構は、全国各地の弥生から古墳時代にかけての遺跡で多数発掘されている。たとえば、弥生時代中期後半の池上曽根遺跡（大阪府）や後期の伊勢遺跡（滋賀県）でみつかった独立棟持柱建物はよく知られているが、これらを参考にすると、伊勢神宮の建築物の様式は、右にのべた内宮鎮座の推定年代に抵触《ていしょく》しないどころか、それよりもさらに古い起源をもつことが考えられる。

また、直接の考古資料ではないが、岡田荘司《おかだしょうじ》氏のいう伊勢の内宮鎮座地と大和の纒向遺跡との位置関係も注目してよい〔岡田荘司＝一九九三〕。『皇太神宮儀式帳』によれば、天照大神は、纒向からみて東南東の三輪山（纒向からは、立

春のころ、太陽が三輪山山頂に姿をあらわすという）の近く（美和の御諸原）に一時祀られ、最後に伊勢の地に鎮まったというが、岡田荘司氏は、内宮や、倭姫命によって御贄の鮑を納めるように定められた国崎《くざき》（三重県鳥羽市）は、纒向（奈良県桜井市）の石塚古墳附近からみて、いずれもこの三輪山の延長線上に位置することを指摘しておられる。これが偶然でなければ、「纒向の地から三輪山に向かい、山頂に昇る太陽を拝して、その東方に太陽神（日神）をまつる聖地が求められた」ことになり、纒向に宮都のおかれた垂仁天皇の時代こそ、内宮の創祀にふさわしい時期だということができよう。

こうした資料をどのように利用していくかは、今後の課題とすべき点も多いが、個人的な印象をのべれば、内宮鎮座の時期も、現在通説として一般に滲透《しんとう》している雄略天皇朝、あるいは文武天皇朝よりはかなり古いと思う。

筆者のみるところ、内宮は、大和盆地東南部を拠点としていたヤマト政権が東方へその勢力を伸長させていくなかで、その延長上にある伊勢の地に大王家の祖先神である天照大神を祀ったのが、その原形であろう。そして、鎮座の時期は、四世紀中葉から後半にかけてのある時期とみてよいのではないだろうか。

外宮の鎮座とその意義　つぎに、外宮の鎮座を取り上げておく。『止由気宮儀式帳《とゆけぐうぎしきちょう》』『太神宮諸雑事記《だいじんぐうしょぞうじき》』にみえるように、神宮側の古い記録では、これを雄略天皇朝のこととしている。たとえば、『止由気宮儀式帳』には、つぎのようにしるされている。

天照し坐す皇太神、始めて巻向玉城宮《まきむくたまきのみや》に御宇《あめのしたしろしめ》しし天皇（垂仁天皇）の御世《みよ》、国々処々大宮処を求《ま》ぎ賜《たまもの》ひし時《じ》、度会の宇《う》治《じ》の伊《い》須《す》須《す》の河上《かわかみ》の大宮《おおみや》に供《つか》へ奉《たてまつり》りき。時《とき》に、大長谷《おおはつせ》天皇（雄略天皇）の御夢に誨《おし》へ覚し賜ひて、『吾れ高天原《たかまがはら》に坐して見し真岐賜ひし処に志都真利《しづまり》坐しぬ。然れども吾れ一所《ひとところ》のみ坐すは甚《いと》苦し。加以《しかのみならず》大御饌《おおみけ》も安《やす》く聞食《きこしめ》さず坐すが故に、丹波国比治の真奈井に坐す我が御饌神《みけつかみ》、等由気太神を我が許《もと》に欲《ほ》りす』と誨へ覚し奉りき。時に天皇驚き悟り賜ひて、即《か》れ丹波国より行幸《みゆき》せしめて、度会の山田原《やまだはら》の下石根に宮柱《みやばしら》太知《ふとし》り立て、高天原に知疑《ちぎ》高知《たかし》りて宮定め斎《いつ》き仕へ奉り始めき。是《これ》を以て御饌殿《みけどの》を造り奉りて、天照し坐す皇太神の朝の大御饌、夕《ゆう》の大御饌を日別に供奉《たてまつ》る。

筆者は、こうした所伝をとくに疑う必要を認めない。すでに内宮が存在するにもかかわらず、あえて外宮を勧請した理由は定かではないが、一つには、天照大神の神格の分離ということが考えられる。内宮の祭神であるところの天照大神は、皇祖神であるとともに、日神、すなわち農業神でもある。そして、雄略天皇朝に至って、天照大神の神格が昂揚するとともに、天照大神は純粋な皇祖神に昇華し、農業神としての神格は分離していったのではないでだろうか（田中＝一九七七）。すでに指摘されているように、雄略天皇朝は、宮廷組織の整備が進むなど、王権発達の過程における重要な劃期をなす時代であった（岸＝一九八四・鎌田＝一九八六）。それゆえ、この時代に天照大神の祭祀に大きな変化が生じたことも、けっしておかしなことではない。

では、その際、わざわざ丹波から御饌神として豊受大神が迎えられたのは、いかなる理由によるものであろうか。これもなかなかむつかしい問題だが、勧請の理由の一つとして、四世紀のヤマト政権が丹後地方の政治集団と密接な関係をもっていたことがあげられる。『日本書紀』にみえる垂仁天皇関係の系譜（二一七頁の系図参照）や、『古事記』が掲げる開化天皇皇子の日坐王《ひこいますのみこ》を中心とする系譜をみると（二一八頁の系図参照。ちなみに、この系譜は『日本書紀』にはみえない）、垂仁天皇は丹後地方の豪族と思われる丹後道主王《たにわのちぬしのおおきみ》の娘を三人（『日本書紀』は四人とする）も娶っている。天照大神の御杖代となった倭姫命の母日葉酢媛《ひばすひめ》（比婆須比売命）もその一人である。

じつは、丹波道主王が支配する丹後地方一帯は、豊受大神を祀る神社が集中する土地で、「トヨウケ信仰」とでもいうべきものが滲透していた地域である。延喜神名式によると、丹後国の中心である丹波郡には式内社《しきないしゃ》が九座あるが、

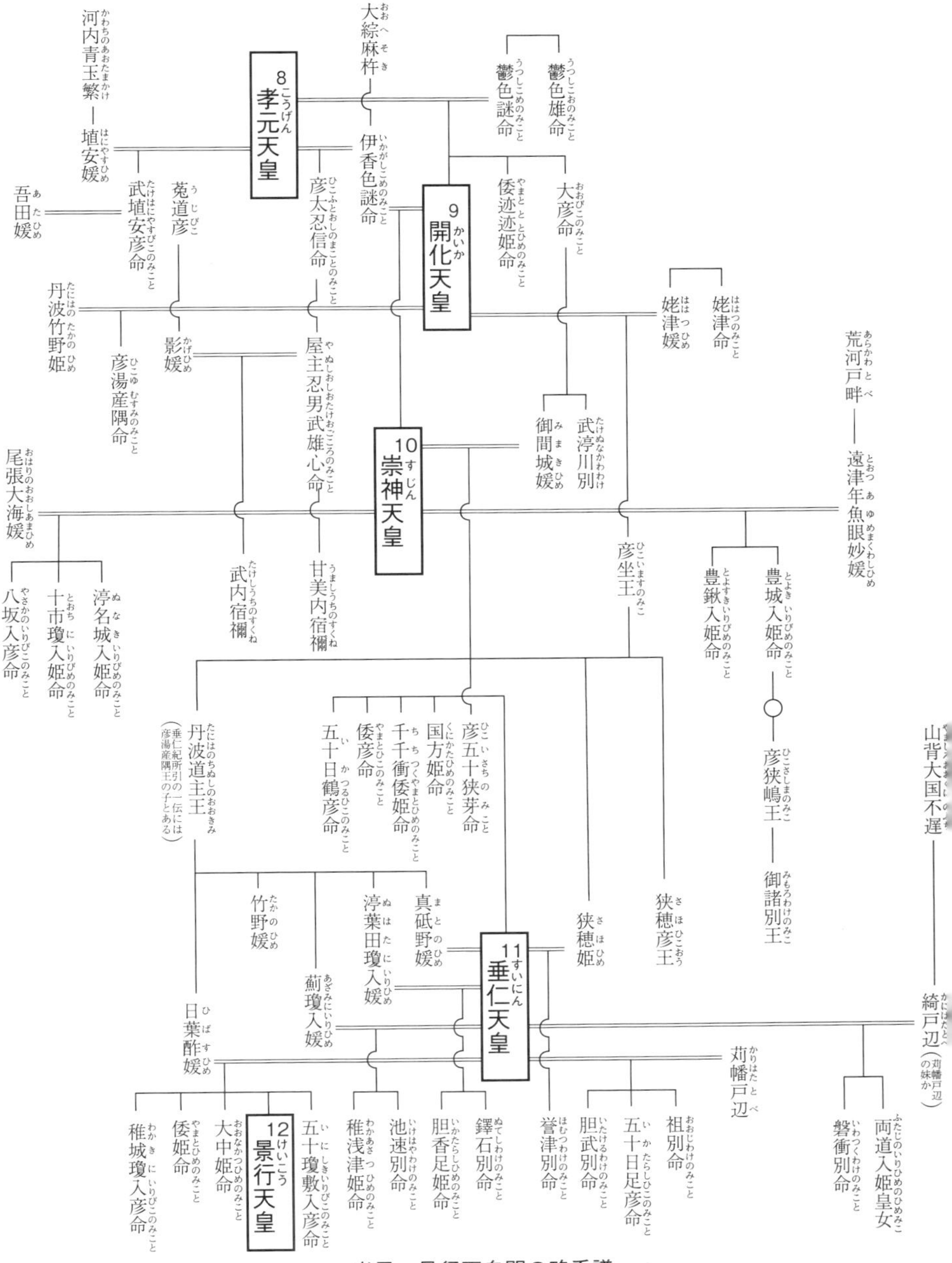

孝元～景行天皇間の略系譜
（主に『日本書紀』本文による）

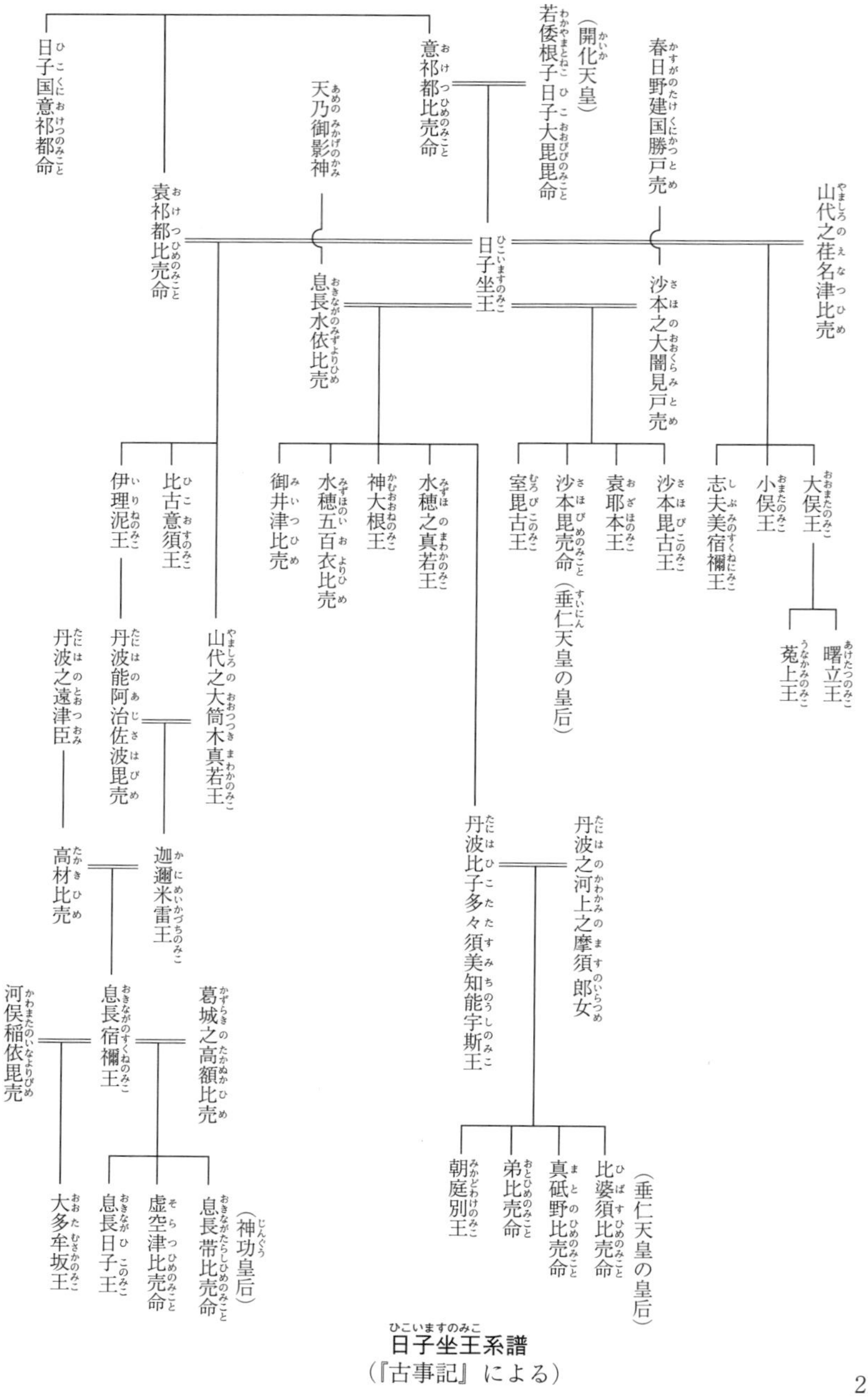

日子坐王《ひこいますのみこ》系譜
（『古事記』による）

そのいずれもが豊受大神を祭神としている。豊受大神は、この地方では保食神《うけもちのかみ》と呼ばれ、五穀・養蚕・造酒の神だという〔藤村＝一九九七〕。後世の史料だが、『伊勢二所皇太神御鎮座伝記《いせにしょこうたいじんごちんざでんき》』や『倭姫命世記』など、いわゆる神道五部書《しんとうごぶしょ》には「丹波国の与佐《よさ》の小見比治の魚井の原に坐す道主子八乎止女《おとめ》の斎《いつ》き奉《たてまつ》る御饌都神《みけつかみ》止由居皇大神《とゆけのすめらのおおかみ》」などと書かれており、丹波道主王の子が豊受大神に御饌を供していたという伝承がみえているから、おそらく、豊受大神は丹波道主王の政治集団が奉斎する神だったのであろう。丹後の地域政権と連繋していたヤマト政権は、そのことをよく把握していたので、天照大神の御饌神としてこの地方の豊受大神をえらんだのではあるまいか。

『丹後国風土記』の所伝　さて、最後になったが、ここで『丹後国風土記』逸文（『釈日本紀』所収）にみえる豊宇加能売《とようかのの》命《みこと》について考えておきたい。

この逸文は「比治《ひじ》の真奈井《まない》・奈具《なぐ》の社」と呼ばれるもので、約四百八十六字あり、風土記逸文のなかでも、長文の一つである。「比治の真奈井・奈具の社」は、十三世紀後半に書かれた『古事記裏書』に、つぎのようにしるされている。

丹ノ国風土記曰。丹後国丹波郡。々家西北隅方。有二比治里一。此里比治山頂有レ井。其名云二麻奈井一。今既成レ沼。此井。天女八人降来浴レ水。于レ時有二老夫婦一。其名曰二和奈佐老夫。和奈佐老婦一。此老等至二此井一。而窃取二蔵天女一人衣裳一。即有二衣裳一者。皆天飛上。但無二衣裳一女娘一人。留レ身隠レ水。而独懐愧居。爰老夫謂二天女一曰。吾無レ児。即相住十餘歳。爰天女善為二醸酒一。飲二一杯一。吉万病除云々。其一杯之財積レ車送。于レ時其家豊。土形富。天女云々。至二竹野郡船木里奈具村一云。此処我心成二奈具志久一。〈古事平善者曰二奈具志一〉乃留二此村一。斯所レ謂竹野郡奈具社坐。豊宇加能売命也。（「古事記裏書の校訂と解説」『田中卓著作集』第十巻〈国書刊行会、平成五年八月〉所収、五九八頁）

この逸文は、南北朝時代にできた『元元集』巻第七にも引用されているが、右の文とはいささか出入りがある。そこで、以下、参考のために、『元元集』所引の逸文をかかげておく。

丹後国風土記曰。比沼山頂有レ井。其名云二麻奈井一。今既成レ沼。此井天女八人降来浴レ水。于レ時有二老夫婦一。其名云二和奈佐老夫・和奈佐老婦一。此老等至二此井一。而窃取二蔵天女一人衣裳一。即有二衣裳一者。皆天飛上。但無二衣裳一女娘一人留。即身隠レ水。而独懐愧居。爰老夫謂二天女一曰。吾無レ児。請天女娘。汝為レ児。天女答曰。妾独留二人間一。何敢不レ従。請許二衣裳一。老夫曰。天女娘。何存二欺心一。天女云。凡天人之志。以レ信為レ本。何多二疑心一。不レ許二衣裳一。老夫答曰。多レ疑無レ信。率土之常。故以二此心一。為レ不レ許耳。遂許。即相副而往レ宅。即相住十餘歳。爰天女。善為二醸酒一。飲二一盃一。吉万病除レ之。其一坏之直財。積レ車送レ之。于レ時其家豊。土形富。故云二土形里一。此自二中間一至二于今時一。便云二比治里一。後老夫婦等。謂二天女一曰。汝非二吾児一。蹔借住耳。宜二早出去一。於レ是天女。仰レ天哭慟。俯レ地哀吟。即謂二老夫等一曰。妾非下以二私意一来上。是老夫等所レ願。何発二猒悪之心一。忽存二出去之痛一。老夫増発レ瞋願レ去。天女流レ涙。微退二門外一。謂二郷人一曰。久沈二人間一。不レ得レ還レ天。復無二親故一。不レ知二由所レ居。吾々何々哉々。拭レ涙嗟歎。仰レ天哥曰。阿麻能波良。布理佐兼美礼婆。加須美多智。伊幣治麻土比天。由久幣志良受母。遂退去而至二荒塩村一。即謂二村人等一云。思二老夫・老婦之意一。我心無レ異二荒塩一者。仍云二比治里荒塩村一。亦至二丹波里哭木村一。拠二槻木一而哭。故云二哭木村一。復至二竹野郡船木里奈具村一。即謂二村人等一云。此所我心成二奈具志久一。〈古事。平善者曰二奈具志一。〉乃留二居此村一。斯所謂。竹野郡奈具社坐。豊宇加能売命也。（神道大系編纂会編『北畠親房（上）』〈神道大系編纂会、一九九一年〉所収、二六一頁）。

両者の異同をあきらかにするため、あえて原文で引用したが、『古事記裏書』と『元元集《げんげんしゅう》』を比較すると、『古事記裏書』には三箇所の省略があり、その点で、後者のほうが風土記の原文に忠実である。しかし、『古事記裏書』の冒頭には『元元集』にない「丹後国丹波郡。々家西北隅方。有㆓比治里㆒。此里比治山頂有㆑井」という字句があり、この記載から、本条が丹波郡比治里条の記事であったことが判明する。この点は、『古事記裏書』の手柄である。

この「比治の真奈井・奈具の社」は、出典が『古事記裏書』や『元元集』であって、その意味では『釈日本紀』所引の二条とは同列に論じられない。しかしながら、『古事記裏書』には、現存本『出雲国風土記』意宇郡熊野山条や、『釈日本紀』巻第七所引の『備後国風土記』逸文「蘇民将来」も引用されているので、右の逸文も、古風土記を引いたものと考えてよいであろう。文体や行政区劃の表記に、「天《あま》の椅立《はしだて》」「水江《みずえ》の浦《うら》の嶼子《しまこ》」といった、他の『丹後国風土記』逸文と共通点があることも、こうした推測を助ける。

ちなみに、この逸文は、すでに『倭姫命世記』にも、

酒殿神。〈豊宇賀能売命。缶坐。丹波竹野郡奈具社坐、是也。天女善為㆓醸酒㆒。飲㆓一杯㆒。吉萬病除之。形石座也〉」（神道大系編纂会編『神道大系　論説編五　伊勢神道（上）』〈神道大系編纂会、平成五年七月〉所収、一〇一頁）

とあって、その一部が引用されており、古い引用例として注目される。

この「比治の真奈井・奈具の社」はよく知られた話で、いわゆる羽衣伝説の原話として貴重である。比治山頂の真奈井という泉に天女八人が舞い降りて水浴びをしていたところ、土地の老夫婦が、一人の天女の衣裳を隠してしまう。こどものいなかった老夫は、服を奪われ天上に帰れることのできない天女に自分の子になるよう懇願する。彼女は、「わたくし一人が人間世界に留まってしまった。だから、あなたのいうことにしたがわぬわけにはいかないでしょう」といって、老夫とともにその家に行き、そこで十餘年の歳月を送ることになる。

天女は醸酒が巧みで、家はその代価で裕福になったが、その後、無情にも、老夫婦は天女に「おまえはわたくしの子ではない。しばらくのあいだかりに住んでいただけだ」といって彼女を追い出そうとする。泣く泣く家を出た天女

は、途方に暮れ、荒塩村から丹波里の哭木村《なききのむら》に至る。さらに竹野郡《たかのぐん》船木里《ふなきのさと》まで来て、ようやく気持ちが落ち着いたので、この村に留まる。竹野郡の奈具社に鎮座する豊宇加能売命《とようかのめのみと》こそは、この天女である。

比治里という地名の起源説話でもあり、また、竹野郡に鎮座する奈具社の創祀を説いた伝承ともいえるが、比治山頂の真奈井という泉にかけて語られているから、この地で採録された「古老相伝の旧聞異事」のたぐいであろう。

本逸文のモチーフとなっている羽衣伝説は、鳥女伝説、白鳥処女伝説ともいわれるもので、類話は世界の各地に広く分布している。伝説のディテールはまちまちだが、その骨子はおおむね共通している。すなわち、羽衣をまとった天女が地上に舞い降り、人間に羽衣を盗まれる（あるいは隠される）。飛び立つことができなくなった天女は、人間世界で暮らすことになるが、その結果、いろいろなトラブルに巻き込まれるというものである。

この「比治の真奈井・奈具の社」の逸文についてはほかにも取り上げるべき点は多いが、小論で考えておかなければならないのは、天女が竹野郡船木里奈具村に至り、ここに留まり、それが竹野郡の奈具社に祀られる豊宇賀能売命となったという点である。

まず、奈具社であるが、これは延喜《えんぎ》神名式《じんみょうしき》の丹後国竹野郡のところにみえる「奈具神社」のこととみてよいであろう。ただ、はやくに、井上通泰《いのうえみちやす》氏が、

> 竹野郡奈具神社は今弥栄村大字船木に在れどこは神社の旧地にあらず。もと神社の在りし奈具村は嘉吉年間の大水に流されしかば村民は霊石を奉じて溝谷村と外村とに分れて流寓しさて霊石は外村鎮坐の溝谷神社の相殿にませまつりき。然るに後に舟木の村人私に其村に奈具神社を建てしかど霊石はなほ溝谷神社にありしに
> ○天保十一年の丹後国大絵図に舟木に鳥居を描きて奈具社と記せるはこの舟木私設の神社なり。元来古の船木里は広き地域にて近古の舟木村は其一部なりしなり。無論旧奈具村は舟木村の内にあらず

> 明治六年神祇省の命にて溝谷神社合祀の奈具神社を舟木村に遷坐せしめ彼霊石をも引渡さしめき。これによりて奈具神社と旧氏子即旧奈具村民の子孫とは分離する事となりていたく神慮人心をそこなひきといふ。余が今かくくだくだしく述ぶるは後世の学徒が誤りて風土記の船木里奈具村を今の弥栄村大字船木ぞと思はむを恐るるが故なり。ただ憾むらくは奈具村及神社の旧址を明にせざる事なり

とのべておられるように〔井上＝一九四二〕、現在の奈具神社とは異なるものである。

ところで、祭神の豊宇加能売命だが、「豊（トヨ）」は豊饒をあらわす美称、「宇加（ウカ）」はウケの古語で、穀霊神《こくれいしん》に共通する名辞なので、「豊宇加能売命」とは豊かな穀物の女神の謂である。

この奈具社の「豊宇加能売命」を外宮祭神の「豊受大神」とする説があり、風土記の注釈書にもそう解説しているものがあるが〔武田＝一九三七・小島＝一九七〇〕、異論もある〔直木他＝一九七七〕。『倭姫命世記』は「豊受太神一座」を「元、丹波国与謝郡の比治山頂の麻奈井原に坐す。御饌神。亦の名は倉稲魂。是なり」としつつ、「酒殿神」を豊宇加能売命だとのべ、丹波の竹野郡奈具社に坐す神だとのべ（前引の『倭姫命世記』の記事参照）、両者を区別しているかのようである。『止由気宮儀式帳』にいう「丹波国の比治の真奈井に坐す我が御饌神《みけつかみ》」については丹波郡にある比治麻奈為神社《ひじまないじんじゃ》の神にあてる説は有力だが〔田中＝一九六一〕、さきにあげた『伊勢二所皇太神御鎮座伝記』など神道五部書は「止由気の大神」は「吉佐宮」に天降り、一時天照大神と一処に雙座していたという伝承を伝えている。こちらが正しいとすると、「吉佐」は「与謝」すなわち、与謝郡の宮のことだから、候補はべつにもとめる必要がある。

このように、外宮の祭神は、丹後のどの社の豊受大神を迎えたのかは判断のむつかしいところもあるが、五世紀ごろ丹後地方から将来されたという伝承自体、とくにこれを疑わねばならない要素はみあたらない。

いずれにしても、丹後地方の「トヨウケ信仰」は、五世紀におけるこの地と伊勢の結びつきをうかがう重要なカギ

であり、今後もなお研究の餘地が残る重要な課題であろう。

【引用文献】


井上通泰『上代歴史地理新考　南海道　山陽道　山陰道　北陸道』、三省堂、一九四一年（『井上通泰上代関係著作集』第十三巻〈秀英書房、一九八六年〉所収）。

荊木美行「垂仁天皇被葬地伝承をめぐる問題」『皇學館大学史料編纂所報　史料』一二五、一九九三年（改題して、『日本書紀』とその世界』燃焼社、一九九四年、所収）。

荊木美行「記紀における実年代の推定をめぐって」『皇學館大学史料編纂所報　史料』一二九、一九九四年（改題して、同右書、所収）。

荊木美行「昇明元年の「倭国遣使献方物」をめぐって―稲荷山古墳鉄剣銘の辛亥年は四七一年か―」『皇學館大学史料編纂所報　史料』二三〇、二〇一一年（『風土記と古代史料の研究』国書刊行会、二〇一二年、所収）。

岡田精司「伊勢神宮の起源と度会氏―外宮と度会氏を中心に―」『日本史研究』四九、一九六〇年（『古代王権の祭祀と神話』塙書房、一九七〇年、所収）。

岡田精司「伊勢神宮の成立をめぐる問題点」、井上光貞・西嶋定生・甘粕健・武田幸男編『東アジア世界における日本古代史講座』第九巻、学生社、一九八二年（萩原龍夫編『民衆宗教叢書第一巻　伊勢信仰Ⅰ古代・中世』雄山閣出版、一九八五年、所収、『古代祭祀の史的研究』塙書房、一九九二年、所収）。

岡田荘司「伊勢信仰と遷宮の歴史」、『伊勢神宮と日本の神々』、朝日新聞社、一九九三年。

岡田登「皇大神宮（内宮）の創祀年代について」皇學館大学編『神宮と日本文化』、皇學館大学、二〇一二年。

鎌田元一「大王による国土統一」、岸俊男編『古代の日本６　王権をめぐる戦い』中央公論社、一九八六（『律令国家史の研究』塙書房、二〇〇八年、所収）

川添登「伊勢神宮の創祀」『文学』四一―一二、一九七三年。

菊地康明「農耕儀礼と生活」『古代の地方史』５坂東編、朝倉書店、一九七七年。

岸俊男「画期としての雄略朝」、岸俊男教授退官記念会編『日本政治社會史研究　上』塙書房、一九八四（『日本古代文物の研究』塙書房、一九八八年、所収）

小島瓔禮校注『風土記』角川書店、一九七〇年。

坂本太郎『史書を読む』中央公論社、一九八一年（『坂本太郎著作集』第五巻、吉川弘文館、一九八九年、所収）。

櫻井勝之進『伊勢神宮の祖型と展開』国書刊行会、一九九一年。

高森明勅「伊勢神宮はいつ・なぜはじまったのか」『歴史から見た日本文明』展転社、一九九六年。

武田祐吉『風土記』岩波書店、一九三七年。

田中卓『神宮の創祀と発展』神宮司庁、一九五九年（『田中卓著作集』第四巻、国書刊行会、一九八五年、所収）。

田中卓「神宮鎮座の由来」、近畿日本鉄道創立五十周年記念出版編集所編『伊勢の神宮』近畿日本鉄道株式会社、一九六一年（同右書、所収）。

田中卓「神宮の創祀について」『神道宗教』一一五、一九八四年ａ（同右書、所収）。

田中卓「〈内宮・文武天皇二年遷座説〉批判」『神道大系月報』四一、一九八四年ｂ（同右書、所収）。

田村圓澄『伊勢神宮の成立』吉川弘文館、一九九六年。

筑紫申眞『アマテラスの誕生』角川書店、一九六二年。

直木孝次郎「天照大神と伊勢神宮の起源」、藤直幹編『古代社会と宗教』若竹書房、一九五一年（『日本古代の氏族と天皇』塙書房、一九六四年、所収）。

直木孝次郎・西宮一民・岡田精司『鑑賞日本古典文学2　日本書紀・風土記』角川書店、一九七七年。

西宮秀紀「伊勢神宮の成立をめぐって」、小林達雄・原秀三郎編『新版［日本の古代］⑦中部』、角川書店、一九九三年a。

西宮秀紀「伊勢神宮の成立はいつか」、白石太一郎・吉村武彦編『新視点日本の歴史第二巻　古代編Ⅰ』、新人物往来社、一九九三年b。

西宮秀紀「伊勢神宮成立論」、梅村喬編『古代王権と交流4　伊勢湾と古代の東海』、名著出版、一九九六年。

福山敏男「神宮正殿の成立の問題」『神道史学』三、一九五二年（『日本建築史研究』墨水書房、一九六八年、所収）。

藤村重美「多久神社」、式内社研究会編『式内社調査報告』第十八巻、皇學館大学出版部、一九八四年。

安本美典『卑弥呼の謎』講談社、一九七二年。

安本美典「伊勢の皇大神宮（内宮）創建の年代―「御船代」から考える―」『東アジアの古代文化』一三七、二〇〇九年。

渡邊寛「神宮の建物」、皇學館大學編『神宮の式年遷宮』、皇學館大學出版部、一九八六年。

〔附記〕
神宮鎮座に関する研究史については、西宮一九九三a・西宮一九九六に詳しいので参照されたい。なお、二二三頁で言及した「吉佐宮」については、べつに「豊受大神宮の鎮座とその伝承」と題する論文を用意しているので、詳細はそちらに譲る。

第四章　風土記の注釈について

―中村啓信監修・訳注『風土記』上下の刊行に寄せて―

はしがき

いわゆる古風土記を対象とする注釈書の歴史は古い。これまで刊行された五風土記と風土記逸文を対象とする注釈書は枚挙に遑《いとま》がないし、近世のもののなかには、写本の形で流布したものも少なくない。注釈書は、いってみれば、個別研究のエッセンスであり、現今の風土記研究もこうした注釈書の存在に負うところが大きい。それゆえ、われわれは、先人の注釈作業に敬意と感謝の念を払うことを忘れてはならない。

そうしたなか、最近になって、角川ソフィア文庫の一つとして、ハンディサイズの中村啓信監修・訳注『風土記』上・下（角川書店、平成二十七年六月、以下「本書」と略称する）が上梓された。まことに慶ぶべきことである。

本書が、風土記研究の最新の成果を盛り込んだ注釈書であることはいうまでもないが、それが文庫判という、手軽な形で提供されたことは、古典の普及という点でも慶賀すべきである。

回顧すれば、文庫判の風土記注釈書や現代語訳は、これまでにも多数刊行されている。古くは、有朋堂文庫の塚本哲三校訂『古事記全　風土記全　祝詞全』（有朋堂書店、大正七年七月）や大日本文庫地誌篇に収められた植木直一郎校訂

『風土記集』（大日本文庫刊行会、昭和十年六月）がある。ただ、これらは「文庫」とはいうものの、判型もいまの文庫判とはいささか異なるし、注釈そのものもわずかで、概して簡略である。その意味で、文庫判風土記の嚆矢《こうし》とも云えるのは、やはり、岩波文庫の武田祐吉《たけだゆうきち》編『風土記』（岩波書店、昭和十二年四月）であろう。同書には、五風土記の読み下し文と注（原文はなし）、風土記逸文の原文と読み下し、逸文所引の諸本の解説があって、巻末には周到な索引まで附されている。これだけの情報を満載した同書は、風土記の普及に与かって力があったと思われる。

戦後刊行のものでは、小島瓔禮《こじまよしゆき》校注『風土記』（角川書店、昭和四十五年七月）がある。これも、原文こそ載せないが、五風土記とおもな古風土記の逸文の書き下し文を掲げ、脚注・補注を附した、密度の濃い注釈書である。また、吉野裕《よしのゆたか》訳『風土記』（平凡社、昭和四十四年八月、のち平成十二年二月に平凡社ライブラリーに収録）は、もと東洋文庫の一冊として刊行されたものだが、のちにほぼ文庫サイズの平凡社ライブラリーとして再刊された。同書は、久松潜一《ひさまつせんいち》校註日本古典全書『風土記』上下（朝日新聞社、昭和三十四年十月・同三十五年五月、以下「古典全書本」と略す）を底本とした現代語訳のみを載せるが、訳を介した一種の注釈書といってよいものである。

個別の風土記では、秋本吉徳《あきもとよしのり》氏校注釈の『風土記（一）全訳注 常陸国風土記』（講談社、昭和五十三年十二月）が講談社学術文庫に収められているほか、近年では、荻原千鶴《おぎわらちづる》全訳注『出雲国風土記　全訳注』（講談社、平成十一年六月）も出た。『出雲国風土記』については、これより先に加藤義成《かとうよしなり》氏による『校注出雲国風土記』（千鳥書房、昭和四十年十二月）がある。よいものだが、惜しむらくは地方小出版物だったので、ひろく普及したとはいいがたい。

ただ、こうしてみると、五風土記と風土記逸文について、原文・読み下し文・現代語訳・注釈の四拍子揃った文庫は皆無であって、じつは、すべてを備えた注釈書は本書をもって嚆矢《こうし》となす。

本書は、上巻には『常陸国風土記』（中村啓信校注・訳）『出雲国風土記』『播磨国風土記』（ともに、橋本雅之校注・訳）を収め、下巻には『豊後国風土記』『肥前国風土記』（ともに谷口雅博校注・訳）と風土記逸文（飯泉健司、谷口雅博校注・訳）を収める。そして、上巻冒頭には中村氏による「風土記総解説」があるほか、各風土記と風土記逸文については個別の解説があり、地図や逸文の出典一覧、さらには主要語句索引（両巻の分を下巻に一括して掲げる）まで掲載するという、行き届いた配慮である。各巻五百頁を超える厚冊とはいえ、コンパクトな文庫のなかによくもこれだけの情報を盛り込んだものである。特筆されるのは、平成の大合併以後はじめての風土記注釈書であって、現在地の比定もすべて新しい地名によっている点である（もっとも、旧地名との対比を掲げているのは、『播磨国風土記』の分だけで、あとは新地名のみをあげる。こうした書式のばらつきは不審である）。

ただ、慾をいえば、原文に句読点や返り点が附されていないことや、人工的な復原や校訂があるにもかかわらず、校異注がないのは惜しまれる。ベタ組みの原文は見づらいので、本書で提示した読み下し文に沿った句読点・返り点を附してもよいのではないかと感じた。

また、これとは別に、『出雲国風土記』『播磨国風土記』の原文にはいささか疑問を感じた。『出雲国風土記』については分量も多く、写本も複数あるので、べつの機会に論じることとし、ここでは写本が三條西家本を祖本とする一系統の『播磨国風土記』を取り上げたい。

四七六頁の「凡例」によれば、三條西家本を底本とした「校訂本文」であり、「本文は可能な範囲で底本の形態、字体を尊重して活かすことに努めた」という。なるほど、校訂本文をみていくと、「土」を「圡」、「答」を「荅」に作るなど、原本の字体を極力再現しようとした意図がみてとれる。先学も指摘しているように、三條西家本は古体をとどめており、独自の省畫や異体字を多くふくんでおり、貴重である。その意味で、校注者の判断は一つの見識である。

手前味噌になるが、かつて筆者が入手して紹介した「小野田光雄自筆『播磨国風土記』（三條西家本（古典保存会））」（拙著

『風土記研究の諸問題』〈国書刊行会、平成二十一年三月〉所収）は、ペン書きながら忠実に三條西家本の文字を再現しようと意図したものである。

ところが、本書の「校訂本文」では、どうしたことか、こうした原則が当て嵌まらない、擅改と思しきケースが夥しく存する。

たとえば、「国」。三條西家本の字体はおおむね「国」であり、稀に「國」であり、「国」はない。「玉」を再現するのであれば、「国」もまた「国」ないしは「國」に作らなくてはならないだろう。ほかにも、三條西家本の字体は「刑」「伎」「坐」なのに「校訂本文」では、それぞれ「形」「伎」「坐」に直している。これらの字体についてはなんらか理由により改めたのかも知れないが、不可解なのは「隠」である。四七七頁一一行目・四七九頁四行目・四九三頁一五行目などでは、原本のとおり「隠」という異体字に作っているのだが、おなじ異体字が使われている四九五頁三・四行目では、どうしたことか「隠」に直している。

また、字体の細部にこだわる編者の意図はわかるが、「岡」を「⿱罒山」「罡」「⿱罒土」に書き分けることにどれだけの意味があるというのか。げんに「岡」そのものではないが、四七九頁一七行目の「鋼」は原本では「⿰糸罡」とあるのを「綱」に作っているのだから（ちなみに、『播磨国風土記』と同じ方針で原文を掲げる『出雲国風土記』では「綱」は細川本のとおり異体字の「⿰糸罡」に作っている。三〇五頁九・一一・一六・一七行目など参照）、「岡」の字形もそれほど重要な争点とは思えない。とくに、「罡」と「⿱罒土」の区別は、原本でも判断のむつかしいものがあり、筆写した人物がどれだけ書き分けを意図していたかはよくわからない。しかも、四八〇頁一二行目は、原本の字体が「罡」なのに「校訂本文」では「⿱罒山」に誤っているので、本書の校訂そのものにも信頼がおけない。

ちなみにいうと、このほかにも誤記は、枚挙に遑がない。以下、いくつか実例をあげておく。

四八八頁一三行目の「遝」。ここはたしかに原本もこのとおりなのだが、それなら、四七七頁一二行目・四七九頁一四行目の「還」もおなじ字体に作らねばならない。また、四八〇頁一〇行目の「煞」は原本では「敎」であり、あきらかな飜字ミス。四九五頁二行目でも「殺」を「敎」に作るが、こちらも原本の字体は「敎」である。同様に、四八八頁一二行目の「蘇」、四九〇頁三行目の「條」、四九三頁九行目の「裹」、四九四頁八行目の「囙」、四九五頁八行目の「祭」は、それぞれ原本では「蘓」「條」「褁」「因」「𥛘」である。このほか、四八七頁一〇行目のレ点は、原本の写真版では確認がとれない。

こうしたミスを連発してまであえて三條西家本の字体にこだわる必要があるだろうか。校注者は「解説」において「本来校訂とは、できるだけ祖本の姿を復元することを目的とするものであり、悪文の添削を目的とするものではない」(上巻、五〇六頁)と書いておられるが、本書所収の「校訂本文」が、はたしてこうしたポリシーを具現化したものかは、多分に疑わしいのである。

本書所収の風土記原文についてでは、ほかにも疑問とするところがあるが、それは下文で言及する機会があるので、ここではふれない。しかし、そうした瑕疵はさておき、これだけの内容を盛り込んだ注釈書を作るには、四人による共同作業とはいえ、相当の準備を必要としたであろう。そのご苦労には、心より敬意を抱くものである。本書の刊行は、研究者のみならず、一般読者にも大きな福音であって、今後の活用が期待されるところである。

○

ところで、以下は、本書を繙読した、筆者の個人的な感想である。

かつて中国文学研究者の高島《たかしま》俊男《としお》氏が、近代文学作品の注釈を作る人に希望したいこととして、以下のような諸点をあげられたことがある（『お言葉ですが…』別巻①〈連合出版、平成二十年五月〉一四五頁）。

①まず本文をちゃんとすること。ふりかな、書名の確認など。

②どういう語や記述に注釈が必要であるかを知ること。

③注釈は本文に即したものであること。言いかえれば、文の理解に資するものであるべきこと。

④注釈の体例を知ること。必要なことはかならず書き、よけいなことは書かないこと。

⑤注釈することがらについて一通り調べ、デタラメを書かないこと。

これは近代文学の話だが、ここで高島氏が指摘されている諸点は、そのまま古典の注釈にも当て嵌まると思う。本来、注釈作業というものは、本文の読解を助けるものだが、古典の場合でいうと、難解な古典を現代人が身近なものと感じる手助けとなるような注釈が望まれる。そしてそのためには、当該箇所の記述や語句に対してその解釈に役立つような説明を施す必要がある。さらに、場合によっては、古典研究の水準が奈辺にあるのかをうかがいうるような研究成果を紹介する必要があろう。

これを要するに、筆者は、注を読めば、本文の記述が、史料ないしは文学作品として、より具体的に理解できるというのが、理想の注釈ではないかと考えている。ただ、それらを限られた紙面でどのように叙述するかは、ケースバイケースである。

たとえば、読者諸彦は、日野《ひの》開三郎《かいさぶろう》氏の執筆にかかる『五代史』（明徳出版社、昭和四十六年四月、のち『日野開三郎東洋史学論集』第二十巻〈三一書房、平成七年十月〉所収）をご覧になったことがあるだろうか。同書は、『旧五代史』食貨志《しょっかし》の注釈だが、その重要語句に施された詳密な注釈は、しばしば一語句につき一千三百字（著作集の組み上がりで一頁）を超える。日野氏の注釈は、その語句の表面的な解釈に留まることなく、歴史的背景、法的意義にまで踏み込んだ、文字通り、眼光紙背に徹した注解である。同書を手にしたものは、史料を読むにはここまで徹底しなければならないのか、と胸を打たれることであろう。

もっとも、食貨志という、やや特殊な史料を、ピンポイントでここまで掘り下げた、同書のスタイルは、かならずしも普遍的でない。こうした、あまりに詳密な注釈に対しては、批判的な声もある。

よく知られているが、岩波書店から刊行された新日本古典文学大系には『続日本紀』の注釈が収められている。同書は、筆者も、仕事柄、ふだんお世話になっている馴染みの深い注釈書であり、その行き届いた注解には、読むたびに教えられることが多い。

しかし、虎尾俊哉《とらおとしや》氏のように、この新大系本『続紀』のような、研究書的な色彩の強い注釈書を「悪しき前例」と評価されるかたもおられる。「注釈は必要なことだけを簡潔に」というのが氏の持論で、事実、ご自身が編輯した訳注日本史料の『延喜式』においても、各篇目の担当者が提出する注釈の原稿にずいぶん斧削を加えて、担当者を驚かせたと仄聞している。

いかなる体裁がベストかは判断のむつかしいところだが、結局のところ、注釈書の体裁や叢書全体の方針によって大きく制約されるというのが実情であろう。せっかく意気込んで熱筆を振るっても、他の注釈書とのバランスから大幅カット、ということも少なくないのではあるまいか。

もっとも、じゅうぶんな紙幅さえ与えられれば申し分ない注釈書が完成するかというと、そうとは云えない。やはり、注解の対象となる古典の研究自体がどれほどのレベルにあるかが大きな問題だし〈坂本太郎「日本書紀の本文研究」『日本古典文学大系』月報第二期最終回配本、昭和四十二年三月、のち『坂本太郎著作集』第二巻〈吉川弘文館、昭和六十三年十二月〉所収、二三〇頁〉、注釈担当者の技倆に左右されるところも大きいと思う。それゆえ、注釈の体裁や内容についてあれこれ評言されるのは、作業を担当されたかたがたにとっては、不本意なことかも知れない。

ただ、おなじ風土記の研究に携わるものとして率直な感想を開陳し、その是非を読者に問うことは無意味だとは思えない。毛を吹いて瑕をもとめようとは思わないが、筆者の所感が本書の利用に役立てば、幸いである。

『常陸国風土記』

22頁注2「国司」

注釈の説明では「第三十六代孝徳天皇の大化以後、都から赴任して、任命国の統治に当たった官人」とある。これではまるで大化以後、国司という名称の官職が存在したかのような印象を与えてしまうが、事実はそうでない。辞典類にも「初期の国司はミコトモチとよばれ、宰、使者などと記された。これに国司の字をあてるのは大宝令施行以後のこと」（『国史大辞典』ジャパンナレッジ版）と書いている。いま少し慎重に記述してほしい。

22頁注7「造・別」

「別《わけ》」の説明については、景行天皇紀四年二月甲子条に「夫天皇之男女。前後并八十子。然除㆓日本武尊・稚足彦天皇・五百城入彦皇子㆒之外。七十餘子。皆封㆓国郡㆒。各如㆓其国㆒。故当今時。謂㆓諸国之別㆒者。即其別王之苗裔焉」とあることに言及すべきであろう。なお、注釈の内容から推すと、注番号は、「別」の字の下にあるべきか。

22頁注11「惣領めしめき」

「全部あわせて統括すること」とのみ注するが、『常陸国風土記』にみえる「惣領」及びこれと関聯する「国宰《みこともち》」については、いま少し叮嚀な解説が必要なはず。すなわち、総領（惣領）は、大宰とも呼ばれるもので、「筑紫総領」

（『続紀』文武天皇四年十月十五日条）をはじめとして、「吉備大宰」（天武天皇八年三月九日条）・「周芳総令」（同十四年十一月二日条）・「伊予総領」（持統天皇三年八月二十一日条）・「総領」（『播磨国風土記』揖保郡条）などの例がある。薗田香融《そのだこうゆう》氏によれば、『常陸国風土記』『播磨国風土記』では、総領・国宰・国司をはっきり使い分けており、その記載は信用できるという（「律令国郡政治の成立過程」『日本古代財政史の研究』〈塙書房、昭和五十六年六月〉所収）。すなわち、在任年代のあきらかなものとしては、「総領」では高向臣・中臣幡織田連（『常陸国風土記』）、国宰では道守臣・上（野）大夫（『播磨国風土記』）、国司では采女朝臣（『常陸国風土記』）であって、これによって、大宝以前の国司には、総領と国宰の二種の存したことがわかるという。『日本書紀』大化元年八月に派遣された東国国司を総領とみて、『常陸国風土記』にみえる高向臣や中臣幡織田連を東国国司と考える説もあるが、東国国司は、やはり国宰として理解すべきであろう。この総領（大宰）については、右にあげた史料の分析から、地方行政上重要な地域に置かれ、近隣数国を管轄する地方行政官のことであると考えられているが、薗田氏によれば、総領（大宰）の制度が採用された理由は、①大化前代にすでに大宰—宰という二重組織ができあがっていた、②国郡編成には国を越えた上級官司が必要であった、という二点にもとめられるという。とくに、②は『常陸国風土記』の下文に登場する建評記事とのかかわりで重要な点である。

ただし、総領については異論もあり、たとえば、松原弘宣《まつばらひろのぶ》氏は、『常陸国風土記』における総領・国宰の書き分けを認めつつも、これらが同時期に並存したことを記す記事はないとして、孝徳天皇朝における総領—大宰の二重組織は存在しなかったと考えているなど（「総領と評領」『日本歴史』四九二、平成元年五月）、諸説ある。

なお、380頁注14では、この『常陸国風土記』の総記に言及しているので、当然ここでも、『播磨国風土記』揖保郡を参照する旨の注記が望まれる。

23頁・25頁「国造毗那良珠命」「新治の国造が祖、名は比奈珠命」

ともに注釈はないが、『国造本紀』に「新治国造。志賀高穴穂朝御世。美都呂岐命児比奈羅布命定二賜国造一。」とあって、ここにみえる比奈羅布命が風土記の毗那良珠命・比奈珠命にあたることは、古典大系本などでも注記されているので、ここは書くべきである。

24頁注8「駅家」

本書『常陸国風土記』の項で注目されるのは、『萬葉集註釈』巻二に「常陸国風土記云。新治郡。駅家。名曰大神。所三以然称一者。大蛇多在。因名二駅家一云々」として引用される「大神《おおかみ》の駅家《えきか》」の逸文を『萬葉集注釈』より復原」として本文の新治郡のところに組み込んだ点である。かかる処置は、29頁にも二箇所みえる。新治郡については、従来、

新治郡。（東那賀郡堺大山。南白壁郡。西毛野河。北下野・常陸二国堺。即波大岡。）古老曰。昔。美麻貴天皇馭宇之世。為レ平二討東夷之荒賊一。（俗云阿良夫流尓斯母乃。）遣二新治国造祖。名曰比奈良珠命一。此人罷到。即穿二新井一。（今存二新治里一。随レ時致レ祭。）其水浄流。仰以レ治レ井。因著二郡号一。自レ尓至レ今。其名不レ改。（風俗諺云白遠新治国。）（以下略之）

自レ郡以東五十里。在二笠間村一。越通道路。称二葦穂山一。古老曰。有二山賊一。名称二油置売命一。社中在二石屋一。俗歌曰（許智多鶏波乎婆頭勢夜麻能伊波帰尓母為鬱許母郎奈牟奈古非叙和支母。以下略之。）」。

という筑波郡の直前までを同郡の記事ととらえていたが、本書では、「自レ郡以東五十里」以下を白壁郡のそれとみる。このように解釈すると、「大神の駅家」の逸文も、当然ながら、郡名の由来を説いた記事のあと、すなわち、諸本が「以下略之」としている部分にあったことになる。しかし、「自レ郡以東五十里」以下を白壁郡の記事とすることには異論もあるので、ここはやはり、後述の二条とともに逸文として別扱いがよかったのではあるまいか。げんに、『播磨国風土記』では、『釈日本紀』所引の「爾保都比売命」「速鳥」という二条の逸文について、前者が適当な位置に復

元できないことを理由に、赤石郡に存したことが確実な後者まで別扱いしている（四二四～四二六頁）。

なお、本書は、『常陸国風土記』原文として、いわゆる「菅政友本」を掲げているが、ここに復原記事をそのまま組み込んでいる。読み下し文に附した注ではその旨断っているとはいえ、原文でもなんらかのコメントが欲しいところである。

26頁注11「新粟初嘗」

この「粟」について、注釈は「粟はアワではなく、もみがら着きの米」と書く。古典大系本も「粟は脱穀しない稲実の意。」と同意の解釈（三九頁）。いずれも、『和名抄』巻十七、粟の項の引く『崔禹錫《さいうしゃく》食経《しょっけい》』の説明によったものかと思われるが、「新粟」の表記は、稲作が普及する以前には粟が主食で、新嘗祭もその粟の新穀を神に供する儀式であったことの名残りだとする、井上辰雄氏の説もある。

29頁注４「古老曰はく」・10「黒坂命」

この二条も、①『釈日本紀』巻十（新訂増補国史大系本、一四四頁）所引の「信太郡《しだぐん》の沿革」と②『萬葉集註釈』の引く「信太の郡」（萬葉集叢書本、八一頁）を復原記事として本文に組み込んで順に排列したものである。そして、さきの「大神の駅家」と同様、原文でもそのままこの復原本文を掲げているが、ここもなんらかのコメントが欲しかったところである。ちなみに、①については、はやくに西野宣明《にしののぶあき》『訂正常陸国風土記』（天保十年刊、『日本古典全集　古風土記集』（日本古典全集刊行会、大正十五年十一月、のち昭和五十四年二月に現代思潮社より復刻）所収）が、これを本文としている。同書の頭注には「按自古老曰以下至日高見国。諸本欠。今拠戊本補之。釈日本紀所引与此小異矣」とあるが、ここにいう「戊本」は、同校訂本の「凡例」によれば、「備中笠岡祀官小寺清先所校訂」の一本で、現存しない。この「戊本」が原本の形態を伝えたものであれば、宣明の校訂のとおりであろうが、「戊本」そのものが、すでに『釈日本紀』によって補っていた可能性も考えられる。『訂正常陸国風土記』を底本とする日本古典全書本『常陸国風土記』は、「古老曰……日高見国也の一条は現傳本の祖本には無かつたらう。底（西野宣明『訂正常陸国風土記』）は小寺本によつて此の一条を採つた」（五七頁）とのべている。

29頁注14「輸轜車」

養老《ようろう》喪葬令《そうそうりょう》8、親王一品条に貴人の葬具として「轜車《じしゃ》」がみえ、集解には「釈に云ふ。（中略）轜車は喪車なり。或は云ふ。轜は謂ふこころは葬屋なり。車は謂ふこころは之を載せる車」とある。「轜」「車」を別のものとする解釈のあることは、ここで紹介すべきであろう。ついでにいえば、風土記下文にみえる赤旗・青旗についても、喪葬令同条に葬具として旗のみえることに言及すべきかと思う。

30頁注26「器杖」

養老軍防令《ようろうぐんぼうりょう》41、出給器杖条の「器杖」の義解注に「謂ふこころは、器は軍器なり。杖は儀杖なり」とあるのを引くべきであろう。また、風土記下文によれば、器杖のなかに楯がふくまれているが、郡内の式内社楯縫《たてぬい》神社（旧稲敷郡美浦村大字木原に鎮座）は、この伝承と関聯があるかも知れない。

32頁注18「多祁許呂命に子八人あり」

注釈には「『先代旧事本紀』の国造本紀には六人の子が国造に任じられたとある」とする。これは、下記の六つの記載を指すのであろう。

・師長《しなが》国造。志賀高穴穂朝御世。茨城国造祖建許呂命児宮富鷲意彌命定㆓賜国造㆒。
・須恵《すえ》国造。志賀高穴穂朝。茨城国造祖「紀記」建許侶命児大布日意彌命定㆓賜国造㆒。
・馬来田《うまきだ》国造。志賀高穴穂朝御世。茨城国造祖建許呂命・深河意彌命定㆓賜国造㆒。

・道奥《みちおく》菊多《きくた》国造。軽嶋豊明御代。以㆓建許呂命児屋主乃禰㆒。定㆓賜国造㆒。
・道口岐閇《みちのくちのきへ》国造。軽嶋豊明御世。建許呂命児宇佐比乃禰。定㆓賜国造㆒。
・石背《いわせ》国造。志賀高穴穂朝御世。以㆓建許侶命児建彌依米命㆒。定㆓賜国造㆒。

ただし、「国造本紀」には、いま一つ石城国造に関して、

石城《いわき》国造。志賀高穴穂朝御世。以㆓建許呂命児屋主乃禰㆒。定㆓賜国造㆒。

という記述がある。これは、栗田寛《くりたひろし》が『国造本紀考』巻二において「建許呂命ハ、師長国造の下にいて〻其処にいへり、さて師長須恵、馬来田国造などの条に、みな茨城国造祖とあり、常陸風土記にも、茨城国造初祖見えたれハ建許呂命定㆓賜国造㆒」とあるハ疑はし、建許呂命の下、児某命などの字脱たるにや、志からすハ茨城国造初祖なる人の、此の国造なるへき謂なし、かにかくに疑はしけれハ、此文の誤りにハ非るか、然るハ古事記に、神武皇子、神八井耳命者、意臣云云、陸奥石城国造云云等之祖也とあれハなり」（神道大系本、三一三頁）とのべるように、まず脱文の可能性が考えられる。だとしたら、「国造本紀」には建許呂命の児が各地の国造に任じられた例が都合七つあることになる。これに『常陸国風土記』にみえる筑波使主《つくばのおみ》を加えれば、とにもかくにも風土記が建許呂命の子を八人とする記載に符合することは注目してよいと思う。

32頁「湯坐連」

注釈はない。湯坐は皇子の養育料のための部のことで、湯坐連氏はその管掌氏族をいう。前項で説明したように、建許呂命の子の一人に須恵国造がいるが、この国造は上総国周淮郡一帯を支配し、そこに湯坐郷（現千葉県君津市上湯江・下湯江附近）が存したところより推せば、建許呂命一族と湯坐連氏は強い関聯性が考えられる。後掲360頁注33「他田」のような不要と思われる氏族の出自の注釈を附すくらいなら、ここの湯坐連氏についての解説のほうが風土記の理解の

ためにはより重要なのではあるまいか。

35頁注3「茨城の郡の八里を割き」

ここも、さきの総領との兼ね合いで、『常陸国風土記』に散見する建郡（正しくは「建評」）記事についてふれておく必要があろう。『常陸国風土記』によれば、信太郡《しだぐん》の場合は、物部河内らが筑波《つくば》・茨城郡《うまらきぐん》の七百戸を分かって信太郡を新置、行方郡《なめがたぐん》の場合は、茨城国造・那珂国造が、両国造部内の十五里七百戸を割《さ》いてべつに郡家を新置、香島郡《かしまぐん》では中臣□子らが下総国海上《うなかみ》国造の部内一里と那賀国造の部内五里を割き神郡として新置、多珂郡《たかぐん》の場合は、多珂国造と石城評造が旧多珂国を多珂・石城二郡に分かち、多珂郡を常陸国に、石城郡を陸奥国に属《つ》けた（里数・戸数は不明）とある。これらの建郡記事については、鎌田元一《かまたもとかず》・井上辰雄《いのうえたつお》両氏は、建郡（建評）のことを記した史料の分析から、孝徳天皇朝に全面的に施行されたとする。とくに、鎌田氏は、香島郡条にみえる己酉年（六四九）に一般諸郡の建郡がおこなわれ、信太・行方・多珂郡の建郡記事にみえる癸丑年（六五三）は、「新置のコホリ」が分出された年だとされる。ただし、このとき、郡の下級行政単位として里制が実施されたかどうかについては確証がなく、鎌田氏は、孝徳天皇朝に五十戸単位の編戸制が進められていたが、五十戸一里制は天武天皇四年（六七六）の部曲《かきべ》廃止を待って徐々に進められ、庚午年の造籍によって全国的な実現をみたと考えている。

なお、薗田香融《そのだこうゆう》氏によれば、『常陸国風土記』は立郡の申請人の名を記録しているが、多くの場合、かれらが初代の郡領に就任したという。こうした在地豪族は、父祖以来管掌してきた屯倉、あるいはあらたに造建した屯倉《みやけ》を朝廷に献上し、これを郡家となすことによって、以後長く譜代郡司となる途をえらんだのであろう（前掲「律令国郡政治の成立過程」）。

36頁「郡家の南の門に」

風土記には、郡の政庁である郡家（グンケ・グウケ・コホリノミヤケなどと訓む）についての記載が多数ある。とくにある場所を示すのに、「郡家北三十里」などと郡家を起点とした書法をとっていることは、当時郡家が各郡においてセンター的な役割を果たしていたことを示唆している。ところで、本条は、行方郡家の構造を記した文献として貴重であるが、これによれば、郡家には庁とその前庭があり、庁の南には門が配置される構造になっていたことがわかる。また、べつな史料には「垣」がみえるから、郡家のある場所は塀などで区劃されていたのであろう。足利健亮《あしかがけんりょう》氏の推定では、こうした郡家の規模は、基本的には方二町、実質的には方三町近くにおよんだという（「郡衙の境域について」『（大阪府立大学）歴史研究』一一、昭和四十四年三月）。八〜九世紀の郡家に関する文献は少ないが、これを補うものとして長元三年（一〇三〇）の『上野国交替実録帳《こうずけのくにこうたいじつろくちょう》』（国司交替の際の事務引継ぎ関係書類の草案）がある。この文書には同国の郡家の建物群がかなり詳しく記載されている。前沢和之《まえざわかずゆき》氏の指摘によれば、この文書は、もともと郡単位で作成されたものであり、記載が整理されていない草案であること、内容が破損もしくは無実の列記であるという基本的性格を有しており、かならずしも現状を反映した史料ではないが（「上野国交替実録帳」にみる地方政治」『群馬県史』通史編２〈群馬県、平成三年五月〉六七六頁）、それでも郡家全体の構造をうかがう貴重な文献である。『上野国交替実録帳』をもとにした郡家の復元については、竹内理三《たけうちりぞう》・福山《ふくやま》敏男《としお》・吉田《よしだ》晶《あきら》諸氏の研究があるが、いまこれらによりつつ、当時の郡家の構造をしるすと、つぎのとおりである。『上野国交替実録帳』によれば、郡家には郡ごとに①正倉・②郡庁・③館《たて》・④厨家《みくりや》に区分され、この順で記載されている。こうした区分は、儀制令集解《ぎせいりょうしゅうげ》17所引の古記が、郡家を郡院・倉庫院・厨院に、また、『朝野群載《ちょうやぐんさい》』国務条々事が、郡家を郡庫院・駅館・厨家・諸郡院に、それぞれ用途別に区分していることとおおむね一致するという。

　なお、現在、各地で郡家遺跡と考えられる遺構の発掘調査が進み、各地の郡家の実態があきらかになりつつあるが、それらの事例によると、館や厨家の実態はじつにさまざまで、山中《やまなか》敏史《としじ》氏によれば、『上野国交替実録帳』の館や厨家の記載はかならずしも全国的な傾向を反映したものではないという（山中敏史・佐藤興治『古代日本を発掘する５　古代の役所』

〈岩波書店、昭和六十年六月〉一二四頁）。

36頁「郡家の南の門に」

郡家《ぐうけ》の門前に大きな槻《つき》の木があったことは、山城国葛野《かどのの》郡家《ぐうけ》にも例がある（『続日本後紀』承和十四年六月条）。槻は、その特異な樹形ゆえに聖木とされ、その木をシンボルとするかたちで郡家がこの地にいとなまれたのであろう。『日本書紀』皇極天皇四年六月条によれば、乙巳《いっし》の変の直後、皇極上皇・孝徳天皇・中大兄皇子は、飛鳥寺の西にある大槻の下に群臣を集め、皇室と群臣の一心同体を天神地祇に誓わせたが、これなども高槻が神の依《よ》り代シロとして神聖視されたことを示す記事である（辰巳和弘『風土記の考古学』〈白水社、平成十一年九月〉四二～四四頁）。

37頁注6「虵の身にして頭に角あり」

「中国文献に「龍の角のないのを蛇という」」とあるが、「中国文献」などという漠然とした出典注記はやめてほしい。『尚書大伝』洪範五行伝の「時則有竜蛇之孽。〔注〕蛇竜之類也。或曰竜無角者曰蛇。」などを引くべきか。

40頁「塩を焼く藻」

注釈はないが、説明の必要な箇所であろう。いうまでもなく、「塩を焼く藻」とは海藻を使う製塩法のことで、「藻塩法《もしおほう》」と呼ばれるものである。具体的にどのように藻を利用するかは諸説あって、①乾燥藻を焼き、その灰を海水にいれ、あるいは海水を注ぎ、鹹水《かんすい》（濃厚な塩水）を得てこれを煮詰める、②乾燥藻を焼き、その灰を海水で固め灰塩を作る、③乾燥藻を積み重ね、うえから海水を注ぎ鹹水を加えてこれを煮詰める、④乾燥藻を海水に浸して鹹水を得てこれを煮詰める、などの方法が想定される（廣山堯道《ひろやまぎょうどう》『日本製塩技術史の研究』〈雄山閣出版、昭和五十八年二月〉・佐原真『食の考古学』〈東京大学出版会、平成八年十月〉七六頁）。藻塩法による製塩のことは、信太郡浮島村条・行方郡板来村条にみえるほか、『萬葉集』にも多くみえる（二七八・九三五・九三六・三一七七）。『萬葉集』には、このほかにも「塩焼く」という表現が多くみえるが（三五四・四一三・九三八・一二四六・二六二二・二六五二・二九三二・二九七二）、これらも、あるいは藻塩法を指すか。

44頁「西は流海」

この部分は、『萬葉集註釈』巻八に「常陸ノ鹿島ノ崎ト、下総ノウナカミトノアハヒヨリ、遠クイリタル海アリ。末ハフタナガレナリ。風土記ニハ、コレヲ流海《ながれうみ》トカケリ。今ノ人ハ、ウチノ海トナン申ス」として引用されるので、これにふれるべきであろう。

46頁注20「大坂山」

以下、「俗曰はく」のところでは、崇神天皇が大坂山の頂上において白い服を着て白い杖を持った神に会い、託宣を受ける話が記されているが、『日本書紀』崇神天皇九年三月十五日条には「九年春三月甲子朔戊寅。天皇夢有二神人一。誨レ之曰。以二赤盾八枚。赤矛八竿一。祠二墨坂神一。亦以二黒盾八枚。黒矛八竿一。祠二大坂神一。」とあり、『古事記』中巻、崇神天皇段にも意富多多根古を探し求めて大物主神を祭らしめた記述の直後に「又於二宇陀墨坂神一。祭二赤色楯矛一。又大坂神祭二黒色楯矛一。（中略）又於二坂之御尾神及河瀬神一。悉無二遺忘一。以奉二幣帛一也。因レ此而役気悉息。国家安平也」とある。関聯記事なので、古典全集本などに倣って注記の欲しかったところである。

46頁注28「神戸」

注釈は「神領の課戸の租の全てを神社に寄せることを認められた神社所有の民戸」と説明するが、神社の造営や神に供する調度料のために神戸が出すのは調・庸・租であって、『神祇令義解』神戸条にも「凡神戸調庸及田租者。並充下造二神宮一及供レ神調度上。其税者。一准二義倉一。」とあるとおりである。直後の「修理ふこと絶へず」の注もそうだが、もう少し叮嚀に調べられないものか。読んでいて不快感さえ覚える。さきに引いた高島氏の一文にも「注釈することがらについて一通り調べ、デタラメを書かない」とあったではないか。

46頁注30「庚寅年」

注釈は、庚寅年が持統天皇四年（六九〇）であることを書くのみだが、『日本書紀』によれば、この年九月に飛鳥《あすか》浄《きよ》御原令《みはらりょう》の戸令にもとづく、初の戸籍が完成している（前年三年閏八月に作成開始）。これが「庚寅年籍《こういんねんじゃく》」である。この戸籍は、『続日本紀』和銅四年（七一一）八月四日条に「酒部君大田。粳麻呂。石隅三人。依二庚寅年籍一賜二鴨部姓一。」とあることから、庚午年籍同様、氏姓の基本臺帳として利用されたことがわかる。ほかにも、『続日本紀』和銅六年（七一三）五月十二日条に「但庚寅校籍之時。誤渉二飼丁之色一。」とあり、おなじく天平宝字八年（七六四）七月十二日条にも「後至二庚寅編戸之歳一。三綱校二数名一為二奴婢一。」とみえるなど、庚寅年籍では良賎の身分が明確に区別されていたことなどが知られる。なお、『播磨国風土記』によれば、里名の改正も、庚寅年籍のときにおこなわれたことがわかる（餝磨郡少川里条・揖保郡越部里条・少宅里参照）。

46頁注33「修理ふこと絶へず」

注釈に「『続日本紀』によれば式年遷宮が行われていたらしい」とあるが、これは意味不明。鹿島神宮の造替《ぞうたい》については、『日本後紀』弘仁三年（八一二）六月辛卯条に、「神祇官言。住吉・香取・鹿嶋三神社。隔二廿箇年一。一皆改作。積習為レ常。其弊不レ少。今須除二正殿一外。随レ破修理。永為二恒例一。許レ之」とあり、改造は、以後正殿に限定されたというが、『日本三代実録』貞観八年（八六六）正月二十日条には「又（鹿島神宮司）言。鹿島大神宮惣六箇院。廿年間一加二修造一。所レ用材木五万餘枝。工夫十六万九千餘人。料稲十八万二千餘束（後略）」とあるように、実際は正殿に止まらず、大規模な造替がおこなわれたようである。なお、延喜臨時祭式59、神社修理条には「凡諸国神社随レ破修理。但摂津国住吉・下総国香取・常陸国鹿嶋等神社正殿。廿年一度改造。其料便用二神税一。如無二神税一。即充二正税一。」とあり、造替の費用には神税を用いる旨がしるされているが、『延喜交替式』には「凡諸国神宮。随レ破修理。其料便用二神税一。如无二神税一。即充二正税一。但摂津国住吉・下総国香取・常陸国鹿島等神社。以二正税廿以上一改造」とあり、住吉・香取・鹿嶋らについては正税を用いることが定められている。

47頁注２「中臣巨狭山命」

注釈は「中央から派遣されている神官」とするが、これはいかなる根拠にもとづくものか。中臣巨狭山命《なかとみのおおさやまのみこと》は、『尊卑文脈』「藤原氏系図」や『鹿嶋大宮司系図』に中臣鹿嶋連の初祖としるされる人物である。中臣鹿嶋連は、『続日本紀』天平十八年（七四六）三月二十四日条に「常陸国鹿嶋郡中臣部廿烟。占部五烟。賜二中臣鹿嶋連之姓一。」とあるように、鹿嶋郡にいた中臣部（もしくはその伴造氏族）や占部がそのもととなっており、古くからこの地に盤踞していたと考えられる。これを「中央から派遣」と言い切ってしまうのは、いかがなものであろう。また、『続日本紀』天応元年（七八一）七月十六日条に「右京人正六位上栗原勝子公言。子公等之先祖伊賀都臣。是中臣遠祖天御中主命廿世之孫。意美佐夜麻之子也」とあるのも引くべきであろう。

47頁注10「卜部」

前掲『続日本紀』天平十八年（七四六）三月二十四日条に「常陸国鹿嶋郡中臣部廿烟。占部五烟。賜二中臣鹿嶋連之姓一。」とあり、正倉院宝物の天平勝宝四年十月の白布人参袋墨書に「常陸国鹿嶋郡高家郷戸主占部手志戸占部鳥麿調曝布壹端」（松縞嶋順正編『正倉院宝物銘文集成』〈吉川弘文館、昭和五十三年七月〉三〇一頁）の名がみえることから、香嶋郡に卜部が居住していたことは確実である。これらは注でふれてほしい史料の一つである。

53頁注２「大櫛」

ここでは、巨人が捨てた貝が集積してできた岡が、現存する大串貝塚《おおぐしかいづか》にあたることを云わねばならない。大串貝塚は、茨城県水戸市東部、大串町（旧東茨城郡常澄村大字塩崎）にある貝塚。同地に鎮座する下居《おいり》明神の北西臺上畑地、神社の南西、前者より一段下がった低臺地上など、神社の周辺部に分布する貝塚を総称してよぶ。縄文時代の貝塚のことが記録に残された古い例である（齋藤忠『古典と考古学』〈学生社、昭和六十三年二月〉二二二～二二六頁）。

54頁「瓫」

那賀郡の晡時臥之山《くれふしのやま》の伝承にかかわって、努賀毗咩《ぬかびめ》が生んだ蛇の子を祭壇に安置するくだりで、「瓫」という容器が登場する。読み下し文では、「ひらか」と読んでいるが、この字は「ほとぎ」であって、「瓫」ではない。本書が底本としている菅政人本をはじめ諸本も「瓫」に作る。「ひらか」は文字通り平たい器で、「ほとぎ」は腹の太い、口の小さい湯水を入れる容器である。風土記後文に「所レ盛瓫甕。今存二片岡之村一。」とあるところからすると、いよいよもって「ひらか」ではしっくりこない。なぜ校注者があえてこれを「ひらか」と読むのか、その根拠を示すべきであろう。

59頁注7「片岡大連」

注釈には「『新撰姓氏録』に中臣方岳連がある。祭祀に関る氏族」とある。ただ、この片岡大連が、複姓の中臣方岳連《なかとみのかたおかのむらじ》とおなじ氏族かは即断できない。栗田寛『新撰姓氏録考証』がこの条を引いて「もしくは中臣方岡連にて其名の脱たるにはあらざるか」（神道大系本、三三八頁）と慎重を期しているように、断定はできない。

60頁注19「宰」

注釈には「天皇のお言葉を受けて地方統治に当たる高官」と記すが、これがのちの国司に先行するものであったことを書く必要がある。→22頁注2「国司」

61頁注15「石城評造部志許赤等」

注釈は「他にみえない。「評造」は郡の首長」と書く。「郡の首長」という表現も厳密を欠くが、ここは石城評造部氏という氏族名について解説すべきであって、「評造」だけを説明するのは適切ではない。石城評造に所属する部を管掌する伴造氏族のことをいうのであろう。

61頁注18「石城郡は、今、陸奥国の堺の内に存り」

注釈は「福島県側に入っている」とありきたりのことしか書かないが、この記事は『常陸国風土記』の成立年代を考えるうえで重要な記事である。石城国《いしきのくに》の建国については、『続日本紀』養老二年（七一八）五月二日条に「割二陸奥国之石城。標葉。行方。宇太。曰理。常陸国之菊多六郡一。置二石城国一。割二白河。石背。会津。安積。信夫五郡一。置二石背国一。割二常陸国多珂郡之郷二百一十烟一。名曰二菊多郡一。属二石城国一焉」という記事がみえている。当時、対蝦夷政策の一環として、浜通《はまどお》り一体を陸奥国から切り離し、建国に踏み切ったのであろうが、その後、養老四年（七二〇）九月からはじまる蝦夷の反乱と鎮圧の過程で、石背国とともに陸奥国に併合されたとみられている（土田直鎮「石城石背両国建置沿革再考」『奈良平安時代史研究』〈吉川弘文館、平成四年十一月〉所収）。風土記のこの注を、養老二年の石城国分置以前の状態を指すものととれば『常陸国風土記』は養老二年以前の成立とみられるのに対し、陸奥国への併合後の状態をいったものと考えれば、風土記は養老五年（七二一）以後の成立となる。「今は」という表現は、かつては「石城国」だったが、今は陸奥国に併合されているという意味にも取れるので、むしろ後者の可能性のほうが大きいと思うが、いかがであろう。

『出雲国風土記』

123頁注18「駅家」

おなじ語の注釈が直後の124頁注４にあり、どちらかを削除または「カラ注」にする必要があろう。

123頁注20「霊亀元年の式」

律令制下の地方行政単位は当初「里」（原則として一律に五十戸で構成）と称されていたが、それが霊亀元年（七一五）に「郷」と改称され、その郷の下に新しい里（コザト）が置かれた。この記載は、そのことが式によっておこなわれたことを示す貴重な史料であることは、注釈の指摘するとおり。なお、この郷里制は、天平十一年（七三九）末から翌十二年初頭にかけての時期に、郷の下部の里が廃止された。その結果、当初の里が郷に解消され、以後はこの郡―郷制がながく継続した。ただし、近年、平城京跡から出土した和銅八年の計帳軸《けいちょうじく》や長屋王家木簡《ながやおうけもっかん》をてがかりに、郷里制の施行を霊亀三（七一七）年にまで繰り下げる説が提出され、『出雲国風土記』のこの記事も「元年」は「三年」の誤写ではないかと疑われている。このことは、解説ではふれられているが、ここでも注記が欲しかった。

123頁注21「神亀三年の民部省の口宣」

口宣《くぜん》は口頭による命令をいうが、本条以外には、職員令集解《しきいんりょうしゅうげ》27、鼓吹司条所引の伴記《ともき》にみえる右大弁宣、儀制令集解8、祥瑞条所引の古記・釈説にみえる弁官口宣、『古語拾遺』天平勝宝九歳条に左弁官口宣があり（このほか、多胡碑にみえる「弁官符」も、弁官の口宣による命令とともに作成された文書であるとする説がある）、天平六年（七三四）の『出雲国計会帳《いずものくにけいかいちょう》』にも口宣の語がみえる。計会帳の口宣は節度使口宣であるというが（坂本太郎「出雲国風土記の価値」『坂本太郎著作集』四〈吉川弘文館、昭和六十三年十月〉所収、五八頁）、それはともかく、このときの口宣によって、従来三字もしくは一字の郷名を二字にしたこと、また二字のものもだいたいは畫数の多い、厳《いかめ》しい字に改めたことが、風土記にみえる地名変更の実例に徴して判明する。なお、現存本風土記を再撰本とみる説によれば、下文の地名表記の直後に「本の字は……なり」「今も前に依りて用ゐる」とあるのは、初撰本との対比を注記したものになるので、ここでもコメントが必要であろう。

129頁注26「語臣猪麻呂」

出雲国に語部《かたりべ》が存在したことは、天平十一年（七三九）の『出雲国大税賑給歴名帳《いずものくにたいぜいしんごうれきみょうちょう》』は、出雲郡・神門郡の語部君小村以下三十四人の語部を名乗る人物がみえ、また、天平六年（七三四）の『出雲国計会帳』に逃亡した出雲国進上の雇民《こみん》二人のかわりの者を率いて上京した人物として「語部広麻呂」の名がみえることからも知られる。いずれもふれてほしい史料である。

130頁注2「正倉」

注釈の「朝廷に納める税（穀物・塩）などを保管しておく倉庫」という説明は、植垣節也校注・訳新編日本古典文学全集5『風土記』（小学館、平成九年十月、以下「新編全集本」と略する）とまったく同じ。しかし、正確には、正倉とは、正税を貯えておく倉庫を云う。『国史大辞典』にも「古代の律令制のもと、各国の正税を収納するために郡ごとに設置された倉」とある（ジャパンナレッジ版による）。正倉については、『類聚三代格《るいじゅうさんだいきゃく》』巻十二所収の延暦十四年（七九五）閏七月十五日附官符に「如聞。諸国建郡倉。元置二一処一。百姓之居。去レ郡僻遠。跋二渉山川一。有レ労二納貢一。加以倉舎比近。甍宇相接。一倉失火。百倉共焼」とあって、郡内の一箇所にまとめて設置されていたことがわかる。また、天平年間の正税帳《しょうぜいちょう》にも郡毎に正倉をまとめて記している例があり（『和泉監正税帳』）、やはり正倉は一処にまとまって存在したのではないかと考えられる。ところが、『出雲国風土記』では、本条をはじめとして、正倉は各郷に散在していた（とくに、国府の在った意宇郡では四郷と一神戸に散在）。坂本太郎氏は、①これは郡ごとに一処というのが原則であったが、国によりそうでない場合があって、出雲はそうした特例であったか、あるいは、②郡ごとに一処の倉は別にあって、そのほかの倉がこの程度諸郷に分散していたか、いずれにも解せられるという（「出雲国風土記の価値」『坂本太郎著作集』四〈前掲〉所収）。②であれば、郡単位で存在した正倉についてもなんらかの記載があってしかるべきだが、『出雲国風土記』にはそれがない。坂本氏は、右の官符で郡内一処の弊《へい》を考えて毎郷一院をおくことを令したが、同年九月十七日早くもこれをやめ、隣接する郷の中央に一院をおけと改められているのをみると（『類聚三代格』巻十二、延暦十四年九月十七日官符）、毎郷一院ということの実行はかなり困難であったとみるべきで、「奈良時代の一般例として郷に倉が散在したことはありそうもないのであり、出雲は特殊の例ではあるまいか」とする。ただし、いっぽうで、「特殊の例にしても後年延暦に至って公に令せられたような事実の濫觴が、天平においてすでに存在したことを知るのはこの風土記の賜である。一体この時代に格や式の法令で立てられる新制は、社会的事実としては、その一部または前身が早くより存在し、実行せられている場合が多い。これはそうした場合の一つであろう」（前掲論文、六一頁）とする。いずれにしても、出雲地方の正倉については、こうした問題が存するので、一言コメントが欲しいところである。

131頁注8「倉舎人の君」

注釈は「舎人は天皇や皇族に近似《ママ》する役割をもつ者」とのべるが、正確にはここの「倉舎人」は氏族名であり、適切な解説とはいえない。

133頁注13「忌部の神戸」

注釈は書かないが、忌部の神戸とは、『古語拾遺《こごしゅうい》』巻首に「櫛明玉命。〈出雲国忌部玉作祖也〉」とみえる忌部玉作氏が居住することに由来する。彼らは祭祀用の忌玉《いみたま》を作る伴造氏族であり、大殿祭や出雲国造の神賀詞奏上の際に献じられる玉は、この玉作氏が製作したものであることも、ここでふれるべきであろう。ちなみに、延喜臨時祭式74、富岐玉《ふきたま》条には「凡出雲国所進御富岐玉六十連三時大殿祭料卌六連。臨時廿四連毎年十月以前令二意宇郡神戸玉作氏一造作。差レ使進上」とある。

133頁注14「国造」

注釈には「古くは、有力豪族が各地を領有していた」とある。国造を説明したつもりなのだろうが、ここは奈良時代のいわゆる「新国造（律令国造）」のことなので、注釈は的外れ。

133頁注15「神吉詞」

出雲国造が朝廷に赴き、天皇の御世を讃える寿詞のことをいい、神賀《かむ》詞《よごと》の文言は、延喜祝詞式29、出雲国造神賀条に掲げられている点は注釈の云うとおり。ただし、延喜臨時祭式36、神寿詞条には、「右国造賜二負幸物一。還国潔斎一年。斎内不レ決二重刑一。若当二校班田一者亦停。訖即国司率二国造諸祝并子弟等一入朝。即於二京外一便処。修二餝献物一。神祇官長自監視。預卜二吉日一。申レ官奏聞。宣二示所司一。又後斎一年更入朝。奏神寿詞如二初儀一。事見二儀式一。」とあって、出雲国造が新しく補任《ぶにん》されたのち、負幸物《おいさちもの》を下賜されていったん帰国し、その後潔斎一年ののちふたたび入朝して神賀詞を奏上することがみえている。国史における神賀詞奏上の初見は、『続日本紀』霊亀二年二月丁巳条で、その後も頻出する。なお、仁多郡三沢郷条にも、神賀詞奏上の際の潔斎に関する記述がある。

133頁注17「御沐の忌玉作りき」

注釈ではふれていないが、景行天皇記に倭建命《やまとたけるのみこと》と出雲建《いずもたける》が、崇神天皇紀六十年七月条に出雲振根《いずもふるね》とその弟の飯《いい》入根《いりね》が、それぞれ肥の河の止屋の淵（出雲国神門群塩冶郷）で沐浴したことがみえる。斐伊川に沿った塩冶郷の川は、古くから禊の場所だったのであろう。

135頁注6「新造の院一所」

注釈は「寺号の決まっていない新しい寺」とする。『出雲国風土記』のなかには、仏教関係施設として教昊寺《きょうこうじ》と新造院がみえている。教昊寺は五重塔をもち僧の居住する寺院であるのに対し、新造院は寺を称するに至らない、寺よりも規模の小さい施設、すなわち道場のようなものであったと考えられる（森田悌説）。ただし、新造院のなかにも三層の塔を有するものもあり、かならずしも、その区別は明確でなかったようである。とくに飯石郡《いいしぐん》少領出雲臣弟山《いずものおみおとやま》の建立した新造院は出雲国分寺に代用されたともみられているので（野津左馬之助「出雲国分寺」角田文衞『国分寺の研究』下巻〈考古學研究會、昭和十三年八月〉参照）、ここには注記が必要ではないかと思う。

144頁「郡家」

注釈はなし。ただし、『日本三代実録』元慶元年（八七七）正月十六日条には、出雲国に来着した渤海使《ぼっかいし》百五人を嶋根郡に安置し供給したことがみえるが、これは嶋根郡の郡家のことであり、郡家は公使の宿泊や接待の機能をも有していたことが知られるとともに、郡家にもこれだけの設備が存したことをうかがわせる。

150頁注25「蜛蝫嶋」

田中卓「出雲国風土記の成立」「原出雲国風土記の成立年代」（ともに『田中卓著作集』第八巻〈国書刊行会、平成五年五月〉所収）は、『出雲国風土記』を養老年間原撰、天平五年（七三三）再撰とみて、後者を前年に設置された山陰道《さんいんどう》節度使《せつどし》の附帯事業ととらえる。田中氏は、天平五年原撰とみた場合、完成までに時間がかかりすぎているという外的徴証ともに、内的徴証として、本条に「蜛蝫嶋。（中略）古老伝云。出雲郡杵築御埼在蜛蝫。天羽合鷲。掠持飛来。止二于此嶋一。故云二蜛蝫嶋一。今人猶誤栲嶋号耳」とある点をあげる。氏によれば、冒頭の「蜛蝫嶋」は正確には「栲嶋」とあるべきところだが、それを「蜛蝫嶋」と表記するのは、もともと「蜛蝫嶋。……（中略）……故云二蜛蝫嶋一。土地豊沃……（後略）」とあったからだという。すなわち、「栲嶋」と呼ばれるようになったので、編者は「今人猶誤栲嶋号耳」の一句を挿入させたが、本来ならそれにともない、「蜛蝫嶋」も「栲嶋」に改めねばならなかったのを編者が遺失したのだという。これらの点から、田中氏は、原『出雲国風土記』の存在を想定するのだが、この条は氏の説の拠りどころとなっているので、「解説」とのかかわりでふれておくべきであろう。

151頁注29「牧」

「牧場」というかんたんな注があるが、このようなありきたりの注釈がはたして必要だろうか。古代の牧の説明であれば、ほかに書きようがあるはず。これ以外にも、「官軍」に対する「天皇の軍隊」（41頁注12）、「神衣」に対する「神が着る着物」（401頁注34）、「烏賊」に対する「海の生物」（402頁注51）、「倦み」に対する「あきる。いやになる」（420頁注58）、「極刑」に対する「死刑」（下巻84頁注61）、「我が子孫」に対する「子子孫孫。後代の子孫に及ぶまで」（下巻37頁注19）、「御膳」に対する「天皇のお食事」（下巻33頁注23）などという注釈は、現代語訳で対応できると思う。誰でもわかるようなことを書くスペースがあれば、ほかに書かねばならぬ注がたくさんあると思う。

156頁注55「隠岐渡千酌駅家」

巻末記に「隠岐渡千酌駅家」とあることから、この駅が紀伊国賀太駅《かたのえき》・淡路国由良駅《ゆらのえき》などとならぶ渡津の駅家であったことがわかる。注では、養老雑令《ようろうぞうりょう》13、要路津済条に「凡要路津済。不㆑堪㆓渉渡㆒之処。皆置㆑船運渡。依㆓至㆑津先後㆒為㆑次。国郡官司検校。及差㆓人夫㆒。充㆓其度子㆒。二人以上。十人以下。毎㆓二人㆒。船各一艘」とあることを紹介すべきではないか。ちなみに、秋本吉郎氏校注釈の日本古典文学大系２『風土記』（岩波書店、昭和三十三年四月、以下「大系本」と略する）などは、この駅を令に規定する水駅《すいえき》のことと理解するが、水駅は川に沿って置かれた駅で、水路を上下する駅船の継替場所のことをいうのであって（坂本太郎『古代の駅と道』〈吉川弘文館、平成元年五月〉二〇〇頁）、千酌駅は水駅にはあたらない。

166頁注33「養老元年……」

ここも、『出雲国風土記』を養老年間原撰、天平五年（七三三）の再撰とみる田中卓《たなかたかし》説の根拠の一つ。田中氏は、秋鹿郡条に「恵曇陂。（中略）自㆓養老元年㆒以往。荷幅。自然叢生太多。二年以降。自然亡夫。都無㆑茎。（後略）」とある

「二年」を養老二年のこととし、「自㆓養老元年㆒以往」と「二年以降」を截然と区別する書法は、原『出雲国風土記』の撰進を養老元年とみることによってはじめて理解できるとする。重要な論点なので、やはり、注でのコメントが必要であろう。

209頁「諸の郷より出る鉄」

注釈はないが、「出すところの鉄」とは製鉄をさすと考えてよいであろう。中国山地は、花崗岩《かこうがん》の風化が進み、砂鉄採取に恵まれたところであり、古くから蹈鞴《たたら》による製鉄が盛んであった（広島県三原市の小丸遺跡からは三世紀のものと推定される製鉄炉が発見されている）。風土記でも、仁多郡《にたぐん》のほか飯石郡《いいしぐん》にも鍛鉄のことがみえる。「八岐の大蛇伝承」において、大蛇の尾から草薙の剣が出現するという物語は、この地方の砂鉄の精錬と関係があるといわれている（山田新一郎「神代史と中国鉄山」『歴史地理』二九―三・五・六、三〇―一・二〈大正六年三月～八月〉・松前健『日本神話の形成』〈塙書房、昭和四十五年五月〉ほか）。

210頁注1「鳥上山」

注釈には所在地の注記しかないが、『日本書紀』神代紀第八段第四の一書に「一書曰。素戔嗚尊所行無状。故諸神。科以㆓千座置戸㆒。而遂逐之。是時。素戔嗚尊。帥㆓其子五十猛神㆒。降㆓到於新羅国㆒。居㆓曾尸茂梨之処㆒。乃興言曰。此地吾不㆑欲㆑居。遂以㆓埴土㆒作㆑舟。乗㆑之東渡。到㆓出雲国簸川上所在。鳥上之峯㆒。時彼処有㆓呑㆑人大蛇㆒。素戔嗚尊。乃以㆓天蠅斫之劒㆒。斬㆓彼大蛇㆒。時斬㆓蛇尾㆒而刃缺。即擘而視之。尾中有㆓一神劒㆒。素戔嗚尊曰。此不㆑可㆓以吾私用㆒也。乃遣㆓五世孫天之葺根神㆒。上㆓奉於天㆒。此今所謂草薙劒矣」とあり、『古事記』上には追放された速須佐之男命が「故。所㆓避追而㆒。降㆓出雲国之肥〔上〕河上。名鳥髪地㆒。」とあり、ここで八俣の大蛇を退治した話がみえる。

226頁注34・35・36「意宇の軍団」「熊谷の軍団」「神門の軍団」

本条は、意宇《おう》軍団・熊谷《くまがい》軍団・神門《かんど》軍団という、出雲国内三箇所の軍団の所在についての記載である。注釈には、軍団のかんたんな説明と所在地の比定とがしるされるが、軍団そのものの解説はいささか舌足らずの感がある。養老軍防令3兵士簡点条によれば、一戸の正丁のうち三丁ごとに一丁を点兵することになっており（天平四年八月に四分の一の点兵率に改正）、これらの兵士を組織して非常時の防衛にあてたのが軍団である。軍団は全国的に設置され、兵士一千人以上から構成される軍団を大軍団と称し、以下、六百人以上のものを中軍団、五百人以下のものを小軍団と称した。弘仁四年八月九日の官符（『類聚三代格』巻十八所収）には、九州六国の軍団数がみえるが、これによれば、筑前四、筑後三、豊前二、豊後二、肥前三、肥後四とある。諸国の郡数は、筑前が十五、筑後が十、肥前が十一、豊前・豊後八であるから、出雲国に三軍団あることとその郡数（九郡）からいえば妥当（坂本太郎「出雲国風土記の価値」『坂本太郎著作集』四〈前掲〉所収、六五頁）。養老職員令79、軍団条に「軍団　大毅一人。掌。検㆓校兵士㆒。充㆓備戎具㆒。調㆓習弓馬㆒。簡閲陳列事。少毅二人。掌同㆓大毅㆒。主帳一人。校尉五人。旅帥十人。隊正廿人」とあり、また、同条職員令集解所引の八十一例に「兵士満千人者。大毅一人・少毅二人。六百人以上。大毅一人・少毅一人。五百人以下。毅一人」（これは『延喜兵部式』もおなじ）とあって、軍団の規模に応じて軍毅の数がことなった。校尉・旅帥・隊正は、それぞれ二百人・百人・五十人の兵士を統領するところから、二百長・百長・五十長とも表記された（後掲計会帳参照）。各地の軍団のことは断片的な史料にみえるが、風土記の以下の記載は、一国の軍団すべてについてその名称・所在地のわかる稀有の事例として貴重。坂本氏は、三軍団の所在地について、その位置が郡家と一致するのは意宇軍団だけである点に留意し、二つの軍団がともに相隣る二郡の境界近くにあることは徴兵管下の諸郡よりなるべく便利のよい地点をえらんでおかれたのではないかと推測する（前掲論文、六五頁）。

なお、出雲国の三軍団に関しては、天平六年度の『出雲国計会帳』に、衛士《えじ》の交替などのことを記した文書のことがみえている。参考までに列挙しておくと、まず、意宇軍団については、天平五年（七二八）九月六日の官符に「熊谷団兵士紀打原直忍熊、意宇団兵士蝮部臣稲主、出射馬槍試練定却還状」（『大日本古文書』一―五九三）、同五年十二月十六日の官符に「一十六日進上意宇郡兵衛出雲臣国上等参人勘五□籍事　一同日進上兵衛出雲臣等参人事　右二条、附朝集使掾従七位上勲十二等石川朝臣足麻呂進上」（同上一―五九九）、同六年（七二九）四月八日の官符に「一八日進上衛士逃亡并死去出雲積首石弓等参人替事　右、意宇軍団二百長出雲臣広足進上」（同上一―五九九）、熊谷軍団については、さきの天平五年九月六日の官附のほか、同六年七月二十六日の官符に「一廿三日進上衛士私部大嶋死去替事　右附熊谷軍団百長大私部首足国進上」（同上一―六〇〇）、神門軍団については、天平五年十一月二十四日の官符に「一廿日進上勝部建嶋二目盲替事　右、差神門軍団五十長出雲積友麻呂充部領□□」（同上一―五九九）、同六年四月二十日の官符に「一廿日進上衛士勝部臣弟麻呂逃亡替事　右附神門軍団五十長刑部臣水刺進上」（同上一―五九九）などがある。

226頁注37・38・39・40「馬見の烽」「土椋の烽」「多夫志の烽」「布自枳美の烽」「暑垣の烽」

天平五年（七三三）二月に勘造された『出雲国風土記』には、意宇郡・嶋根郡にそれぞれ暑垣烽《あつがきのとぶひ》・布自枳美烽《ふじきみのとぶひ》の記載があるが、それとは別に、巻末記のこの部分には馬見烽以下、国内五カ所の烽が列挙される。注釈は、例によって、烽の所在地の比定のみを記すが、じつはこの烽の記載については問題がある。風土記と同じころ作成された『出雲国計会帳』には、天平五年（七二八）九月条に①「同日〔二十七日〕出雲与神門弐郡置烽三処申送事」、同六年（七二九）二月条に②「出雲国与隠伎国応置烽状」、同六年三月条に③「置烽期日辰放烽試互告知隠伎共試状」という、やはり出雲国内の烽に関する記載がある。これらの記事で問題となるのは、『出雲国風土記』出雲郡条にみえる馬見烽《まみのとぶひ》・多夫志烽《たぶしのとぶひ》、神門郡にみえる土椋烽《とくらのとぶひ》の三烽と、①にみえる三烽との関係である。坂本太郎「出雲国風土記についての二、三の問題」（『坂本太郎著作集』第四巻〈前掲〉所収）・瀧川政次郎《たきかわまさじろう》「律令時代の国防と烽燧《ほうすい》の制」（『法制史論叢』第四冊、昭和四十三年十月）のように、天平五年（七二八）二月の時点で存在した三烽に加えて、さらに同年九月に三烽が設置されたとみることもできようが、関和彦《せきかずひこ》氏は「出雲・神門郡の空間に六烽が存在したとは考えにくい」（「古代出雲国の烽」シンポジウム「古代国家とのろし」宇都宮市実行委員会・平川南・鈴木靖民編『烽［とぶひ］の道』（青木書店、平成九年十二月）所収）所収）とする。田中卓氏は、この点について、馬見・多夫志・土椋烽が『出雲国風土記』完成ののちおなじ年の九月に設置されている点に注目し、風土記の記述はのちに増補されたものだとする（田中卓「出雲国風土記の成立」『田中卓著作集』第八巻〈前掲〉所収）。たしかに、馬見・多夫志・土椋三烽のことは本文にみえず、巻末記のみにみえることを考えると、この説も捨てがたく、田中氏は、これを『出雲国風土記』再撰説の根拠の一つとしているほどである。しかし、関氏によれば、巻末記の軍事関係の記事には一つの特色があり、意宇郡家・国庁に附随した意宇軍団を除き、防衛という認識にもとづき、遠方より記載するという方針がみられるという。三烽を追記とすれば、増補者がこうした風土記勘造者《かんぞうしゃ》の方針に留意し、布自枳美・暑垣烽のまえに三烽を挿入したことになるが、そこまでは考慮したとは考えがたいという。また、関氏によれば、五烽の名称は、漢字二文字が三例、三文字・四文字がそれぞれ一例あるが、『出雲国風土記』にみえる官（国家）に属する（組織）は神社を除きすべ漢字二文字で表記されており、多夫志・布自枳美烽は異例であるという（馬見・土椋・暑垣はたまたま二字で表現されたと考える）。関氏は、こうした、「官」的名称統制がなされていない事実は、たんに名称にかかわるものではなく、烽の性格を反映していると考え、『出雲国計会帳』にみられた天平五年（七二八）九月の「出雲与神門弐郡置烽三処」は土椋・馬見・多夫志烽の、布自枳美・暑垣烽への国家的編成（設置）を物語っていると理解し、『出雲国風土記』編纂段階における烽は、律令以前の出雲国造時代の系譜をもった烽であると想定している。

347頁

「久松潜一『風土記』（朝日古典全書）」は「久松潜一『風土記』下（日本古典全書）」の誤り。

348頁7・8行目

『出雲風土記』は『出雲国風土記』の誤り。

『播磨国風土記』

354頁注1「賀古郡」

注釈は「底本三条西家本は、巻首と賀古郡冒頭が欠損している」と記すが、「解説」では「この風土記の古写本であり唯一の伝本である三条西家本は、冒頭記事賀古郡より前の記事が切断されているため明石郡の記事を欠いている」と、缺落部分に明石郡（風土記ではおそらく「赤石郡」とあったはず）の記事もふくまれていたとする。いずれの記載が正しいのか。

354頁注4「一鹿」

『播磨国風土記』には、この話をはじめ、鹿にかけて地名の由来を語る伝承が数多くみえているので、それらについて言及する必要があろう。いまそれらをすべて示すと、a賀古郡《かこぐん》（郡名）、b同郡（日岡）、c餝磨郡《しかまぐん》（郡名）、d揖保郡《いいぼぐん》（伊刀嶋）、e同郡（香山里）、f讃容郡《さよぐん》（郡名）、g同郡（筌戸）、h宍禾郡《しそうぐん》（郡名）、i託賀郡《たくまぐん》（都麻里比也山）、j賀毛郡《かもうぐん》（鹿咋山）、の十例である（『肥前国風土記』のk松浦郡遇鹿駅も類例である）。岡田《おかだ》精司《せいじ》「古代伝承の鹿」（直木孝次郎先生古稀記念会編『古代史論集』上〈塙書房、昭和六十三年一月〉所収）によれば、鹿（ニホンジカ）の毛色の変化や角の生長・脱落が稲の季節と対応していることから、稲を中心とした農耕儀礼にかかわる動物として神聖視される風があったという。そして、鹿の姿をみたり、声を聴いたりすることは、稲作にかかわる秋の首長儀礼であり、稲魂の増殖にかかわる一種のタマフリ（霊力のあるものをみることが生命力を強化するという光明面の信仰）と考えられるという。岡田氏によれば、風土記に語られる鹿にかかわる地名伝承のなかに、土地の神または大王が鹿と出会ったり、鹿の声を聴いたことをもって土地に命名している例（ｅ・ｈ・ｊおよびｋが前者の例、ｂ・ｃ・ｉは後者の例）が目立つことも、土地の精霊としての鹿をみたり、その声を聴いたりすることが、その土地の支配権にかかわっていたことを示すという。とくに、ｅ・ｈのように、土地の神の「国占め」の際に、鹿と出会ったことで土地に命名している例があることは、鹿の姿をみる、声を聴くという行為に呪術的な意義があったことをうかがわせる。こうした、風土記内での関聯記事との有機的な関係や、文献としての本質的な解釈にかかわる説明を施してこそ、古典の真の注釈ではあるまいか。

355頁注11

ここをふくめ、『播磨国風土記』の注釈で何度か引用される「風土記研究会例会記録」のような、CiNiiでもヒットしないような稀覯《きこう》資料については、「解説」でなんらかの説明が需められよう。また、「例会記録」何号からの引用か明記も必要である。ご存じないかたのために、申し添えておくと、ここにいう風土記研究会は、吉永登《よしながゆたか》・秋本吉郎《あきもときちろう》・小島憲之《こじまのりゆき》・田中卓の四氏が発起人となって昭和二十九年（一九五四）十一月に発足した研究会のことで、昭和六十一年（一九八六）に植垣節也氏の呼びかけで発足した風土記研究会とは別の組織。当時、田中氏の勤務先であった大阪社会事業短期大学で定期的に例会がもたれ、毎回の記録を整理したものを「風土記研究会例会記録」として発行した（二一号まで継続刊行。第一・二回の分は「風土記研究会例会要旨」が正式な名称で、念のためいうと、第一回分はこの「要旨」が二種ある）。

355頁注16「供進」

注釈は「天子に献上する。「又遽簡閲以供進是」（『北史』王世充伝）。……」と書くが、ここでなぜ『北史』を引用するのか、よくわからない。「供進」の用例なら、養老職員令ほかに国内の文献にいくらでもあるので、こちらのほうが適切であろう。第一、『北史』の用例は『隋書』の記事をそのまま利用したものなので、どうしても中国の典籍を引きたいのなら、『隋書』のほうを紹介すべきである。

357頁「出雲の臣比須良比売」

『続日本紀』延暦十年（七九一）十一月六日条に「授二播磨国人大初位下出雲臣人麻呂外従五位下一。以レ献二稲於水児船瀬一也」とあるなど、播磨国には出雲臣が分布していたことにふれるべきであろう。出雲国と播磨国の交流が深かったことについては、餝磨郡餝磨御宅条・揖保郡佐比岡条・讃容郡筌戸条など参照。この点には、拙稿「播磨と出雲」（拙著『風土記研究の諸問題』〈国書刊行会、平成二十二年三月〉所収）でも詳しくのべている。

357頁「褶墓」

注釈はないが、加古川市の日岡《ひおか》古墳群の日岡丘陵に位置する褶墓がこれにあたるとされている点を逸してはならない。

358頁「印南の大津江」

これも注記がない。「印南《いなみ》の大津江《おおつえ》」とは、おそらく、加古川（風土記の印南川）河口附近の港をいうのであろうが、『日本書紀』応神天皇十三年九月条にみえる「播磨《はりまの》鹿子《かこの》水門《みなと》」、『続日本紀』延暦八年（七八九）十二月八日条にみえる「水児船瀬《かこのふなせ》」は、これとおなじ場所を指していると思われる。なお、『続日本紀』天応元年（七八一）正月二十日条に「授二播磨国人大初位下佐伯直諸成外従五位下一。以レ献二稲於造船瀬所一也」とある「造船瀬所」は、風土記にみえる阿閇《あへ》津・樹津・印南の大津江・赤石郡の林潮《はやしのみなと》（以上、賀古郡）や宇須伎津・御津・室原泊《むろはらのとまり》を管掌した機関かも知れない。瀬戸内海に面した播磨国沿岸部については、港津についての記載が多いので、なんらかの言及が必要であろう。

359頁注50「駅家の里」

ここにいう駅家は、賀古駅家を指すはずなのに、注釈では「加古川市野口町」と所在地のみ記す。賀古駅については、延喜兵部式83、山陽道駅馬条に「播磨国駅馬（中略）賀古卅疋」とある。駅馬四十疋は、全国最大。養老厩牧令16、置駅馬条には「凡諸道置二駅馬一。大路廿疋。中路十疋。小路五疋。（中略）毎レ馬各令二中中戸一養飼」とあり、また、同田令33駅田条「凡駅田。皆随近給。大路四町。中路三町。小路二町」とあることから判断すれば、駅馬四十疋に対しては四十戸の駅戸、四町の駅田が必要であった。「駅家里」のように、駅家の名を冠する里があることは、賀古駅家が大規模な施設であったことを示している。なお、賀古駅の位置については、『日本《にほん》往生《おうじょう》極楽記《ごくらくき》』に「我はこれ播磨国賀古郡賀古駅の北の辺に居住せる沙弥教信なり」とあることから（『後拾遺《ごじゅうい》極楽記《ごくらくき》』にこれを貞観八年丙戌八月十五日夜半のことと記している）現在の加古川市野口町野口に現存する教信寺の南側にあったと推定され、同寺の南に位置する「駅ヶ池」に南接する古大内《ふるおうち》遺蹟（野口町古大内字中畑）に比定する説が有力である（『加古川市史』第一巻〈加古川市史編さん専門委員、平成元年三月〉四一七〜四二六頁）。

360頁「讃伎の国羽若」

羽若は『和名抄』にも「阿野郡羽床《はわか》郷」とみえ、旧綾歌郡綾南町（現香川県綾歌郡綾川町）羽床上《はゆかかみ》・羽床下《はゆかしも》として名をとどめる。注記が必要なところであろう。石材をわざわざ讃岐にもとめた伝承は、播磨と讃岐の海を越えた交流の一端を示す記事として興味深いので、この点にふれる必要もあろうか。

360頁注18「聖徳王」

注釈は「推古天皇の摂政、聖徳太子」とのみ記すが、これは厩戸王《うまやとのおおきみ》を「聖徳」と書いたもっとも古い用例なので、それをいうべきであろう。

361頁注32「私部弓取」

注釈は「皇后のために置かれた部民」とのみ記すが、これは部としての私部《きさきべ》の説明であって、人名としての私部弓取の説明になっていない。新編全集本の頭注を抄出したのであろうが、抄出のしかたが拙劣で原意を損ねてしまっている。

361頁注33「他田」

注釈に「『姓氏録』に膳臣と同祖とする」とある。風土記のこの条の理解に「他田《おさだ》」という氏族の由来が必要だとは思われない。どうしても『新撰姓氏録』を引くのであれば、「『新撰姓氏録』和泉国皇別に「膳臣同祖」とあり、膳臣は同じく和泉国皇別に「阿倍朝臣同祖。大鳥膳臣等。并大彦命之後」とある」とでも書かないと、祖先が具体的に誰なのか、読者には見当もつかないであろう。

363頁「讃芸国」

361頁「含藝の里」が「藝」であれば、こちらも「讃藝国」とすべきであろう。479頁の原文には「讃藝国」とある。

366頁注16「これに依りて罪を赦したまへきと……塩代の塩田」

注釈に「罪を贖うために塩田を献上した、の意」とあるが、その程度の解説ならば、現代語訳をみれば理解できる。したがって、これは不要。それよりも、ここは類話をあげるべきであろう。贖罪《しょくざい》に土地や子女を貢納して罪を免れる話は、『日本書紀』仁徳天皇四十年是歳条に「即将レ殺二阿俄能胡一。於是。阿俄能胡。乃献二己之私地一。請レ贖レ死。故納二其地一赦二死罪一。是以。号二其地一曰二玉代一。」とあり、また、履中天皇即位前紀にも「則吾子籠愕之。献二己妹日之媛一。仍請レ赦二死罪一。乃免之。其倭直等貢二采女一。蓋始二于此時一歟。」とあり、ほかにも雄略天皇三年八月条には葛城円大臣《かずらきのまよわのおおおみ》が死罪を贖うために娘の韓媛《からひめ》と葛城の家七箇所を奉ろうとして許されなかった話や、安閑天皇元年閏十二月条には、三嶋の県主《あがたぬし》であった飯粒が大伴金村に子の鳥樹《とりき》を献上して僮《しとべ》竪《わらわ》としたことなど、その例が多い。なお、『日本書紀』仲哀天皇八年春正月己卯朔壬午条には「幸二筑紫一。時岡県主祖熊鰐。聞二天皇之車駕一。予抜二取五百枝賢木一。以立二九尋船之舳一。而上枝掛二白銅鏡一。中枝掛二十握劒一。下枝掛二八尺瓊一。参二迎于周芳沙麼之浦一。而献二魚塩地一」と岡県主が天皇に塩地を献上した話がみえる。むろん、すべては紹介できないであろうが、『日本書紀』に類話が散見することぐらいを書くスペースはあると思う。

369頁注31「庚寅の年」

持統天皇四年（六九〇）にあたり、前年閏八月より飛鳥浄御原令《あすかきよみはらりょう》の戸令にもとづくはじめての造籍が全国的におこなわれ、この年九月に完成したことは（いわゆる庚寅年籍）、おおむね注釈の記すとおり。ただ、ここにみえる里名の改正が、このときの造籍と連動したものと考えられることにも言及する必要があるし、おなじ『播磨国風土記』では揖保郡越部里条・揖保郡少宅里条に、また、『常陸国風土記』では香島郡神戸条に関聯記事がみえることも注記すべきである。

370頁注43「海を泳りて」

注釈は「上代に「およぐ」の確例がない。ここでは「くくり」と訓む」とだけあるが、家島《いえじま》諸島の男鹿島では近世にも多数の鹿が棲息していたことを紹介すべきではないか。この伝承は、鹿が海を泳ぎ渡るという知見をもとにしていると考えられる。鹿が海を泳ぐ習性をもっていたことは、『摂津国風土記』逸文の夢野条や『日本書紀』応神天皇十三年九月条の髪長媛《かみながひめ》入内伝承の異伝などからうかがうことができる。なお、揖保郡伊刀嶋条にも、本条とほぼ同じ内容の説話がみえる。

372頁「馬の墓」

注釈はとくにないが、桃崎祐輔《ももさきゆうすけ》「古墳に伴う牛馬供犠の検討」（『古文化談叢』三一、平成五年十二月）や松井《まつい》章《あきら》・神谷《かみや》正弘《まさひろ》「古代の朝鮮半島及び日本列島における馬の殉殺について」（『考古学雑誌』八〇－一、平成六年十二月）が、豊富な考古学的実例をあげて指摘するように、古代の朝鮮半島および日本では馬の殉殺・殉葬の風習が広くおこなわれていた。これは、五世紀ごろ朝鮮半島から馬と馬をめぐる文化複合（飼育・増殖・調教・騎乗・運搬・耕作・肉食・儀礼・信仰など）として渡来系集団によってもたらされ、のちには彼らと交渉のあった近隣の在来集団にも受容されたと考えられるので（平林章仁『三輪山の古代史』〈白水社、平成十二年六月〉一六〇頁）、ここでもふれる必要がある。

377頁注24「土師弩美宿禰」

注釈は「土師氏は土器などを作ることを職とした氏族」とある。当たらずとも遠からじといった注だが、土師氏は天皇や皇族のために古墳を築き、埴輪を焼いて、喪葬に奉仕することによってヤマト政権に奉仕していたのであって、葬喪関係の職掌を負っていたことを書くべきであろう。

380頁注22「額田部連久等々」

注釈に「古事記によれば額田部湯坐連は天津日子根命を祖とする氏族」とあるが、まず問題なのは、どうして額田部連《ぬかたべのむらじ》氏の説明に額田部湯坐連《ぬかたべのゆえのむらじ》氏を持ち出すのか。額田部連氏の祖先を説くのであれば、『日本書紀』神代上、第七段の一書に「次天津彦根命。此茨城国造。額田部連等遠祖也」とあるのを引くべきであろうし、のちに宿禰《すくね》姓を賜った額田部宿禰氏については、『新撰姓氏録』右京神別上・山城国神別・摂津国神別にそれぞれ「額田部宿禰。明日名門命三世孫。天村雲命之後也」「額田部宿禰。明日名門命六世孫、天由久富命之後也。」「額田部宿禰。同神〔角凝魂命〕男。五十狭経魂命之後也」という記載がある。新編全集本のこの部分をみると、直前の「出雲の御蔭の大神」に注して「額田部の連久等々に祈らせたとあるので、額田部一族の祖神で、天の御影の命を指すか、という敷田年治の説がある。『姓氏録』に「額田部湯坐《ゆゑ》の連《むらじ》天津日子根の命の子、明立天の御影の命の後なり」。」（五六〜五七頁）という説明を施している。これなら、額田部湯坐連氏を持ち出す理由もよく理解できるのだが。

384頁注24「教令」

注釈は「律令用語。訓令」とする。これは、新編全集本の注を踏まえたものだと思う。『唐律疏議《とうりつそぎ》』では、擅興律《せんこうりつ》11・戸婚律《ここんりつ》46には「教令」が命令の意で用いられているので、誤った説明とはいえないが、賊盗律《ぞくとうりつ》15・闘訟律《とうしょうりつ》11の「教令」

は教唆《きょうさ》、すなわちそのかすことを云うので、注釈はいささか厳密を欠く。ちなみに、風土記には律令用語が、後掲の『筑後国風土記』逸文の「磐井君」条をはじめとしてかなりみえるが、注釈が附くのがこれだけというのは不可解。

384頁注28「神人腹の太文」

注釈は「『姓氏録』に「大国主命五世孫、大田々根子命の後なり」とある」と書く。『新撰姓氏録』摂津国神別の「神人」条のことであろうが、河内国神別・未定雑姓《みていざつせい》（和泉国）にもそれぞれ「神人。御手代首同祖。阿比良命之後也。」「神人。高麗国人、許利都之後者。不レ見。」とある。また、本書では「神人腹《みわびとばら》の太文《おほふみ》」とするが、『播磨国風土記新考』は「文」を衍とみて「神人」を氏族名、「腹太」を名とみて「神人腹《みわびとはら》太《た》」と解釈する（二六三頁）。古典大系本は「神人腹太文《みわびとはらのたも》」とし、左傍に「ふくたのあや」と傍訓し、「腹は氏の名か。出雲国に上腹首がある（一一一頁）。或は腹太が氏の名か。続紀に大和国人腹太（フクタ）得麿が見える」（二九九頁）。古典全書本は「神人腹《みわびとばら》の太文《おほふみ》」と訓むものの、頭注で「其の名の訓は判然としない」（一三九頁）とする。また、新編全集本は、「神人腹《みわひとはら》太《た》文《も》」（六三頁）としているが、「神人」を氏族名と理解していたかどうかは頭注による限り不明。いずれにしても、解釈が定まらない人名だけになんらかのコメントのほしいところである。

385頁注36「大帯日売命」

注釈はただ「神功皇后」とのみ注記するが、直後には「息長帯日売命」とあるので、二つの表記のちがいについてはぜひとも言及すべきであろう。『続日本後紀』承和十年（八四三）四月二十一日条に「神功皇后之陵（倭名大足姫命皇后）」とあり、『日本三代実録』貞観十二年（八七〇）二月十五日条にも「大帯日姫乃彼新羅人乎降伏賜時尓」とあり、また『住吉大社神代記』にも「一帯須比女之命」（一は大の誤記か）とあるので、ここにいう大帯日売命《おおたらしひめのみこと》は神功皇后の別称と考えてよかろう。塚口義信《つかぐちよしのぶ》氏によれば、記紀に語られる神功皇后に関する伝説は、古くから朝廷に伝えられていた朝鮮半島南部平定の物語に、海神信仰にもとづくオホタラシヒメを主人公とする息長氏の伝承などが習合し、さらに七～八世紀に古代天皇制のイデオロギーによる潤色を経て、やがて記紀に定着したものであるという。ところが、記紀とは直接の関係をもたない『播磨国風土記』に、神功皇后の別称としてオホタラシヒメの名がしるされていることは、神功皇后の名で語られている説話が、本来、オホタラシヒメを主人公とする伝承であったことを示唆している。記紀のオキナガタラシヒメという名も、このオオタラシヒメの伝承がオキナガヒメの伝承と習合する過程で生まれた後代的な名であった可能性が大きい。塚口氏によれば、神功皇后の名で語られている説話が、播磨国の海岸沿いに分布しているのも、『八幡宇佐宮御託宣集』などに香椎宮《かしいのみや》の祭神としてみえるオオタラシヒメにまつわる伝承に、海神信仰的要素が濃厚にみられることと思想的に一致しているという（「大帯日売考」『神功皇后伝説の研究』〈創元社、昭和五十五年四月〉所収）。

ちなみに、『常陸国風土記』茨城郡にみえる「息長帯比売天皇」などについても、たんに「神功皇后のこと」（32頁注16）というような、表面的な語注にとどまるのは遺憾である。

389頁注77「川原若狭」

注釈は「『姓氏録』によると、「広階連と同じき祖。陳思王植の後なり」とある」とする。栗田寛の注をそのまま採ったのであろうが、川原氏には「忌寸」姓のものや無姓のものも存したし、『新撰姓氏録』摂津国皇別には火焔王《ほのおのみこ》の後とされる、非渡来系の「川原公」もみえるので、ここにいう「川原若狭」がいずれにあたるのかは判断がむつかしい。

393頁注15「黄連」

注釈には「薬草」とだけあるが、延喜典薬寮式《えんぎてんやくりょうしき》2臘月御薬条・86美作年料雑薬条などを引くとか、『伊呂波字類抄』に「黄連　ワウレン　亦　カヒナクサ」とあるのを引くとか、もう少し情報のほしいところである。ほかにも、清熱・止瀉《ししゃ》・

消炎・解毒などの作用があり、出血・下痢・赤痢・胃病などに効くという効能を書くことも必要であろう。『播磨国風土記』は、『出雲国風土記』とならんで薬草が頻出するが、もう少し説明に工夫がほしい。

395頁注45「引船山」

船を山中で造り、完成後に引き下ろすことは、『日本霊異記』下巻、憶持法花経者、舌著曝髑髏中不朽縁、第一に「逕二送二年一。熊野村人。至二于熊野阿上之山一。伐レ樹作レ船。（中略）後歴二半年一為レ引船レ人入レ山。聞之読レ経音猶不レ止」と類例があるので、紹介すべきか。なお、『肥前国風土記』曰理郷の郷名の由来譚にみえる「船山」（下巻74頁注10）ものたぐいか。

409頁注２「大人」

巨人伝説にふれているのはいいことだと思うが、風土記の注釈書であれば、『常陸国風土記』那賀郡の大櫛之岡の類話に言及すべきであろう。

410頁注13「天目一命」

216頁注18「目一つの鬼」において『播磨国風土記』の「天目一命」に言及しているので、こちらにも『出雲国風土記』大原郡阿用郷を参照せよとの注記は必要であろう。

413頁注45「大甕」

古典の理解のためには、やはり類話の例示がもとめられるところ。国境に甕《かめ》をすえて神を祭る、いわゆる境界祭祀については、『古事記』孝霊天皇段に、大吉備津日子命《おおきびつひこのみこと》と若建吉備津日子命《わかたけきびつひこのみこと》とが、針間《はりま》の氷河《ひかわ》の前に忌瓮《いわいべ》を据えて、針間を道口《みちのくち》として、吉備国を言向《ことむ》け和《やわ》したことがみえ、『日本書紀』崇神天皇十年九月条に「復遣二大彦与和珥臣遠祖彦国葺一。向二山背一。撃二埴安彦一。爰以二忌瓮一。鎮二坐於和珥武鐰坂上一。則率二精兵一。進登二那羅山一而軍之」という類話がある。

414頁注5「品遅部」

注釈では「当麻の品遅部の君前玉」の「品遅部《ほむじべ》」だけを取り上げて「『古事記』垂仁天皇の皇子、本牟智和気王の御名代として品遅部を定めたとある。その部民であろう」という説明を加えている。しかし、ここで必要なのは品遅部君氏の解説である。品遅部が本牟智和気王《ほむつわけのみこ》の名代にもとづくものであることはそのとおりなのだが、品遅部君氏はその伴造氏族をいうのだから、この注釈の書き方は誤解を招く。ちなみに、当麻品遅部君氏という複姓については類例がなく不明。

418頁注40「日向の肥人」

注釈は「南九州を本拠とする人々」とあるのみでいささか喰い足りない。肥人は「ヒヒト」「ウマヒト」「コエヒト」などと訓む説もあるが、西大寺本『最勝王経』が土地の肥沃を表現する動詞「壌濃」に「コマダツ」「コマヤカ」の訓みを与えていること、『名義抄』にも「肥」を「コマカ」と訓《よ》んでいる例があることから判断して「コマビト」と訓むのが正しい。この肥人については、「肥の国の人」と解する説もあるが、ここでは日向の肥人と称しているので、「肥」を肥国の意味にとるのはむつかしい。井上辰雄氏の指摘するように、肥人は駒との結びつきが強いことから、隼人のなかで駒の飼養にあたっていた部族をいったものであろう（『隼人と大和政権』〈学生社、昭和四十九年二月〉一〇五一～一一頁）。

421頁注5「阿波の国和那佐」

注釈は「『延喜式』神名帳阿波国に「和奈佐意富曾神社」がある」とのみ記すが、ここは和那佐の位置を的確に示すことのほうが大切なはず。古典大系本のように、まず「徳島県海部郡海部町鞆浦の古名」（三四八頁）と書くのが妥当。『倭名類聚鈔《わみょうるいじゅうしょう》』に阿波国那賀郡の郷として「和射」がみえることや、『平城宮出土木簡概報』二七に「長郡和社里」とみえることをあげ、那賀郡の郷（里）名であることがわかるような情報を提供すべきところか。

424頁注４「国造」

注釈は「『先代旧事本紀』に、針間国造は稲背入彦命の孫伊許自別命とする」とのべる。ここにいう「国造」は、本条が明石郡《あかしぐん》の逸文であることを考えると、明石国造を指すと考えたほうがよいのではあるまいか。同国造については、『国造本紀』に「明石国造。軽嶋豊明朝御世。大倭直同祖。八代足尼児都弥自足尼。定二賜国造一。」とある。古典大系本が指摘するように（四二八頁）、ここにみえる石坂比売命は明石国造の同族であろう。

425頁注11「其の土を天の逆鉾に塗りて」

注釈は「赤く塗って船の前後に逆さに立てた矛」と文意のみあげるが、ここは赤土を塗ることの呪術性にふれておきたいところである。『日本書紀』神代下、第十段第四の一書にも、兄の火酢芹《ほのすせり》命《のみこと》が弟の火折尊《ほのおりのみこと》の威力に屈した際に、褌《ふんどし》をし、赤土を掌に塗り顔に塗ったという話がみえるし、神武天皇記で大物主神《おおものぬしのかみ》が勢夜陀多良比売《せやだたらひめ》に婚するために丹《に》塗りの矢と化した話、『萬葉集』巻九にも「さ丹塗りの小船を設け」という表現がある。これらは、古墳石室の壁面を赤色に塗布したり、丹塗りの土器・木製品の出土例とも相俟って、赤色を塗布することに呪性がふくまれていたことを示している（齋藤忠『古典と考古学』〈前掲〉二三一～二三五頁）。

425頁「明石の駅家」

注釈はない。しかし、明石駅のことは、高山寺本『和名類聚抄』にも駅名がみえる。『菅家文草《かんけもんそう》』仁和四年（八八八）条に「播州明石駅」、『菅家後集《かんけこうしゅう》』昌泰四年（九〇一）条に「明石駅亭」、『時範記《じはんき》』承徳三年（一〇九九）二月十一日条にも「明石駅家」とあり、十一世紀にこの駅が存続していたことが知られる。なお、現存本『播磨国風土記』にはこのほか、賀古郡賀古駅家・揖保郡邑智駅家についての記載があるので、明石駅家についても注記が望まれる。

499頁『播磨国風土記』解説

『播磨国風土記』編者の候補者として大石王のみをあげているが、新編全集本は和銅五年（七一二）七月当時、播磨大目だった渡来系の楽浪河内《さざなみのこうち》を「最も有力」としている（五九八頁）。大石王説を採るにしても、有力な先行学説は紹介してもよいのではあるまいか。

『豊後国風土記』

26頁「駅は玖所」

本書は概して駅の記述についての説明に乏しいが、それでは国内の交通路についての知識が得られない。『豊後国風土記』でいえば、各郡の記述から、日田・球珠・直入・海部・大分の五郡にそれぞれ一駅、大野・速見二郡にそれぞれ二駅あったことがわかる。こうした駅の総数は、延喜兵部式《えんぎひょうぶしき》85、西海道駅伝馬条に、「豊後国駅馬　小野十疋。荒田・石井・直入・三重・丹生・高坂・長湯・由布各五疋。（後略）」とあるのに一致し（高山寺本『和名抄』もほぼおなじ）、風土記が撰進された八世紀段階から十世紀に至るまで、豊後国の駅数は一定していたことがわかる。

30頁注1「垂氷」

写本の字は垂氷あるが、字形の相似から、「桑木」と校訂する説が多い。当地に桑のついた地名は、荻町桑木・直入町長湯の桑畑・竹田市会々《あいあい》の旧七里村桑木原など多いので、あるいは「桑木」としたほうがよいか。

33頁注1「白水郎」

『萬葉集』巻十六に「豊後国白水郎《あま》歌一首」として「紅に染めてし衣雨降りてにほひはすともうつろはめやも」（三八七七）とあるのは、あるいは当郡の白水郎と関係があると思われるので、この頁のように下欄に餘白がある場合は、こうした注記を盛り込めば読者の役に立つと思う。

33頁注２「朱沙」

「朱色の顔料にする沙土」としか説明がないが、『続日本紀』文武天皇二年（六九八）九月乙酉二十八日条に「令㆓近江国㆒献㆓金青㆒。（中略）豊後国真朱」とみえるのはこの丹生郷産出のものではあるまいか。ここもずいぶん餘白もあるので、これくらいの情報は書き込んでは如何。

34頁「寺は弐所なり」

これについては、注記がない。天平十三年（七四一）勅命により国分寺が建立されたが、これらの寺院はそれ以前の寺と考えられ、当時の遺物が出土する金剛宝戒寺《こんごうほうかいじ》旧所在地と、永興寺《ようこうじ》旧所在地の二か所にあった可能性が大とされているので、これについてもふれるべきか。

37頁注14「頸の峯」

以下の伝承については若干解説が必要であろう。鹿は、狩猟が中心であった時代には、重要な食料であったが、農耕の発展にともない、田を荒らす害獣となる。しかし、田の主人に服従することによって、田の豊饒《ほうじょう》を予祝する存在と化していく。この伝承は、害悪をなす神が祭られることによって、一転して守護霊としての威力を発揮する例。なお、鹿と稲作の関係については、『播磨国風土記』賀古郡条を参照すべきことも注記の必要があろう。

『肥前国風土記』

68頁「肥前国は、本、肥後国と合せて一つの国為りき」

注釈はないが、この、冒頭に掲げられた「火の国」の名称の由来を語る伝承は、『釈日本紀』十の引く『肥後国風土記』逸文とほぼ同文。このことは、これらの風土記が一括して編纂された徴証の一つとされる。

74頁注2「海部直鳥」

注釈では『新撰姓氏録』左京神別に「但馬海直。火明命之後也」とある史料をあげる。新編全集本に倣った解説であろうが、ここにいう海部鳥《あまべのとり》が但馬海直氏だという保証はなく、こういう書き方は読者を惑わせる。

75頁注11「物部若宮部」

注釈は「経津主の神の分祠を立てるための物部の人びとを若宮部というのであろう。新羅征討軍編成のためにこの地方の人びとも動員されて、鎮神としてフツヌシの神が祀られた」と書くが、じゅうぶんとはいえない。本書でも同頁の注8でふれているように、『日本書紀』推古天皇十年（六〇二）春二月己酉朔条に「来目皇子為レ撃二新羅将軍一。授二諸神部及国造伴造等并軍衆二万五千人一。」とある。これによれば、このときの来目皇子《くめのみこ》の率いる軍隊のなかに「諸の神部」と呼ばれる集団のいたことがわかるのであって、これは、その名称より推して、なんらかの神祭りに従事する職能集団であったと考えられる。遠山美都男《とおやまみつお》氏の指摘するように、本条にみえる「物部若宮部」はこの集団の一部であった可能性が大きい。このことにふれないと画竜点睛を欠く。

79頁注9「人形・馬形」

「人馬の身代わりとして供える土偶・埴輪」と注釈は書くが、この条では、シャーマン的な土蜘蛛《つちぐも》の女性二人が祭祀をおこなうということとともに、馬形と祭祀が不可分であることを説かねばならない。『続日本紀』神護景雲三年（七六九）二月十六日条に「乙夘。奉二神服於天下諸社一。（中略）毎レ社男神服一具。女神服一具。其太神宮及月次社者。加之以二馬形并鞍一。」とあって、諸社に馬形と鞍を奉じたことがみえ、『皇太神宮儀式帳《こうたいじんぐうぎしきちょう》』にも神財に「土馬」や「鞍」が散見する。これらは、『肥前国風土記』にみられる原始宗教の一つの形態が奈良時代以降に伝承されたものと考えられる（齋藤忠『古典と考古学』〈前掲〉二四四〜二四九頁参照）。

81頁注28「褶振の烽」

本書では、この部分の原文を「烽家名曰褶振烽」とするが、読み下し文・現代語訳ではなぜか「烽の処の名を褶振の烽と曰ふ」「烽の処の名を褶振の烽という」とする。おそらくは、太田《おおた》晶《しょう》二郎《じろう》説により、「烽処」に意改したのであろうが、この意改については議論がある。近年、栃木県宇都宮市郊外の飛山城《とびやまじょう》跡から、底部内部に「烽家」と墨書された九世紀代の須恵器坏が出土した。これによって、猪熊本《いのくまぼん》などの『肥前国風土記』の「烽家」を記載を正しいとする説が有力になりつつある。ただし、①猪熊本には「処」とあるべきところを「家」に誤った例が二例あること、②養老軍防令71、置烽処条や天平六年『出雲国計会帳』には「烽処」の用例があること、などから判断すると、やはり、「烽処」と意改すべきか。

84頁注57「就中」

注釈に「風土記で他にみえない用語」とあるが、風土記にはなくても「就中」自体は古代の文献ではさほど珍しい用語とはいえず、わざわざ注記して読者の注意を喚起する意味がよくわからない。

85頁「木綿」

松浦郡値嘉郷の物産を記したなかに木綿《ゆう》がみえる。『萬葉集』に「肥人《こまびと》の額髪《ぬかがみ》結へる染木綿《しめゆふ》の染みにし心我れ忘れめ一には「忘らえめやも」」（二四九六）とあって、肥人（隼人の一部族）に額の前髪を木綿で結ぶ習慣があったことがわかる。また、隼人司に属する隼人は赤白の木綿を身につけて朝儀に列している（延喜隼人式1、大儀条）。値嘉嶋の特産物の木綿はこうした隼人の習俗と関聯があるか。なお、他の物産についても、書くべきことは多いように思う。

85頁注70「容貌隼人に似て」

「南九州の土着の人。大和朝廷は異種族とみなした」とある。しかし、そうした、表面的な説明よりも、小近の候補にあげられる小値賀嶋《おぢかじま》の黒島には、弥生時代中期から古墳時代後期におよぶ神ノ崎古墳群があり、約三十基の古墓は、薩摩隼人の地域に分布する地下式板石積石室墓であることを紹介したほうが（森浩一『考古学と古代日本』〈中央公論社、平成六年三月〉一四一頁）、この部分を読み解くためにはどんなにか有益であろう。

風土記逸文

逸文については、本書は、古風土記でないものまでひろく蒐めて注釈を施している。しかし、筆者としては、古風土記逸文以外にはあまり興味がわかないし、第一、本書でこれをわざわざ取り上げていることの意味も理解しかねる。それゆえ、逸文の注釈についてのコメントは、最低限にとどめることにしたい。

136頁注2「賀茂県主」

注釈には「県主は地方首長。県は朝廷と密接な関係を有し、祭祀集団とも」とあって、県・県主について書くが、これも的外れな解説。ここは逸文本文に「妋、玉依日子は、今の賀茂県主等の遠つ祖なり」とあることからもわかるように、「賀茂県主」は氏姓として使われている。賀茂（鴨）氏は、山城国愛宕郡賀茂郷《やましろこくおたぎぐんかもごう》に居住する氏族で、その氏名《うじな》は居住地に因んだものである。県主の姓は、賀茂氏がもと葛野主殿県主といわれ、県主の職を世襲していたことから、職名がそのまま姓に転じたものである。ここで県主について説明するなら、この点を書く必要があろう。

136頁「卜部、伊吉の若日子に卜へしむ」

壱岐に壱岐直・伊吉島造の同族の卜部が居住し、神祇官において卜兆を掌っていたことは養老職員令1、神祇官条や延喜臨時祭42、宮主卜部条にみえている。若日子なる人物ついては、壱岐の卜部氏が神官をつとめた松尾大社所蔵の『松尾社家系図』にも十握命の子としてみえる「若彦」がこれにあたると思われる。先行する注釈書にも出ているようなことなので、やはり、書いておいたほうがよいと思う。

160頁注２「父老相伝へて云ふ」

注釈が指摘するように、『日本書紀』仁徳天皇三十八年七月条には以下の風土記の説話とよく似た、つぎのような記事がしるされている。「秋七月。天皇与二皇后一。居二高台一而避暑。時毎夜。自二菟餓野一。有レ聞二鹿鳴一。其声寥亮而悲之。共起二可怜之情一。及二月尽一。以鹿鳴不レ聆。爰天皇語二皇后一曰。当二是夕一。而鹿不レ鳴。其何由焉。明日。猪名県佐伯部献二苞苴一。天皇令二膳夫一以問曰。其苞苴何物也。対言。牡鹿也。問之。何処鹿也。曰。菟餓野。時天皇以為。是苞苴者。必其鳴鹿也。因語二皇后一曰。朕比有二懐抱一。聞二鹿声一而慰之。今推二佐伯部獲鹿之日夜及山野一。即当二鳴鹿一。其人雖下不レ知二朕之愛一。以適逢獮獲上。猶不レ得レ已而有レ恨。故佐伯部不レ欲レ近二於皇居一。乃令二有司一。移二郷于安藝渟田一。此今渟田佐伯部之祖也。俗曰。昔有二一人一。往二菟餓一。宿二于野中一。時二鹿臥レ傍。将レ及二鶏鳴一。牡鹿謂牝鹿曰。吾今夜夢之。白霜多降之覆二吾身一。是何祥焉。牝鹿答曰。汝之出行。必為レ人見レ射而死。即以二白塩一塗二其身一。如二霜素一之応也。時宿人心裏異之。未レ及二昧爽一。有二猟人一。以射二牡鹿一而殺。是以。時人諺曰。鳴牡鹿矣。随二相夢一也」。佐伯部が献上した牝鹿は、天皇が鳴き声を楽しんでいた鹿だったので、それを恨んだ天皇が、佐伯部を猪名県から安芸の渟田に移郷させたという前半の話は、風土記にはみえず、また、夢野の地名が登場しないこと、牝鹿が海を泳ぐ部分も缺落している。これは、『日本書紀』の説話が佐伯部の移郷を中心とした物語に仕立てられたために生じた相違点であって、後半の「俗の曰へらく」以下の部分が前半とうまく繋がっていないのも、そのためであろう。にもかかわらず、『日本書紀』が後半をあえてカットしなかったのは、この部分こそが本来的な伝承であったことに原因があると考えられる（平林章仁『鹿と鳥の文化史』〈白水社、平成四年九月〉一三頁）。こうした異同についても、かんたんに言及すべきではないだろうか。

なお、『日本書紀』の伝承では、地名の起源説話や鹿の渡海のことが欠落していることからもわかるように、土地から切り離された不確かな内容になっており、その意味では、風土記の記事のほうが、刀我野地域の在地伝承としては独自の内容を多くふくんでいるといえる（平林氏前掲書、一三頁）。

160頁注7「塩を舂き」

注釈は「白塩（食塩）とも」とする。たしかに、『日本書紀』仁徳天皇三十八年七月条に載せる類話では「白塩」とあるが、ここは前田育徳島会尊経閣文庫所蔵本の「舂塩」とするのが原型であろう。「塩を舂く」とは固形の塩（いわゆる堅塩《きたし》）を粉砕することをいうのであって、新編全集本の云うように、塩を塗るのは、防腐のため。『日本霊異記』中巻、貸用寺息利酒不償死作牛役之償債縁第卅二に「是人存時。不レ中レ矢。猪念二我当射一。舂レ塩往荷見之无レ猪」とある。

162頁注1「比売嶋」

注釈は「大阪市西淀川区姫島」とする。ただし、新編全集本が諸説をあげつつも「明確な場所は不明」（425頁）としたように、比売嶋の比定には議論が多い。ただ、拙稿「『摂津国風土記』「比売嶋」小考」（拙著『風土記研究の諸問題』〈前掲所収〉をご覧いただければ、姫島説は成立しないことがわかりいただけると思う。

188頁注2「癸酉、分ちて伊賀国と為す」

『倭姫世記』は『倭姫命世記』の誤り。

189頁注8「清見原の天皇」

注釈に「天武天皇。伊賀国を建てる（天武紀）。」とあるが、『日本書紀』天武天皇上・下（巻第二十八・二十九）には伊賀国建国のことはみえない。あるいは『扶桑略記』の誤りであろうか。

216頁注１「日本武命」

「記紀に同様の説話」という注があるが、ここはやはり、風土記をもとにしたとみられる記述が、鎌倉時代初期に成った『尾張国熱田太神宮縁起《おわりのくにあつただいじんぐうえんぎ》』に引かれていることは紹介すべきであろう。

219頁注２「三宅寺」

注釈に「三宅連の氏寺。氏寺には寺領があり、特別収入が入る」とある。寺領があるのは、べつに氏寺に限ったことではないのに、どうしてこのようなことをわざわざ書くのか。第一、この逸文を読むのに、寺領がどれだけ関係するというのか。

241頁注２「准后親房の記」

注釈は、ここで「准后」「親房」についてかんたんに説明するだけであるが、肝腎なのは『伊豆国風土記』逸文をふくむ『准后親房記』がいかなる書物かという点である。ところが、本書ではその点についてはふれるところがない。それもそのはず、『准后親房記』はこの『鎌倉実記』以外には絶えてみえない、疑わしい書物なのである（平泉《ひらいずみ》 澄《きよし》「伊豆国風土記逸文と伝えられるものは偽作であろう」『日本上古史研究』三―四、昭和三十四年四月）。そのことをはっきりと書いておかないと、読者は逸文の真偽を判断できない。古典全書本が「親房の記は何を指すか不明」（下巻―二五六頁）と書いているのは適切なコメントである。

279頁注６「正倉」

注釈は正倉そのものについての説明だが、むしろ、正倉の有無を記載する筆法が『出雲国風土記』のそれと酷似している点を云うべきであろう。

279頁注7「神亀三年、字を八槻と改む」

前条におなじ。これが『出雲国風土記』の地名に対する注記とまったく同文であることを指摘すべきである。これらの諸点は、本逸文の偽作説の根拠となるもので、それを云わないのは不親切であろう。

305頁注14「豊宇加能売命」

豊宇加能売命の「豊（トヨ）」は豊饒をあらわす美称、「宇加（ウカ）」はウケの古語で、穀霊神《こくれいしん》に共通する名辞。ゆえに、「豊宇加能売命」とは豊かな穀物の女神の謂であることは、注釈の説くとおりである。周知のように、伊勢の外宮の祭神を丹波から迎えたという伝承は、はやく『止由気宮儀式帳』にみえている。竹野郡の奈具社の「豊宇加能売命」が伊勢に遷ったとする解釈も古くから存在するので、この点には言及すべきであろう。「豊宇加能売命」と外宮祭神の「豊受比神」をおなじものとみてよいかはむつかしいが、神宮側の史料である『倭姫命世記』がこの『丹後国風土記』逸文を部分的に引用していることは重要である。これを根拠に豊宇加能売命＝豊受大神であるとはいえないまでも、「豊宇加能売命」を外宮祭神に結びつける伝承がはやくから存在したことを認めねばなるまい。

337頁注4「薗臣」

注釈は「他にみえない。『正倉院文書』天平宝字七年（七六三）に備前国津高郡大領の「薗臣」が見える」とある。「『正倉院文書』天平宝字七年」だけでは、一般の読者はおろか、専門家でも出典にあたるのはむつかしい。筆者もわからなかった。『正倉院文書』では、宝亀七年（七七六）十二月十一日附の「備前国津高郡津高郷陸田売買券」（唐招提寺文書）には「大領外正六位上薗臣」某の名がみえる。薗は備中国下道郡曾能郷《しもみちぐんそのうごう》（現吉備郡真備町岡田を中心とした地域）であろう。

338頁「迩磨郡」

本条については、これが『本朝文粋』二所載の「三善《みよし》清行《きよゆき》意見《いけん》封事《ふうじ》」の一節であることを引かないと、現代語訳で「私、（三善清行）は」云々とあることがよく理解できないであろう。

338頁注３「蘇定方」

注釈は「『旧唐書』によると、唐初期の武将」と書くが、せめて『旧唐書』巻八十三列伝第三十三と、『新唐書』巻一百一十一、列伝第三十六に、それぞれ伝があることぐらいは書いてほしい。

339頁注２「吉備建日子命」

注釈は「『姓氏録』に孝霊天皇皇子吉備稚武彦命の子、または孫と伝える」と、大系本四八八頁の頭注とほぼ同じ記載だが、これだけでは説明不足。大事なのは、『新撰姓氏録』左京皇別・右京皇別に、それぞれ「下道朝臣。吉備朝臣同祖。稚武彦命之孫。吉備武彦命之後也」、「廬原公。笠朝臣同祖。稚武彦命之後也。孫。吉備武彦命」とあって、ともに吉備《きび》武彦命《たけひこのみこと》（吉備建日子命）を稚武彦命《わかたけひこのみこと》の孫としており、風土記下文の「此の三世王の宮」という表記と世系が一致する点であろう。

357頁注13「伊社迩波の岡」

いわゆる道後温泉碑については、原碑が寛政六年に発見され、その後松山市内の義安寺《ぎあんじ》（松山市道後姫塚）に運ばれたという記録がある（齋藤忠『古典と考古学』〈前掲〉二三九～二四四頁）。碑文についてのべるのであれば、この情報は逸してはならないであろう。

361頁「湯桁の数」

ここでは國學院和学講談所本『河海抄』空蝉「いよのゆげた」によって、「けたの数五百三十九歟云々素寂説」という逸文を紹介しているが、これではなぜこの一文が風土記逸文なのか、皆目見当がつかない。『河海抄』が『源氏物語』の注釈書で、ここは「空蝉」の「いよのゆけたもたと〳〵しかるましうみゆ」という一文の注釈であること、写本によっては当該箇所の傍書に「風土記曰」とあること、を書かないと、読者はこれを『伊予国風土記』の逸文とは認識しがたいであろう。

ところで、ここで不審な点がある。すなわち、本書が國學院和学講談所本『河海抄』によったとしている点である。筆者は未見だが、武田祐吉編『風土記』によると、同本には「風土記」という傍書が存するというが、おなじ写本によりながら、本書では「風土記」または「風土記曰」の文字がない。いずれが正しいのであろうか。ちなみに、本書巻末の「風土記逸文出典一覧」であげている玉上琢彌編『紫明抄　河海抄』（角川書店、昭和四十三年六月）は、天理図書館所蔵本を底本としているが、「風土記曰イ」とい傍書があるといい、副本に用いた桃園文庫本にも「風土記曰」の書き入れが存するようである（二三四頁）。

378頁「筑紫風土記」

注記はないが、この表現は乙類の成立年代を考えるうえで重要な史料なので、先行学説の紹介がほしかったところ。たとえば、坂本太郎「風土記と日本書紀」（『坂本太郎著作集』四〈前掲〉所収）は、九州を総称した筑紫が他の諸国に対して一国に准ずるものと観念せられたことは古い慣行であって、そのことは、賦役令集解《ぶやくりょうしゅうげ》の古記に引いた民部省式が国の遠中近を定めて、遠国十六国として上総・常陸・武蔵・下総・上野・下野・陸奥・佐渡・周防・石見・土左・越後・安藝・長門・隠岐・筑紫国と記していることによっても知ることができるという。この民部式は和銅五年に分立した出羽国を載せていないから、それ以前のものと考えられるが、坂本氏は「筑紫風土記という名からその風土記の作られた背景として、この民部式に見えるような筑紫の位置を起想することは不合理ではあるまい」として、筑紫風土記の名を負った風土記が、各国別々の名を負った風土記よりも古いものとみておられる。

397頁「磐井君」

逸文に記された磐井の墓墳が、福岡県八女市《やめし》に現存する岩戸山《いわとやま》古墳《こふん》を指すことは、周知のとおりである。この古墳の周囲には周湟と周堤がめぐらされ、後円部の周堤に接して、一辺四五メートルの方形別区が存在し、これが、風土記にいう別区・衙頭にあたると考えられることもよく知られている。またさらに、墳丘や別区からは、多数の埴輪とともに石製品が出土しており、墳丘に並べられた石製品は、風土記に「石人石盾各六十枚。交陣成行。周㆓匝四面㆒」とあるものに相当し、また、別区にあるものは、おなじく逸文が「其中有㆓一石人㆒。縦容立㆑地。号曰㆓解部㆒。前有㆓一人㆒。躶形伏㆑地。号曰㆓偸人㆒。生為㆑偸㆑猪。仍擬㆑決㆑罪。側有㆓石猪四頭㆒。号曰㆓贓物㆒。贓物。盗物也。彼処亦有㆓石馬三疋。石殿三間。石蔵二間㆒。」とするものにあたると考えられている。注釈がこれらの事実にまったくふれていないのは、どうしたことか。いったい、この「磐井君」は、研究の蓄積が多い逸文にもかかわらず、注が貧相。下段は空白が目立つ。大判の注釈書との比較は気の毒かも知れないが、古典大系本にはこの条の注が二十三あり、新編全集本にも二十四ある。四六判の古典全書本でさえ十五も注が附されているので、本書の五つはいかにも寂しい。

397頁「墓墳有り。高さ七丈」

この逸文をはじめ九州地方の乙類風土記には、漢文による凝った修飾が顕著だが、学識のある役人の手にかかるものらしく、当時の法律用語とおぼしきものが多用されている。この「墳高《ふんこう》」や下文にみる「墓田《ぼでん》」については、『唐令《とうれい》拾遺《しゅうい》』の復原する喪葬令18に、「諸百官葬。墓田。一品方九十歩。墳高一丈八尺。（後略）」とある（八三〇頁）。「墳高」や「墓田」は、養老喪葬令にはみえない用語であって、ここから、本条の作者は、唐令にも通じた人物であったことがわかる。

餘談だが、風土記逸文の「上妻県。々南二里。有筑紫君磐井之墓墳高七丈」という箇所は、古典大系本などでは「上妻の県。県の南二里に筑紫君磐井の墓墳有り。高さ七丈」云々と読み下されていたが、これは、「筑紫君磐井の墓有り。墳高七丈」と解するのが正しい（森浩一『考古学と古代日本』〈前掲〉三八四～三八五頁）。本書も訂正の欲しかったところである。

405頁「気長足姫尊」「鏡山」

他の注釈の基準でいうと、これらの用語には「神功皇后のこと」「福岡県田川郡香春町《かわらまち》鏡山」などという注があるべきだが、なぜか附されていない。前述の「磐井君」でもふれたが、西海道風土記の逸文についてはあるべき注を欠いているケースが多い。まさか息切れしたわけでもあるまいが、406頁の「神亀四年」、409頁の「氷室」、にも西暦や用語説明がないし、409頁「豊後国速水ノ郡」・410頁「豊後ノ国球珠ノ郡」・422頁「玉名郡」・440頁「必志里」・440頁「大隅郡。串卜郷」・445頁「鯨伏郷」などの地名説明も欠いている（とくに五つ目の「大隅郡」の記載には疑問がある）。また、419頁の「肥後国号」の項のところも注釈はほとんどなく、『肥前国風土記』総記との共通性についてもふれていないなど、疎漏が目立つ。

463頁4行目

「野本邦夫」は「野木邦夫」の誤記。

その他

わずかな字数の逸文まで掲載するのであれば、拙稿「国造本紀所引の『山城国風土記』について」（拙著『風土記逸文の文献学的研究』〈前掲〉所収）で紹介した断片も掲載すべきではないかと思う。

以上、個々の注釈を検討しつつ、私案をのべてきた。注釈に対する所感をことごとく書き上げていくとキリがないので、このあたりで切り上げたい。

○

繰り返し云うが、これらは、あくまで自分ならこう書くという趣旨のものであって、それを書き込んでいない本書が駄目だというのではない。ただ、風土記を古代史料や上代文学作品としてより深く読者に理解してもらうためには、もう少し説明したほうがいいところもあるという筆者の主張は、おわかりいただけると思う。その意味では、本書に先行する古典大系本・古典全書本・新編文学全集本は、いずれもよく練れた、良心的な注釈書である。このたび、叮嚀に読み返して、さらにその感を強くした。

本書の場合、文庫サイズという限られた紙面では、割愛せざるをえない注釈も少なくなかったと思われるが、それでも、筆者のみるところ、まだまだ餘白も多い。右に書いたような情報を悉く脚注に盛り込むのは不可能だとしても、そこは校注者の腕の見せどころ。言葉を切り詰めれば、主要な問題点に言及することは可能だと思う。

それに、脚注のスペースは、工夫次第でまだまだ確保できると思う。たとえば、『日本書紀』一つとってみても、あるところでは「『日本書紀』巻第二十五」とし（上巻22頁注12）、べつのところでは「『神代紀　下』第九段正文」（上巻371頁注59）、「『垂仁紀』三十二年」（上巻378頁注24）、「天智紀四年八月」（下巻68頁注４）・「『日本書紀』巻第七景行天皇十八年条」（下巻69頁注21）・「『日本書紀』雄略天皇二十二年」（下巻300頁注28）・「『日本書紀』神代巻一書」（下巻433頁注４）といった具合である。あまにも表記にばらつきがあり、なおかつ冗長である。

ほかにも、小島瓔禮校注『風土記』（前掲）についていうと、上巻364頁注22では「旧版角川文庫」、365頁注２では「旧角川文庫」、396頁注49では「角川文庫旧版」などと不統一である。これらはいずれも、執筆者のあいだで申し合わせをすれば統一できるはずだし、略称を工夫すれば、ずいぶん字数の節約になるはずである。

文献の引用方法の話が出たのでついでに云うと、『新撰姓氏録』を引くのに「左京皇別」「山城国諸蕃」などの細目をあげていないところが多々あるのも不親切である。姓氏録については便利な「録番号」があるのに、なぜこれを利用しないのか。これなどは、字数を切り詰めるのにも有効なはず。

○

最後に、本書の編輯方針にかかわる本質的な問題を取り上げておきたい。それは、本書の風土記逸文の取り扱いについてである。

逸文末尾の「風土記逸文　解説」（飯泉健司氏）をご覧いただけばおわかりのように、本書は、瀧口泰行《たきぐちやすゆき》氏らによって提唱された、風土記を奈良時代に限定しないでとらえる見方を継承する。そして、「奈良時代以降のまでも本書では風土記逸文として載せることにし」、「古風土記か否かの判定は保留した」（四五三〜四五四頁）のである。また、「逸文を通じて風土記世界が時間的・空間的に広がりをもたんことを念じ、あえて幅広く掲載することを選んだ」とものべている（四五四頁）。

風土記のテキストや注釈書を作る際に、もっとも頭を悩ませるのが逸文の取り扱いである。古風土記に絞るにしても、若干はグレーゾーンの逸文が残り、その採否には研究者によって多少の温度差がある。筆者も、自身の判定結果を一覧にして公開したことがあるが（「風土記逸文一覧」拙著『風土記逸文の文献学的研究』〈前掲〉所収）、わずかながら判断に苦しむ逸文があったことは事実である。古典大系本・新編全集本をはじめ、過去の注釈書をみても、その苦労のほどがよくしのばれる。

本書のような方針を採れば、取捨選択であれこれ悩む必要はない。読者の判断に委ねようというのだから、ある意味、賢明なやりかたである。

ただ、いわずもがなのことながら、現存する風土記逸文は重層的である。

まず、奈良時代の古風土記がある。これも九州地方の甲乙二種に象徴されるように、複数回の提出が想定しうる。ついで、延長風土記だが、これが古風土記そのものか、あるいはそれを補綴したものか、はたまた延長年間の新作かは、もはや容易に判別しえない。そこにいわゆる後世の風土記が加わり、それには古風土記に擬した偽作も交じるのだから、そうした「風土記類文書」の流れを正確に把握することは相当むつかしい。

そのため、本書のような方針をとった場合、以下のような、いくつかの問題が浮上する。

まず、「風土記」という名称で引用されていないものまで包括していいのかという問題がある。「風土記類文書」とは便利なことばだが、「某国風土記云」という記載さえない、断片的な文章を「風土記類文書」と断定する根拠はなんなのか。内容がいかにも風土記的なら、それで問題ないというのか。

たとえば、下巻232頁・264～265頁に引く『駿河国風土記』逸文「白羽官牧」や『近江国風土記』逸文「伊香小江」「竹生嶋」の逸文は、いずれも「古老伝へて曰ふ」とあるだけで、風土記とは書いていない。内容はいかにも「風土記」風だが、こうした出典も成立年代もよくわからない記事を、はたして風土記逸文に包括してよいか、筆者は疑問に思う。それは、下巻136頁『山城国風土記』逸文「賀茂乗馬」などの場合も同様である。

ただそれでも、本書が、風土記と断らないものまでひろく収載する方針を貫くのであれば、なにも云わないが、ならば、『国名風土記』『日本物国風土記』『丹後国風土記残缺』も掲出する必要があろう。もし、不掲載の理由が後世の偽作だからというのなら、偽作の疑いのもたれている「逸文」（たとえば、後述の『伊豆国風土記』逸文諸条・『陸奥国風土記』逸文諸条・『豊前国風土記』「宮処郡」など）をなぜあげるのか、そのあたりの基準が筆者にはよく理解できない。

また、ひろく掲出するというのであれば、ほかにもあげるべき「逸文」はたくさんある。先学が拾っていない（あるいはあえて無視した）「逸文」が諸書に散見することを、本書の編者もご存じないわけではあるまい。

「逸文を通じて風土記世界が時間的・空間的に広がりをもたんことを念じ、あえて幅広く掲載」という意図はある程度理解できるにしても、掲載した個々の逸文の氏素姓《うじすじょう》については頬被《ほおかむ》りというのは、いささか無責任な気がする。巻末には「風土記逸文　出典一覧」が掲げられているが、これも典籍の著者や成立年代を掲出しているだけで、その本がいかなる性格の書物かはまったくふれていない。

たとえば、「一覧」四六四頁に掲げられている『鎌倉実記』。同書の信用できないことはすでに伊勢《いせ》貞丈《さだたけ》も『貞丈雑記《ていじょうざっき》』「書籍の部」で指摘しているが（島田勇雄『貞丈雑記』4〈平凡社、昭和六十一年二月〉二六三頁）、なかでも『伊豆国風土記』を引く『准后親房記』に疑わしい点が多々あることは、平泉氏の「伊豆国風土記逸文と伝えられるものは偽作であろう」（前掲）に詳しい。同様に、「一覧」四六七頁にあげられた多田義俊《ただよしとし》の『中臣祓気吹抄《なかとみはらえいぶきしょう》』も、偽作の疑いがもたれている（安本美典『高天が原の謎』〈講談社、昭和四十九年七月〉三七～四三頁）。多田は、「凡テ強博ノ人ナレドモ才ニ任セテ人ヲ欺ムク説モアリ」と評された人物で（『古事類苑』文学部二十五、九一五頁）、その著書にもいかがわしいものが多い。さらに、四六九頁にみえる『陸奥白河郡八槻村大善院旧記』などは、原本はこれを伴信友に書き送った岡部春平《おかべはるひら》しかみたことのない書物で、もとより原物は存在しない（新編全集本「「逸文」所収文献解題」六二七～六二八頁、廣岡義隆・荊木美行「風土記逸文の認定について」植垣節也他編『風土記を学ぶ人のために』〈世界思想社、平成十三年八月〉二七九～二八一頁）。

これらは、逸文の信憑性を考えるうえで必要な知識である。にもかかわらず、そうした情報提供なしに、逸文の吟味を読者に委ねるのは、いかがなものであろう。

古風土記、後世の風土記的地誌、さらには偽作風土記。本書では、そんな多様な文献が、国ごとに括られているだけで、あとは雑然と排列されている。―これでは、風土記世界の時間的・空間的広がりを実感する前に、そもそも編者のいう「広がり」とはなんなのか、おそらく読者は理解できないと思う。

冒頭で紹介した武田祐吉編『風土記』の「風土記逸文」は、蒐集の範囲が拡大の傾向にあった風土記逸文を、

第一類　何国風土記と明記して、大体その原文の儘に引用したと認むべきもの。

第二類　単に風土記と記して所属の国名を明記しないが、大体原文の儘に認められるもの。

第三類　何国風土記、或は単に風土記と記して、原文を完全に引用せず、抄出したり、国文に書き下したり、又は大意を要約したりして記したと認められるもの。

第四類　風土記とは記してゐないが、先哲が風土記逸文と認めたもの。

第五類　風土記類似の書籍より出で、先行の逸文集が採録したもの、及びその類。

第六類　漢籍の風土記の引用と認められるもの。

第七類　風土記とは記してゐるが、疑はしいもの。

という七種に分類し（「例言」七頁）、「交通整理」したものである。同様の試みは、佐佐木信綱『新訂　上代文学史』上巻（東京堂、昭和二十三年二月）三四八～三六五頁にもみられるが、「風土記類文書」まで視野に入れた風土記逸文の研究を目指そうとするのならば、こうした括りで逸文を分類・整理しなければ、研究は進捗しないような気がする。個々の逸文が武田氏の分類のどれに当て嵌るかは、本書でも注釈に示されているが、「先学の判断はこうです、あとは各自

判断してください」といわんばかりの態度は、やはり無責任といわれても致し方ない。

ちなみに、卑見をいえば、武田氏のような分類だけでは、「風土記世界の時間的広がり」がみえてこないと思う。その意味で、かつて秋本吉郎氏が、「風土記逸文の検討（一）（二）」（『大阪経大論集』一六・一七、昭和三十一年六・九月、のち秋本氏『風土記の研究』〈大阪経済大学後援会、昭和三十八年十月〉所収、引用は後者による）として発表した論文に附された「年代別　引用書別風土記記事引用書項目一覧」は示唆に富む。

この表は、風土記逸文を、「古代官撰風土記よりの引用」（さらに「風土記よりの直接引用」と「先行書よりの孫引引用」とに分類）と「別種の「風土記」と称する書よりの引用」「「風土記」以外のものよりの引用」の四段階に分類しつつ、それら逸文を、その引用書の成立年代によって排列した労作である。表組みの都合で、逸文は標目しか掲げられていないが、こうした表に改良を加え、原文まで参照できるような形にして示せば、古風土記の逸文がいかに伝存してきたか、またそれとは別種の地誌がいつごろどんな形で登場してくるのかが、時系列で把握できよう。

風土記研究の多様化とともに、従来どちらかというと軽視されてきた「風土記類文書」に光を当てる研究があらわれたことは、風土記受容史の新たな扉を開くものとして慶賀すべきであろう。しかし、こうした新視点からの研究には新たな手法が需《もと》められるべきであって、これまで捃摭《くんせき》された逸文を並べてそれで終わりというのでは、研究の進捗は望むべくもあるまい。その点、本書にはいささか物足りなさを感じるのであって、あえて一言した次第である。妄言多謝。

第五章　『出雲国風土記』の校訂本

―角川ソフィア文庫『風土記』上の刊行に寄せて―

はじめに

いわゆる古風土記を対象とする注釈書の歴史は古い。これまで刊行された五風土記と風土記逸文を対象とする注釈書は枚挙に遑《いとま》がないし、近世のもののなかには、写本の形で流布したものも少なくない。注釈書は、いってみれば、個別研究のエッセンスであり、現今の風土記研究もこうした注釈書の存在に負うところが大きい。それゆえ、われわれは、先人の注釈作業に敬意と感謝の念を払うことを忘れてはならない。

そうしたなか、最近になって、角川ソフィア文庫の一つとして、ハンディサイズの中村啓信監修・訳注『風土記』上・下（角川書店、平成二十七年六月、以下「本書」と略称）が上梓された。まことに慶ぶべきことである。

本書が、風土記研究の最新の成果を盛り込んだ注釈書であることはいうまでもないが、それが文庫という、廉価な形で提供されたことは、古典の普及という視点からも慶賀すべきである。意外に思われるかたも多いだろうが、これまで、五風土記と風土記逸文について、原文・読み下し文・現代語訳・注釈の四拍子揃った文庫は皆無であって、すべてを備えた注釈書は本書をもって嚆矢《こうし》となす。

本書は、上巻には『常陸国風土記』（中村啓信校注・訳）・『出雲国風土記』『播磨国風土記』（ともに、橋本雅之校注・訳）を収め、下巻には『豊後国風土記』『肥前国風土記』（ともに谷口雅博校注・訳）と風土記逸文（飯泉健司、谷口雅博校注・訳）を収める。さらに、上巻冒頭には中村氏による「風土記総解説」があるほか、各風土記と風土記逸文については個別の解説があり、地図や逸文の出典一覧、さらには主要語句索引（両巻の分を下巻に一括して掲げる）まで掲載するという、行き届いた配慮である。各巻五百頁を超えるとはいえ、コンパクトな文庫のなかによくもこれだけの情報を盛り込んだものである。

本書については、さきに「風土記の注釈について―中村啓信監修・訳注『風土記』上下の刊行によせて―」と題する書評を『皇學館論叢』第四八巻第四号（平成二十七年八月、本書所収）に寄せた。そこではおもに、注の解説や風土記逸文の取り扱いを中心に論じたので、風土記本文については、わずがに『播磨国風土記』のそれについて若干言及しただけであった。

そこで、このたび、木本好信先生から『史聚』への寄稿の誘掖をたまわったのを奇貨とし、さきの書評では割愛した『出雲国風土記』の本文について所感を開陳し、あわせて風土記テキストの今後の課題についてもふれたい。

一、『出雲国風土記』の写本系統

角川ソフィア文庫の『出雲国風土記』の本文（以下、原則として「橋本校訂本」と略称する）の検討に入るまえに、『出雲国風土記』のテキストと写本系統について振り返っておきたい。この点については、秋本吉徳編『出雲国風土記諸本集』（勉誠社、昭和五十九年二月）に同氏の執筆にかかる「解説」がある。ここに、写本系統に関しても簡にして要を得た紹介があるので、これを参照しつつ、簡単にのべておく。

田中卓氏の研究によれば、こんにち残る『出雲国風土記』の写本は、岸崎時照『出雲国風土記鈔』本・今井似閑『萬葉緯』所収本・倉野憲司旧蔵本・細川幽斎自筆奥書本という四類に分類することが可能だという（「出雲国風土記の諸本解題」『歴史公論』六八、昭和五十六年七月、のち『田中卓著作集』第八巻〈国書刊行会、昭和六十三年五月〉所収、以下、引用は著作集による、四四六～四四八頁）。これを図示すれば、以下のとおりである。

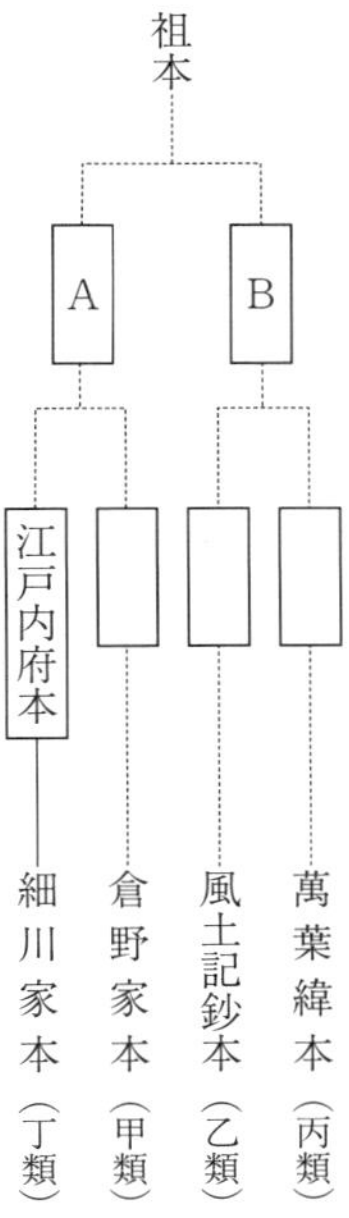

『出雲国風土記』の写本四十数種を精査された田中氏の結論だけに説得力があるが、現存する『出雲国風土記』の写本が二系四類に分類できること、このうち、倉野家本・細川家本は書写も古くきわめて近い関係にあること、などは田中氏の指摘のとおりであろう。のちに秋本吉郎氏は、基本的に田中氏の二系四類を認めたうえで、萬葉緯本・風土記鈔本の二類を「出雲国風土記伝来の国である出雲国に伝えられた伝本」という意味で「出雲系」と称しておられる（「風土記の伝播祖本と伝播初期の伝本系譜」同氏『風土記の研究』〈大阪経済大学後援会、昭和三十八年十月、のち平成十年十月にミネルヴァ書房より復刊〉所収）。

さらに、加藤義成氏は、自身の独自の調査から、原撰進本からの伝写の過程で島根郡の神社の大部分を脱落した「初脱落本」が生じ、それをもとに「補訂本系」「再脱落本」「初脱落継承本」の系統の写本が生じたとされる（『校本出雲国風土記』〈報光社、昭和四十三年十二月〉の参考篇第一部～第三部参照、『修訂出雲国風土記参究』〈今井書店、昭和五十六年五月改訂三版〉）。すなわち、延長三年（九二五）の風土記再撰進の通達を受けて、出雲国庁において神名帳を用い島根郡の神社名の缺落を補訂し、一応の完本としたものが「補訂本系」で、風土記鈔本や萬葉緯本はこの系統に属するという。また、「初脱落本」のうち、島根郡加賀郷の記事を脱落し、生馬郷の記事を加賀郷のそれに誤写したものが「再脱落本」で、細川家本や倉野家本はこの系統に属する。また、これとはべつに、島根郡の神社の脱落は他とおなじであるが、加賀郷の脱落の少ないものが「初脱落継承本」である。いま、加藤氏の継承関係を図示すれば、つぎのとおりである。

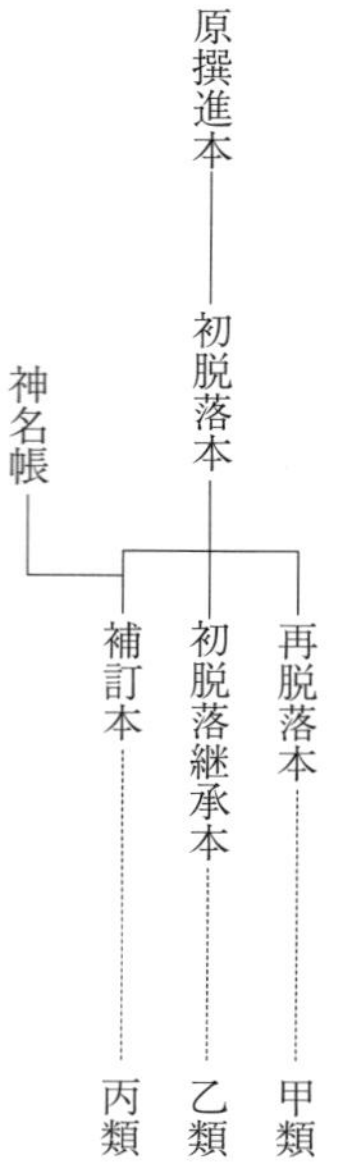

このように、写本系統の推定は諸氏によってことなり、それにともなって写本の評価もちがってくるのであって、このことが、校訂本作成の際の底本選定にも影響してくる。

たとえば、『田中卓著作集』第八巻（前掲）所収の「校訂・出雲国風土記」は岸崎時照『出雲風土記鈔』を底本に採用しておられるし（『出雲国風土記の研究』〈出雲大社、昭和二十八年七月〉所収のものを改稿したもの）、秋本吉郎氏校注釈の日本古典文学大系2『風土記』（岩波書店、昭和三十三年四月）は『萬葉緯』本である。また、加藤義成『校本出雲国風土記』（前掲）・『修訂出雲国風土記参究』（今井書店、昭和五十六年五月改訂三版。昭和三十二年十月、至文堂発行の本書の初版では、『出雲風土記鈔』を底本とした平泉澄監修『出雲国風土記の研究』〈出雲大社、昭和二十八年七月〉所収の「校訂・出雲国風土記」を底本としていた）や植垣節也校注・訳新編日本古典文学全集5『風土記』（小学館、平成九年十月）、さらには近刊の沖森卓也・佐藤信・矢嶋泉編『風土記 常陸国 出雲国 播磨国 豊後国 肥前国』（山川出版社、平成二十八年一月）は、いずれも細川家本を採用している。これとはべつに、久松潜一校注『風土記』（朝日新聞社、昭和三十五年十月）は、小野田光雄氏が萬葉緯本・風土記鈔本・倉野家本・細川家本にみえる相互の異同事例の分析から、倉野家本を底本に選択しておられる。

底本の異なる複数の校訂本が存在することは、後学を惑わせる面もあるが、『出雲国風土記』の場合、それほど底本の選択がむつかしいということである。

二、橋本校訂本とその底本

ところで、橋本校訂本は、このうちの細川家本を底本としている。橋本氏が、なぜ細川家本を採用したかは文庫ではのべられていないが、同写本は、年紀の明示された写本としては現存最古で、慶長二年（一五九七）の細川幽斎自筆の奥書を有する、由緒正しい写本なので（ただし、倉野本は室町時代末の写本といわれ、書写は細川家本より古い）、あるいはそのあたりを評価しているのかも知れない。

ただし、細川家本で注意しなければならないのは、巻頭から秋鹿郡までと楯縫郡から末尾までで筆写者が異なる点である。前半はわりにしっかりした右肩あがりの楷書体で写されているのに対し、後半はやわらかな書風で、かなりくずした字体も見受けられる。前後で手がちがうのは、田中氏の推測されたとおり、親本たる「江戸内府御本」が二冊仕立てだったことに由来すると思われるが（「細川家本出雲国風土記の出現」『藝林』九―一、昭和三十三年二月、のち『田中卓著作集』第八巻〈前掲〉所収、四三〇～四三二頁）、こうした細川家本の書写のありかたは、校訂にも大きく影響を及ぼしている。この点については、のちに詳しくのべる。

最初に、橋本校訂本の「凡例」を確認しておきたいが、これは簡単なものなので、以下にその全文を掲げる。

一、本文は、慶長二年（一五九七）細川幽斎自筆奥書本、いわゆる細川家本（複製）を底本とし、諸本を対校して校訂本文を作成した。

一、本文は可能な範囲で底本の形態および字体を尊重して活かすことに努めた。

しかし、これだけではわからない点がいくつかある。

第一に、橋本校訂本の場合、いわゆる校異注がまったくないので（ただし、それに相当するものは、読み下し文の注に若干みえる）、どこが底本を校訂した部分なのか、一見しただけでは見当がつかない。また、対校に利用した諸本がなんなのかも、まったく不明である。したがって、他本（副本）を以て底本を補ったり、文字を改めた部分があったとしても、それが何本《なにほん》にもとづく改訂かが明確でない。また、諸本に対する、校訂者の評価も記されていないので、いかなる副本を是とし、いかなる副本を非としているのか、その基準すら判然としない。

そこで、以下は、橋本校訂本の問題点について、具体例をあげつつ検討したいが、最初に取り上げたいのが、右の「凡例」に「底本の形態および字体を尊重して活か」したとある点である。

橋本氏が底本とした細川家本は、倉野本とともに、『出雲国風土記』の古い写本で（両者には共通点も少なくない）、これを底本としたのは同氏の見識である。そして、その形態や字体の保存に努めたことも、やはり校訂者の見識である。というのも、これらの写本は、書写の年代や写本系統、さらには原本の体裁を推測する大きな手がかりだからである。いま少し具体的に云えば、『出雲国風土記』は、その伝写の過程において、一度かなり解読の困難な草体の一本を経てこんにちに伝わったと考えられるが、古い字体を伝える細川家本は、もとの文字の推定や写本系統の研究において、貴重な材料を提供してくれるのである（加藤氏『校本出雲国風土記』〈前掲〉参考篇第三部「伝写経路の推考」参照）。

ところが、橋本校訂本をみると、「凡例」の原則が貫かれていないケースがまま見受けられる（以下、底本は丁数とオ・

ウ、さらには行数で示すが、二行の割注は一行に数えている）。

まず、「形態」のほうでいうと、たとえば、島根郡の河川記載の部分は、底本ではベタの追い込みであるが（一七ウ）、橋本校訂本では、なぜか「野浪川」以下が改行されている（三一二頁）。そのまえの意宇郡では底本のとおり組版されているから、こうした不揃いは不審である。読み易さを重視して、底本にない改行を施すことはあるかも知れないが、これは不統一である。

こうした改行は、大原郡にもみえる。橋本校訂本では、底本の六〇オから六〇ウにかけての河川の記載を、いずれもベタの追い込みにするが、「佐世小川」以下は改行している（三三五頁）。あるいは、「川」と「小川」を区別したのかも知れないが（神門郡などはそうした配慮によると思われる改行が存する）、ならば、直前の飯石郡や仁多郡の河川のところも同様に処理すべきなのだが、実際はそうはなっていない。

つぎに、字体である。

橋本校訂本が底本の字体を尊重していることは、一目瞭然である。それは、「㘴」「䏻」「濵」などの字体を、かなり忠実に飜刻しているところからも看取される。では、こうした原則で首尾一貫しているかというと、ところどころ曖昧な箇所がある。たとえば、底本では、「鹿」「形」「美」「蘇」「勢」「而」の異体字である「庲」「㣧」「羙」「蘓」「㔟」「与」などが多用されている。このなかで、「鹿」は通用字と異体字との混用がみられるが、橋本校訂本はことごとく「鹿」に揃えている。「凡例」にはとくに断りもないので橋本氏の真意は推測しかねるが、筆者には、異体字を温存した字とそうでない字の区別がよくわからない。この点、ご教示たまわれば幸いである。

また、これとはべつに橋本校訂本には、字体の飜刻の誤りも少なくない。たとえば、底本では、「体」はおおむね「體」だが、稀に「軆」もある（三九オ第二行）。ところが、これも校訂本では「體」に直している。

同様に、底本の「虽」（三七オ第二行）・「蠣」（二二ウ第七行）・「圡」（一九オ第二行・六三オ第一行）・「㘴」（六オ第四行・同第八行・二四ウ第七行）・「穂」（二七ウ第七行）・「边」（一八オ第三行・第六行）・「叓」（二四オ四行）・「葛」（二二オ第四行・五〇ウ第一行）を、それぞれ「虫」「蛎」「坐」「穂」「辺」「土」「吏」「葛」に改めた例がある。このうち、「圡」や「㘴」や「边」については、底本どおりに翻刻しているところもあるので（「圡」については二五ウ二行、「㘴」については八オ第一行・同第三行・二三ウ第七行・二四オ第二行・同第六行・二四ウ第二行・同第七行、「边」については二一ウ第五行・二二ウ第三行・二五オ第三行では、それぞれ異体字がそのまま翻刻されている）、あるいは単純な誤植かも知れないが、誤植でないとしたら、一部の文字だけあえて通用字に改めた理由をうかがいたいところである。

ところで、細川家本の場合、底本の字体を尊重するうえで大きな障碍がある。それは、前半と後半で筆写者が異なるという点である。前述のように、後半の楯縫郡以降の書風は柔らかで、崩した字体も少なくないのだが、そのために、字体の判別のむつかしいケースが少なくない。

思いつくままに、いくつか実例をあげると、まず「参」（六〇ウ第八行）。橋本校訂本は「參」に翻刻するが、影印で確認したかぎり、この字は「参」にみえる（ちなみに、前半部分でも二オ第二行・二ウ第六行などは、いずれも底本ではあきらかに「参」だが、橋本校訂本は「參」に作る）。

つぎに「熊」。校訂本三二九頁・三三〇頁ではいずれも「熊」に作るが、底本を点検すると（四八オ第八行・五〇ウ第四行）、いずれの字形も「魼」に近い。旁の部分が崩してあるので判定は微妙だが、五七オ第八行の「能」などもほぼおなじ崩し方なのに、こちらのほうは、底本の字体に近い「魼」に翻刻している（三三四頁）。これを参考にすると、「熊」も「魼」としてもよいように思う。

「恵」も、同様の事例である。校訂本三三三頁では「恵」だが、底本五五ウ第六行・同第七行を確認すると、「由」

と「心」の間に「亠」の筆畫がみてとれる（ちなみに、前半部分でも五オ第一行・同第六行・同第八行などの「穂」の旁は、いずれも底本ではあきらかに「惠」だが、橋本校訂本はこれを「恵」に作る）。

さらに、「所」の字の扱いも問題が残る。この字は前半にも多数みえるが、校訂本は一貫して「昕」に作る。これについて異論はないが、後半になってくると、いささか事情が異なる。すなわち、おなじ異体字でも「⿰日丁」に近く、前半とはあきらかに字体が異なる。にもかかわらず、校訂本は後半も「昕」に統一している。これなどは、底本の字体尊重を謳う凡例の原則から乖離しているようで、いささか抵抗を感じる。

以上、いくつかの実例をあげつつ、橋本校訂本の問題点を指摘したが、これによって、活字本において細川家本、とりわけ書体の崩れた後半の字体を活字であらわすことのむつかしさがおわかりいただけると思う。あえて活字化しようとすれば、そこに校訂者の主観的な判断が介入する危険が伴うのである。

ちなみに云うと、書体の判別は、おなじ手になる前半部分に限ってもむつかしい点がある。たとえば、「處」の字。校訂本前半はことごとく「處」に作るが、底本の八オ第六行・九オ第一行・一五オ第七行・二四オ第三行・同第七行にあたると、どちらかといえば「䖏」に近い。いずれとも決めかねるが、これも判断に苦しむところである。

三、橋本校訂本の校異注をめぐって

さて、以上は、もっぱら字体の問題だが、橋本校訂本でさらに気になるのは、校異の注記である。

前述のとおり、この校訂本には校異注がないので、底本のどの文字を改めたかがわからない。繰り返すが、橋本校訂本は、「底本の形態および字体を尊重して活かす」ことを「凡例」に謳っている。しかし、細川家本もけっしてよいところばかりではなく、他本によって文字を改めたり、文を補ったりする必要があることは、周知のとおりである。

まず、細川家本でもっとも深刻な問題は、島根郡の加賀郷とそれに続く神社の記載の缺落であろう。同様の缺落は倉野家本にもあり、この系統の写本の一つの特徴でもある。他本にこの部分が存するのは、のちの補綴だといわれている。

橋本校訂本もこれを受けて、この缺落部分を人工的に復原することは避け、読み下し文の脚注でその旨断っている。これなどは、底本の形態を尊重した事例である。

では、橋本校訂本は他本によって補うことをまったくしていないのかといえば、そのようなことはない。「諸本を対校して校訂本文を作成」したことは「凡例」に謳っているので、底本を改めること自体は基本方針に背くものではない。しかし、校異の注記のないために、改訂箇所がわからないのである。

たとえば、三〇四頁一八行目の「黒田驛家」の四字は底本にはないし、三一二頁三行目の「高二百七十丈周二十里」も底本にはない五字を、他本によって補ったものである。さらに、三二一頁一八行目～三二二頁一行目の「河内郷郡家一十三里一百歩」は、底本に「三百九十歩」とあったものを改めているし、三三六頁一五～一六行目の「備後國堺至遊託山」も、底本にはない字を他本によって補った例である（これらの補字については、読み下し文の注でも言及されていない）。

このほか、一字単位の誤字の訂正は枚挙に遑がないほど夥しいが、それらは悉く校訂本文に埋没してしまっており、校異注のあるほかの校訂本を座右に置かないかぎり（その場合、もっともよいのは、おなじ細川家本を底本とする『校本出雲国風土記』〈前掲〉や『修訂出雲国風土記参究』〈前掲〉であろう）、それらは読者にはわからず仕舞いである。

校訂者がいかに本文を再建したかは、校訂者自身がその部分をどう読んだかということと結びついている。だからこそ、われわれとしては底本を改訂した場合にはその根拠を知りたいのである。

例をあげて説明すると、たとえば、意宇郡の「宍道郷」（三ウ第一行）・「宍道驛家」（三ウ第四行）については、校訂本三〇四頁一五行目・三〇五頁一行目では「宍道郷」「宍道驛家」だが、底本は「完」である。他の写本でも「完」が多い。『新撰姓氏録』などの写本（たとえば、京都大学菊亭文庫本）では「宍人部」「宍人臣」は「完」と書かれており、『色葉字類抄』などの古辞書のたぐいにも「完」は「宍」だと説明する。だから、「完」はけっして誤字ではないのである。

もし、橋本校訂本が原本の字体に拘泥しないという方針であれば、筆者はなにも云わない。しかし、わざわざ凡例に底本の尊重を云うのであれば、やはり、「完」を「宍」に改めた根拠――「尊重」が不可能というのであればその理由――を提示しなければなるまい。

ほかにも、些細なことだが、神門郡の山名を列記したなかには「□□山郡家東南五里五十六歩」（三二七頁七行目）とある。しかし、この「山」の字はいったい何本によって補ったのであろうか。ここに脱落があることは、読み下し文の注記にもあるとおりだが、「山」の字の残る写本を、筆者は寡聞にして知らない。これなども、校異の注記があれば直ちに解決する問題だが、それがないから不明のままである。

むろん、文庫判という限られたスペースでは、校異注を書き込むことはむつかしかったのかも知れない。植垣節也校注・訳新編日本古典文学全集５『風土記』（前掲）は、これよりはるかに大判の注釈書でありながら、やはり校異の注記は省かれている（ただし、同書の場合、かなり詳しい「凡例」があるし、頭注で校異を説明している場合がある）。

しかし、主要な改訂を示すのに大きなスペースは必要ないから、若干のコメントを挿入することは可能だと思う。それでも校異注は載せられないと云うのであれば、せめて、底本の字句を改めたところは右傍に●を附すとか、また、補った字には◎を附すとか括弧に括るとか、ちょっとした工夫を施せば、読者は校訂本が底本を改めた箇所を知ることができるであろう。

おわりに

このようにみていくと、無理を押してまで底本の細かな字体の区別に配慮することや、校異注を記さずに校訂本を作ることには限界があるように思う。そもそも、「底本の形態および字体を尊重して活かす」ことと「諸本を対校して校訂本文を作成」することとは矛盾する方針であって、両立はむつかしい。

現今の学界に目を転じても、『日本書紀』の古写本をはじめとして、つぎつぎと貴重な古典籍の影印複製が出版されている。これらは、研究者のあいだで、活字本に頼る研究はもはや限界に達した、という認識が昂揚してきた結果でもある。

校訂が原本そのものの影印と、読み易さを追求した活字本とに二極化していくであろうことは、すでに三十年以上前に田中卓氏が予見されたことであるが（「日本紀天武天皇紀〝改訂本〟」『田中卓著作集』第五巻〈国書刊行会、昭和六十年九月〉所収、二一～三一頁）、近年の影印本の盛況を目の当たりにすると、まさに田中氏の慧眼どおりの方向に進んでいるかの印象を受ける。

こうした学界の動向に鑑みるとき、やはり、風土記研究においても、多くの研究者が手軽に原本、またはその複製を確認できるようになることが望ましい。その意味で、植垣節也氏が主宰された風土記研究会の会誌『風土記研究』が、主要写本の文字を並べた「豊後国風土記四本集成」や「常陸国風土記四本集成」を掲載したことは、その先鞭をつけたものである。近年、三條西家本『播磨国風土記』のカラー版影印本が新天理善本叢書として刊行されたことなども、本文研究を促進する有意義な企畫だと思う。

いかに印刷技術が進もうとも、異体字や訓点・傍訓まで原本どおりに再現することは不可能である。しかも、その最終的な識別をおこなうのは人間だから、前述のように、どうしても主観の介在する憚れがある。だとすると、労多くして益の少ない難作業に時間を費やすよりは、影印本を公開して各自それを参照してもらうほうが、はるかに公正であろう。各地の図書館や研究機関が、所蔵資料のデジタルデータをＨＰでアップロードしていることも、右に紹介した影印本の刊行とおなじ方向性をもつといえよう。

筆者は、校訂そのものを否定するものではない。むしろ、その恩恵に蒙ってきた一人として、校訂本の価値を高く評価するものである。ただ、橋本校訂本に接して、校訂本の限界と今後のテキスト研究の方向性について考えさせられるところがあったので、あえてこの一文を草した次第である。微意をお汲み取りいただければ、幸甚である。

附論

第一章　『續日本紀史料』編纂始末

『續日本紀史料』（以下、「續紀史料」と称する）全二十巻二十二冊が、このたび完結した。『續紀史料』は、文字通り、六国史の第二『續日本紀』の掲出記事をベースに、関係史料を網羅した編年史料集である。一巻に『續日本紀』全四十巻の二巻分を収載する方針で編纂を進めてきたが、途中、収載すべき関聯史料が多い第九・十の二巻を二分冊としたために、合計の冊数は二十二冊となった。各巻の分量は均一ではないが、少ないものでも五百頁に近く、最多頁の巻に至っては九百頁を超えている。こころみに、全冊を配架してみると、幅一メートルほどになり、一般的なスチール製の本棚の一段では足りない。なかなかの壮観である。

編纂の完了に際しては、各方面から労いの言葉とともに、「感無量でしょう?」と訊かれることが多い。しかし、感慨よりも、むしろビジネスライクな解放感のほうが先にくる。それほど、『續紀史料』の編纂は、筆者にとって大きなプレッシャーであった。

個人の感想はしばらく措くとして、小稿では、『續紀史料』完結に至る経緯について、かんたんに回顧してみたい。紙幅の制限もあるので、詳細な「編纂史」は望むべくもない。しかし、本誌も今号が最終刊になるので、そこに完結したばかりの『續紀史料』の編纂の顚末を書き残しておくことはそれなりに意味のあることだと思う。完結までの仔細なデータはべつな機会に譲ることにして、以下、編纂事業についての筆者の所感を綴っておきたい。

なお、筆者とほぼおなじ期間、皇學館大学史料編纂所の専任所員として、この事業に従事したかたに、岡田登氏（現皇學館大学文学部教授）がおられる。筆者が着任する以前のことは、筆者の前任の清水潔氏（現皇學館大学長）と、この岡田氏とがお詳しい。お二人にもなんらかの機会に編纂にまつわる「思い出話」をご執筆いただきたいと思う（このうち、清水氏は、学長の立場から、第二十巻の巻末に完結を記念した跋文を寄せておられるので、参照されたい）。

○

『續紀史料』第一巻の刊行は、昭和六十二年二月のことだが、それまでにすでに準備期間としてかなりの年月を費やしている。

史料編纂所の母体となる文学部附属の史料編纂室は、昭和五十年二月に設置されたが、ここで『續紀史料』編纂の準備が開始されたのである。その後、昭和五十三年四月に至って、史料編纂室は皇學館大学附置研究所に昇格したが、本格的な編纂事業は、むしろこのときはじまったといえる。ちなみに、附置研究所への昇格とともに認められた専任のポストには、現学長の清水氏が講師として着任された。

発足当初、皇學館大学史料編纂所は七つの部門からなり、『續紀史料』の編纂・刊行は第二部門（續日本紀編年）の事業であった。昭和五十三年六月発行の『史料』第一号には、初代所長の田中卓氏の「史料編纂所の創設について」と題する一文が掲載されているが、そこには、「研究と運営の組織」について、つぎのようにしるされている。

史料編纂室当時は、六国史時代の編年史料の編纂を主としてきたが、附置研究所となった以上は、研究領域も拡大・充実する必要があるので、学内外の協賛を得て、次のやうな「研究部門」と「所員構成」で再発足するとなつた。（※印は編纂審議委員）（中略）

第二部門（続日本紀編年）

※田中卓教授・渡辺寛助教授・清水潔講師・所功研究嘱託・川北靖之研究嘱託

右のうち、（中略）第二部門には、必要に応じて日本後紀以後の六国史時代をも含むものと理解していただきたい。ちなみに、当時は第一部門が日本書紀編年を、第三部門が律令格式を担当していたが、第一部門のメンバーは西川順土氏のみで、第三部門に至ってはまだメンバーさえ決まっていなかった。そこで、昭和五十八年四月には部門の再編がおこなわれ、第一・第二・第三部門は統合され、現在の第一部門（六国史編年史料）となった。ただし、研究課題は旧第二部門の「續日本紀史料の編年」をそのまま残した。この業務には、主として清水氏があたり、岡田氏がこれを助けた。同氏は、昭和五十九年九月、所内に大学史の編纂を目的とする「皇學館大学史編纂室」が設置された際に、文学部からここに移ってこられた。昭和六十二年三月に学史編纂室が閉鎖されるまでは、こちらがおもな仕事であった。

ところで、編年史料集はただちに原稿作成に着手できるというものでなく、「離陸」までには相応の準備が必要である。『續紀史料』の場合も、まず、『續日本紀』の本文確定のための写本の蒐集や、関聯史料の編年索引の作成が必要である。これらをスタッフが分担し、作業を進めるところからはじめた。後年、活字化された『東大寺要録編年索引』（昭和六十一年）・『公卿補任年紀編年索引　文武天皇元年～延暦十年』（平成二年）は、その産物である。ほかにも、非公開ではあるが、『古事類苑』の年紀索引稿や諸氏族系譜の年紀索引稿も用意し、その後の史料蒐集の足がかりとした。

こうした準備を進めつつ、原稿を組稿し、それを第一部門のスタッフによる原稿検討会にかけ、次第に形を整えていくのだが、第一巻の「ヤマ場」は大宝二年の戸籍であった。周知のように、これらについては断簡の接続に問題があり、それまでの研究を踏まえつつ、独自の復原案を提示するのはたいへんな苦労であった。

もっとも、これが契機となって、皇學館大学史料編纂所では、当時、まだそれほど注目を浴びていなかった正倉院古文書の復原研究にも力を入れることにした。マイクロフィルムの紙焼きなど関係資料を広く蒐めたことも、その後、養老五年の戸籍や、写経所関係文書を収載する巻の編纂に役立った。

このような関係者の努力の甲斐あって、前述のように、昭和六十二年には第一巻（文武天皇元年八月〜大宝二年十二月・是歳）が刊行の運びとなった。当時、筆者は学外にいたが、この偉業の開始に対する称賛をあちこちで耳にした。と同時に、今後蜿蜒と続く編纂作業の辛苦を慮る識者の声を聴いたことも事実である。もっとも、その時点では、よもや自身がその作業に従事することになろうとは思いもしなかった。

○

第一巻が出版されると、学界では続刊を望む声が高まったが、期待に反して、第二巻（大宝三年正月〜和銅二年十二月・是歳）はなかなか刊行できなかった。

私事にわたるが、筆者は、平成四年四月に皇學館大学史料編纂所に着任した。文学部に転出された清水氏のあとを承けて、この業務を引き継いだのだが、最初の仕事が、遅延していた第二巻の初校ゲラの校正であった。

この時点で、第一巻刊行からすでに丸五年が経過しており、作業の遅れは否めなかった。と同時に、第二巻のゲラ刷を開いて驚いたのは、未定稿といっていいような、不完全な箇所が随所にみられたことである。不審に思って、関係者に尋ねてまわると、版元の皇學館大学出版部の督促にたまりかねて、その場凌ぎでじゅうぶんに推敲を経ていない原稿を渡したのだという。事情を知らない出版部はそれを印刷所に廻送したので、ゲラが出てしまったのである。

思いもよらぬ話だったが、それを聞いてゲラの不備も諒解できた。着任怱々、「えらいことになった」と途方に暮れたが、それでは先に進まないので、思い直して岡田氏とゲラの補訂に取りかかった。当時は、まだ活版印刷の時代で、紙面の組み直しには多大な時間とコストを要したが、加えて、印刷所のほうにも問題があった。印刷を請け負ったのは、たしかに国内の印刷所であったが、実際に組版していたのは台湾にある下請け会社だった。その結果、ゲラのやりとりにも時間のロスが多く、おまけに、指示した内容があちらにうまく伝わらず、まさに隔靴掻痒であった。

そんなわけで、ゲラまで出ていたにもかかわらず、出版には程遠く、第二巻がようやく日の目をみたのは、平成六年三月のことである。筆者が着任してからでも、すでに二年の歳月が経過していた。

これに懲りて第三巻（和銅三年正月〜霊亀元年八月）は、第二巻の完成から二年後には上梓したが、第四巻（霊亀元年九月〜養老五年十二月・是歳）では養老五年の下総国戸籍の整理などで手間取り、結局、平成十三年三月までかかってしまった。けっして無駄に時間を過ごしていたわけではないが、そのころ、不祥事による急な所長の解任などもあって、所員が平穏に仕事に没頭できなかったも事実である。

もっとも、刊行が遅れがちになるのは、原稿作りのシステムにも原因があった。

当時の手順では、まず、筆者（一部は岡田氏が担当）が第一稿を組む。当時のワープロでは大部なデータの処理には対応できず、原稿は一から手書き。これは、相当骨の折れる作業であった。次いで、この原稿を原稿検討会と称する会議にかけて逐一検討していく。これがまた根気の要る作業なのだが、じつは、この検討会のメンバーには外部の先生方も多く加わっておられた。そのため、講義や公務のある時期に開くことはむつかしく、大学の休暇中に集中しておこなわれるのが常であった。しかしながら、年間を通じて会議のために確保できる日数はわずかで、厖大な第一稿をすべて消化することは不可能であった。その結果、検討会を経ない粗稿が溜っていくばかりであった。

後年、周年事業（後述）に組み込まれ、完成までの期限を切られるかたちになったので、この方式は大きくあらためた。すなわち、原稿検討会を毎月一二回（最後のころには毎週）実施することにして回数を増やし、たとえ参加者が専任所員だけでも（むろん、都合のつく場合は兼任所員・研究嘱託も参加していただく）休まずおこなうやりかたに変更したのである。これによって、大いにピッチはあがったが、それまでのように、多くの先生方の有益な意見を徴した、慎重な進めかたと比較すると、かならずしも満足のいく方法ではなかった。

○

『續紀史料』の編纂・刊行の事業において大きな劃期となったのは、右にもふれた周年事業である。皇學館大学は、平成二十四年五月に創立百三十周年・再興五十周年を迎えたが、それに先立って、平成十四年のころから、大学の諸機関がそれぞれ記念の事業を企てることになった。

史料編纂所では、数次の議論を経て、『續紀史料』を平成二十四年度までに完成させ、これを周年事業として位置づけることで落ち着いた。とはいえ、その時点で創立百三十周年・再興五十周年の記念の年までには僅々十年しか残されていない。これまでのペースを維持するだけでは、全巻完結はおろか、その半分にさえ到達できないのは目にみえていた。

そこで、刊行速度をあげるための方策として、当時兼任所員だった渡辺寛・清水潔両氏の厚意あるお申し出をうけて、お二人にも第一稿の作成を分担していただくことにした。さらに、前述のように、原稿検討会の回数を大幅に増やすことによって、溜った粗稿を消化することにした。

こうした新方式は、原稿作成のスピードアップに大いに効果があった。ただし、やはり、無理もあった。渡辺・清水両氏も多忙で、結局、担当していただけたのは、天平九年一年分に留まり、そのあとは専任所員で引き取ることになった。しかも、平成二十二年度からは、岡田氏が文学部に転出された。当初、『續紀史料』の作業は、転出後も継続していただく約束だったが、同氏も多忙となり、結局、延暦年間の岡田氏担当分（元年・五年・八年）は残る専任所員が原稿を作成した。

○

ところで、こうした手順の改革に加え、業務の進捗に与って力があったのは、平成十六年度からあらたに遠藤慶太氏が着任されたことである。これで、岡田・荊木に加えて、専任所員三名体制が確立し、ずいぶん作業のペースがあがった。遠藤氏は、栄原永遠男氏の指導のもと、正倉院古文書について研鑽を積んだかたで、当時、苦慮していた、正倉院古文書の接続・排列に大いに力を発揮してくれた。

ちなみにいうと、第一巻刊行当初、『續紀史料』は、續日本紀時代の関聯史料を細大漏らさず収録する方針で編纂に臨み、断簡零墨といっていいような、断片的な木簡の記載や土器の墨書まで拾っていた。しかし、厖大な正倉院古文書を取り扱う第六巻からは、思い切って、年紀の確実な文書に留めることにした。また、年紀のたしかなものでも請假解・上日状のような、おなじ書式のものが蜿蜒とつづく書き上げのたぐいは、適宜抄出する方式に切り替えるなど、工夫を加えた。それでも、分冊にしなければ対応できない巻が二巻も生じたから、正倉院古文書の処理は難物であった。

しかし、苦労の甲斐あって、第五巻（養老六年正月～天平二年十二月・是歳）を平成十五年三月に刊行したあとは、翌年十二月に第六巻（天平三年正月～同九年十二月・是歳）を、平成十七年十月には第七巻（天平十年正月～同十四年十二月・是歳）を、と刊行を軌道に乗せた。以下、最終刊までの刊行ペースは、つぎのとおりである（括弧内は、発行年月）。

第8巻　天平五年正月〜同十八年十二月・是歳（平成十八年三月）
第9巻上　天平十九年正月〜天平勝宝元年十二月・是歳（平成十九年三月）
第9巻下　天平勝宝二年正月〜同四年十二月・是歳（平成十九年十二月）
第10巻上　天平勝宝五年正月〜同八歳十二月・是歳（平成二十年八月）
第10巻下　天平宝字元年正月〜同二年七月（平成二十年十二月）
第11巻　天平宝字二年八月〜同四年六月（平成二十一年五月）
第12巻　天平宝字四年七月〜同七年十二月・是歳（平成二十二年一月）
第13巻　天平宝字八年正月〜天平神護元年十二月・是歳（平成二十二年五月）
第14巻　天平神護二年正月〜神護景雲元年十二月・是歳（平成二十三年三月）
第15巻　神護景雲二年正月〜宝亀元年九月（平成二十四年三月）
第16巻　宝亀元年十月〜同四年十二月・是歳（平成二十四年七月）
第17巻　宝亀五年正月〜同八年十二月・是歳（平成二十五年一月）
第18巻　宝亀九年正月〜天応元年十二月・是歳（平成二十五年七月）
第19巻　延暦元年正月〜同四年十二月・是歳（平成二十五年十月）
第20巻　延暦五年正月〜同十年十二月・是歳（平成二十六年三月）

最後の平成二十五年から翌年にかけては、一年餘のあいだに三冊を出版するという大車輪であった。いかにも拙速という印象を免れないが、与えられた時間内で最善を尽くしたつもりである。また、この時期、かつての研究嘱託の橋倉雄二氏や鈴鹿工業専門学校講師の川合洋子氏らがアルバイトで編纂に協力されたこともありがたかった。
しかしながら、詰めの段階で岡田氏が抜け、荊木・遠藤の二人で事業を締め括らざるをえなかったのは、痛手であった。予定より一年遅れたのも、そのためである。ただ、それでも、最後まで年間二冊程度の刊行ペースを維持することができたことは、関係者の誇りとするところである。

○

全巻の完結自体はまことにうれしいことであり、第一部門主任としては胸を張りたい心境である。しかし、如何せん、編纂事業が長期にわたったため、途中の編輯方針の転換よって生じた収載史料の揺れ、誤脱など、さまざまな課題を残した。これらについては、新しく設置された皇學館大学研究開発推進センターの業務として、心機一転取り組んでいく所存である。

最後に一言申し添えておく。

『續紀史料』が完成するにあたっては、これまで数多くのかたがたのお世話になった。いちいちその芳名を掲げる餘裕はないが、わけても直接編纂にお力添えいただいた旧所員・旧研究嘱託のかたがたには、この場を借りてお礼申し上げたい。

また、第一巻の刊行以来、『續紀史料』の購読を継続してくださった読者にも、この機会に感謝の誠を捧げたい。虎尾俊哉先生のように、顔を合わせるたびにわれわれを督励してくださったにもかかわらず、完結以前に物故された先生もいらっしゃる。しかし、こうして本書をもとめてくださった読者が多数おられたからこそ、事業を最後まで続けることができたのである。そのご支援に深謝する次第である。

皇學館大学史料編纂所は、『續紀史料』の完結でその役割を終えたわけではなく、以後も研究開発推進センターの一機関として活動を続けていく。今後の、さらなるご指導・ご鞭撻をお願い申し上げつつ、もって『續紀史料』編纂完了のご報告としたい。

〔附記〕

小文中の人物の肩書は、旧稿執筆同時（平成二十六年三月）のものである。本書再録にあたっても、旧のままとしたことをお断りしておく。

第二章　増尾伸一郎先輩を悼む

平成二十六年七月二十五日、東京成徳大学人文学部の増尾《ますお》伸一郎《しんいちろう》教授が逝去された。享年五十九。筑波大学の大学院入学以来、三十二年間兄事してきた増尾さん（生前の呼びかけのとおり、あえて「増尾さん」「先輩」と書かせていただく）の訃報はあまりにも突然で、岐阜大学の早川万年さんからお電話を頂戴したときには、衝撃で言葉も出なかった。

増尾さんは、七月中旬、調査のために韓国に出かけていたが、このときはなにごともなく日本に戻られた。ところが、帰国直後の二十五日の朝、勤務校の補講のため、自宅を出て横須賀線に乗っていたところ、突然、心筋梗塞の発作に襲われた。そして、そのまま帰らぬひととなった。

信じられないことだが、電車は、息絶えた増尾さんを乗せたまま、その後も往復運行を繰り返し、夜、車輌の切り離し作業の段になってようやく発見されたという。乗り合わせたひとは、誰も増尾さんの異変に気がつかなかったのであろうか。痛恨の極みである。

○

増尾さんは、昭和三十一年山梨県のお生まれ。地元の山梨大学学藝学部附属中学校・甲府第一高等学校を経て、筑波大学第一学群人文学類に入学。昭和四十七年十月に発足した筑波大学の第二期生であった。昭和五十四年三月に学部を卒業し、さらに大学院歴史人類学研究科に進学して、井上辰雄先生のもと日本古代史の研究に邁進された。名門校だった附中進学についてうかがうと、「当時はもう入学試験なんかなくって、籤引だったけどね」[1]と笑っておられたが、謙遜とは裏腹に、附中では伝説的な秀才だったと仄聞している。増尾さんの博学は有名だが、当時から桁外れの読書量を誇っていた。知的好奇心旺盛な若き日の先輩の姿が目に泛《うか》ぶ。

筆者がはじめてお目にかかった昭和五十七年は、増尾さんが結婚された年である。大学院での勉強のかたわら、私立高校の教壇に立ち、忙しそうにしておられたのが印象的であった。当時は、週に一日だけ登校し、大学院のゼミと放課後の研究会に出席された。大学に来られる日は、きまって附属図書館に直行し、コイン式複写機の横に本と小銭を堆く積み上げて、文献のコピーに専念されていた。時々お手伝いしたが、しばらく続けても傍らに置いた本や雑誌は、なかなか減らなかった。

ご結婚を機に、それまでお住まいだった茨城県土浦市の下宿[2]を引き払い、千葉の市川の賃貸住宅に引っ越されたのだが、このとき、下宿の荷物（といっても大半が書籍なのだが）の運び出しをお手伝いした。生活していた部屋とはべつに書庫がもう一室あって、こちらは本で埋め尽くされていた。夥しい蔵書を目の当たりにして、蒐書も学者の「修行」なのだと痛感した。爾来、先輩を見習い、頑張って参考書を揃えたが、とても追いつくことはできなかった。

ちなみに、その後、市川から横浜市内の借家に移られた。このときも引っ越しのお手伝いにうかがったが、やはり、いくら運び出しても本が減らない感じだった。

ここでの生活は比較的短期間で、ほどなくおなじ横浜市の旭区鶴ヶ峰本町に自宅を購入し、この家でご逝去まで暮らされた。当時はいわゆるバブル景気で、不動産は高騰の連続。増尾さんが購入された家も、入居前から不動産業者が売却をもちかけてくる始末で、先輩もいささか呆れ顔であった。

お住まいを横浜に定められたのは、奥様が日本女子大学の大学院修了後、横浜市職員に採用されたことが大きな理由だったと思うが、ご自身も東京の高等学校や大学で講師をなさっていた。[3] 学習院女子高等科に勤務しておられたのも、このころである。昭和六十一年に小生が受け取った手紙には、「今年は、とうとう紀宮清子内親王のクラスにあたってしまいました」と認められていた。

増尾さんは、生徒や学生に人気があったが、教え子である紀宮（黒田清子）さまからも慕われていた。プライベートで皇居に招かれたこともおありだったという。増尾さんは、高校であれ、大学であれ、終始受講生と真摯に向き合ってこられた。若いひとには、そうしたひたむきな姿勢が魅力的だったのであろう。

○

その後、増尾さんは、大阪府藤井寺市にある大阪女子短期大学に着任し、ここではじめて研究者としてのポストを得られた。そして、同短大に数年勤務したあと、新設の豊田短期大学（愛知県豊田市、現桜花学園大学）に転出された。奥様の仕事の関係で横浜を離れるのはむつかしかったのだろう。現地でアパートを借りながら、「金帰火来」を繰り替えされた。土師《はじ》の里《さと》のアパートにはなんどか泊めていただいたが、後年人気俳優となる古田《ふるた》新太《あらた》さんが隣人だったという話は、ずいぶんあとになってからうかがった。

こうした「遠距離通勤」から解放されたのは、平成六年四月、千葉にある東京成徳大学への転任が実現してからである。ただ、ご自宅から通えるとはいえ、八千代市の大学との往復にはずいぶん時間を要した。通勤のご苦労は、文字通り亡くなるまでついて回った感がある。

思えば、直接お会いする機会は、先輩の在阪時代がもっとも多かった。しかし、大阪を離れ、たまにしかお目にかかることができなくなっても、お手紙やはがきはこまめにくださった。ご自分では筆無精とおっしゃるが、けっしてそんなことはなかったと思う。お忙しいから、かんたんな通信に留まるのはやむを得ない仕儀である。それでも、著書や論文の抜刷をお送りすると、かならず近況報告を兼ねたお返事をくださった。誰にでもできることではなく、先輩の律義な性格をよくあらわしていた。

律義といえば、新刊が出ると、われわれのような後輩にまでかならずご恵投くださるのには、恐縮した。増尾さんの本領である、古代の道教受容や民間信仰の研究をまとめた『万葉歌人と中国思想』（吉川弘文館、平成九年四月）を頂戴したときは、有益なご本の刊行をわがことのようによろこんだものである。同書は、こんにちもなお評価の高い研究書だが、急逝のために、先輩の単著はこれだけになってしまった。淋しいかぎりである。

ただ、丸山宏氏との共著『道教の経典を読む』（大修館書店、平成十三年四月）・服藤早苗氏らとの共著『ケガレの文化史』（森話社、平成十七年三月）・篠川賢氏らと共著『藤氏家伝を読む』（吉川弘文館、平成十二年二月）をはじめとして、研究仲間と編んだ共著は数多い。これらの著作は、増尾さんの研究領域の広さと学識の深さを示して餘蘊がない。と同時に、生前、驚くほど多方面の研究者と親交のあったことがうかがえる。

増尾さんは、どちらかというと昔気質の人間である。当世流行のタブレットにもスマートフォンにも一向に無関心。原稿も一貫して手書き。通信手段はもっぱら郵便で、たまにファックスを利用される程度であった。しかし、皮肉にもそのおかげで、いただいた自筆のお手紙は、故人を偲ぶかけがえのない縁《よすが》となった。手元に残った書信は、いずれも先輩の近況やお人柄をよく伝えている。私信ではあるが、近年のものに限って、二三紹介することをお許しねがいたい（文中の〔　〕内は荊木が補足）。

拝復　ご心配をおかけして申し訳ありません。井上〔辰雄〕先生の会の数日後に歯科で親不知を抜歯した際に投与された鎮痛剤と抗生剤が強すぎて十二指腸潰瘍が再発、出血したため一週間入院しました。退院後、歯根の残片を除去する処置を受けたところ、今度は麻酔の影響で腸閉塞を起こし、再入院。開腹手術を受けましたが、今回は内蔵にメスが入らなかったので二週間程で退院し、九月末まで自宅で静養、十月から「社会復帰」しました。一本の虫歯の治療から思いがけない展開となり今年の夏は散々な結果に終わりました。日頃の不摂生が祟ったのだと皆にいわれ、自覚の日々です。という次第で、どうかご放念ください。（平成二十年十月十七日綾瀬の消印）

この年の八月二十三日、聖徳大学の黒須利夫君のお骨折りで、井上辰雄先生の瑞宝中綬章叙勲を祝う会が東京ドームホテルで開催され、増尾さんもお見えになった。ところが、この会の直後に発症。早川さんからのお電話で入院を知り、驚いた。慌ててお見舞いの手紙を差し上げたが、折り返し頂戴したのが、右の返信である。学部の学生だったころに十二指腸潰瘍を患っておられたことは、以前にご本人からうかがった。文中、「再発」とあるのは、それをいったものである。

つぎの書翰も、ご病気の話題である。

わざわざお見舞状をいただき恐縮です。ご心配をおかけして申し訳ありません。人間ドックで腫瘍マーカーをかけたところ前立腺がひっかかり、精密検査で早期の癌がみつかったため七月末に摘出手術をうけました。二週間ほどで退院しましたが、（中略）リンパ節への広がりは無かったのでひとまずヤレヤレです。これから三カ月毎に血液検査をうけることになります。そろそろ夏休みも終わりですが、ご自愛を。集中講義（中国思想史）のため岩手大にきています。盛岡はもうすっかり秋の気配です。（平成二十一年九月十五日盛岡の消印）

先輩は、勤務校以外にも、あちこちで精力的に講義を引き受けておられたが、これも岩手大学に出講された際に、わざわざ旅先から投函してくださったはがきである。五十を超えて身体のあちこちにがたが来るのはわれわれもおな

恒例の井上辰雄先生を囲む会。前列左から増尾氏・井上辰雄先生ご夫妻
（平成 25 年 8 月 6 日、旧西武筑波店にて）

じで、入院は他人事とは思えなかった。もっとも、上記二度のご病気は完治し、大好きなお酒も召し上がっていた。健康を恢復した先輩を拝見し、すっかり安心していただけに、このたびの悲報はまさに青天の霹靂だった。

最後に掲げるのは、比較的最近のもので、昨年夏にいただいたおはがきである。

拝復　残暑（というよりは酷暑ですが）御見舞い申し上げます。先日は、久しぶりにお目にかかれて（小沼〔健司〕さんにも）愉しかったです。「世界一統」恐縮です。却って散財させて心苦しい思いです。が、早速小ビンに移して冷蔵庫に冷してご馳走になっています。田辺ではいつも黒牛を初日に、二日目に世界一統をのみます。それにしても化粧箱のすばらしいこと！　こんなすてきな箱があるとは知りませんでした。十月に東洋大で南方〔熊楠〕のシンポがあってちょっとしゃべることになっているのですが、その時、この箱を「宣伝」

します。お礼まで。（平成二十五年八月十九日保土ケ谷の消印）

昨年の八月六日、毎年恒例の井上辰雄先生ご夫妻を囲む会がつくばで開かれた。会の終了後、東京駅まで先輩とご一緒し、駅構内の蕎麦屋でご馳走になった。宮内庁書陵部の相曽《あいそ》貴志《たかし》君も同席した。忘れられない愉しいひとときだった。このときのお礼に、後日墓参で和歌山に帰省したおりに、世界一統という蔵元が販売している本醸造「熊楠」をお送りした。世界一統は、南方熊楠《みなかたくまぐす》の父弥右衛門がはじめ、熊楠の実弟の常楠《つねぐす》が事業を拡張した、和歌山の老舗酒造会社である。熊楠の肖像と彼の描いた粘菌図譜をあしらった化粧箱は、平成三年のパッケージデザイン賞を受賞したほどの、瀟洒な出来栄えである。夏になると田辺市中屋敷町に残る旧南方邸の調査に赴いておられた[4]増尾さんに相応しい品だと思ってお送りしたのだが、お気に召されたようでうれしかった。

今年も、お元気ならば、八月には、恒例の南方邸の調査のために紀州田辺を訪れる予定だったという。しかし、それも叶わぬ夢となってしまった。ご本人がいちばん無念であろうが、われわれも残念でならない。あらためて生前の学恩に感謝しつつ、先輩のご冥福をお祈りしたい。

合掌

〔補註〕

（1）山梨大学学藝学部附属中学校は、地元の名門中学校だったが、他の附属で発覚した入学試験をめぐる不正事件をきっかけに、昭和四十四年度から入学試験を撤廃し、抽籤方式に切り替えた。

（2）筑波大学の所在地は、当時の地名表記でいえば、茨城県新治郡桜村。ここはもともと人家もまばらなところで、開設したばかりの大学周辺には、学生向けのアパートやマンションもほとんどなかった。だから、第一・二期生のかたがたのなかは、宿舎を出たあと、隣接する土浦市内に居住するケースが多かった。

（3）　学習院のほかに、筆者が承知しているのは、昭和六十一年前後、跡見女子大学の非常勤講師を務めていたことだけである。

（4）　東京駅でうかがった話では、熊楠と高木敏雄の往復書翰の飜刻と注解を企画・執筆しておられたようである。

第三章　井上辰雄博士とその著作

筑波大学名誉教授の井上辰雄先生が亡くなった。先生は、昭和三年十月、現在の東京都豊島区のお生まれ。昭和二十一年四月に東京高等師範学校に入学し、同二十四年三月に卒業、四月から東京大学に進学された。同大学では、坂本太郎博士のご指導の下、日本古代史の研究に邁進し、同二十七年三月に文学部国史学科を卒業されている。その後も、東京大学大学院（旧制）に進学して研鑽を積まれたが、昭和三十二年三月には大学院を満期退学。四月からは川村女子短期大学講師に着任し、翌年一月には助教授に昇格されている。さらに、昭和三十五年四月からは、熊本大学法文学部助教授（昭和四十六年六月には教授昇格）として熊本に赴任し、昭和五十年まで十五年間勤務。在任中には、熊本県文化財保護専門委員・大宰府発掘指導委員などを歴任し、地域の文化財行政にも貢献されている。

昭和五十年五月には、開学間もない筑波大学歴史・人類学系教授に迎えられ、平成四年三月に退官されるまで、十七年間同大学に奉職された。在任中は、歴史・人類学研究科長、人文学類長、第一学群長など、学内の要職を歴任し、学内行政にも尽瘁しておられる。

なお、筑波大学退官後は、城西国際大学人文学部教授に着任し、招聘教授を経て同十七年三月まで同大学に在勤、大学の発展に尽力された。

城西国際大学退職後は、もっぱら著述活動に専念されたが、一般向けの読みやすい啓蒙書や事典類だけでなく、本格的な研究書も刊行し、その執筆意欲は、平成二十七年十一月に亡くなるまで衰えることはなかった。

○

井上先生の著作で好きなものをあげろといわれると困惑する。なにしろ、先生の論文は若いころずいぶん耽読したので、それらは研究者としての筆者の血となり肉となったものばかりである。だから、愛着を感じるものも少なくないのだが、はじめて読んだ『火の国』（学生社、昭和四十五年十月）は、いまでも印象に残っている。ちょっと意外に思われるかも知れないが、個人的に好きなのは、一般向けの『『常陸国風土記』の世界　古代史を読み解く一〇一話』や『万葉びとの心と言葉の事典』である。古典に登場する一つの語句を導入として、関聯するさまざまなことがらを縦横に展開する叙述は、あたかも蚕が美しい絹を紡ぎだすかのごとくで、読んでいると、まさに知の世界に遊ぶ心地がする。博引旁証だが、けっして衒学的なところがなく、その智識の広がりは読むものを魅了する。まさに学殖豊かな先生の独擅場である。学問が細分化し、個々の研究者が自身の専門領域で緻密な研究を積み上げていくスタイルが確立した昨今では、こうした文章を書ける歴史学者はあまりおられないのではないかと思う。

ついでにいうと、晩年に遊子館から出された書き下ろしの単著十一冊は、先生のご著書のなかでは格段に文章が読み易い。これは、先生が一般向けのご著書であることを意識して執筆されたからであろうが、それに加えて、有能な編輯子のサポートも少なくなかったのではないかと推測する。先生の原稿を叮嚀に校閲し、ときに先生に修正をお願いするようなこともあったのではないかと思うが、生前にこの点をご確認する機会がなかったのは残念である。

○

先生の著作の特色の一つに、書き下ろしの単行本の多いことがあげられる。古代史の研究者の著書は、既発表の論文をまとめたスタイルのものが多いのだが、先生の場合、驚くほどたくさんの書き下ろしがある。遊子館から刊行された一連の遊子館歴史叢書や辞典類もそうだし、古くは学生社刊行の『火の国』『隼人と大和政権』、教育社の『古代王権と語部』『熊襲と隼人』などもそうである（『古代王権と語部』は一部既発表の論文をベースにしている）。これらは、先生の健筆ぶりを示して餘蘊がない。

学者のなかには書くことを苦にするかたもいらっしゃるが、先生の場合、そんな気配は微塵もなかった。それどころか、書くことを無上の悦びとしておられたかのごとくである。研究を業務の一貫と考えているようなかたのなかには、退職後書くことを放擲してしまうケースもある。ところが、井上先生の場合、退職後にますます筆が冴えるのである。察するに、先生にとって、執筆活動とは、冥利とは無縁の、生きがいのようなものだったのではあるまいか。ちなみに、平成十四年に『熊本日々新聞』の朝刊に連載された「古今の夢」は、先生のご健筆を象徴している。これは、一月三日から十二月三十日までほぼ毎日、歴史に題材を取りつつ、先生の該博な知識を披露されたエッセイである。一回四百五十字ほどの小さなコラムだが、これを毎日綴ることは、アイデアや構想もさることながら、気力と筆力がなければ、到底なしえないことである。

こうした書き下ろしに注がれた情熱にくらべると、既発表の論文を整理して、論文集を編むことにはあまり執着されない印象があった。最初の論文集である『正税帳の研究　律令時代の地方政治』、学位論文の『古代王権と宗教的部民』はそれまで発表した論文をまとめたものだが（それでも、両方とも新稿がかなり盛り込まれている）、以後は、数多くの論文を毎年のように発表しながらも、ついにそれらを本にされることはなかった。先生は、一度発表すればそれで論文の使命は尽きたと考えておられたのかも知れない。つぎつぎと新しい構想が浮かび、それを追いかけることに夢中で、過去を振り返る間などなかったというのが偽らざるところではあろう。

○

先生の論文は、駆け出しの若手にはちょっととっつきにくいところがあった。とくに、先生が『正税帳の研究　律令時代の地方政治』で扱われた正税帳は、天平年間の諸国の収支決算報告書で、原文は数字の羅列であり、それも大字で書いている。数字に弱い筆者などは、最初の帳簿の復原研究で挫折してしまう。そのため、若いころには、この本の良さがわからなかったところがある。しかし、一見無味乾燥の帳簿の記載から、古代の地方政治の実態を描き出す手法はじつに鮮やかで、こちらも年齢を重ねて読み返すと、あらためてその面白さを味わうことができた。

ただ、正直申し上げると、先生の論文は、啓蒙書とはちがい、ちょっと読み辛いところがある。

まず、先生ご論文は、概して長文である。たとえば、『古代王権と宗教的部民』は四百五十頁を超える大冊だが、収録論文はわずかに六篇。一篇平均八十頁の大作ばかりである。長さはともかく、これらの論文には細かい章立てなどない場合が多く、結論として自説の要点やまとめを附すものもあまりない。たとえば、前掲書収録の「大化前代の中臣氏」などは、組み上がりが七十頁を超える長編だが、書き出しから終わりまでまったく見出しも章節もない。筆者も、馴れないうちは、なかなか読むのが大変だった記憶がある。ただ、先生のご研究にはこうした読み辛さを克服してまで読破するだけの価値がある。これから先生の論文に取り組もうとする若い研究者も、その点をご承知おきいただきたい。

なお、若い読者のために老婆心ながら申し上げておくと、『正税帳の研究　律令時代の地方政治』（塙書房、昭和四十二年十一月五日初版）の初版・再版には、残念ながら誤植が多い。なかには、「薗田香融」が「菌田香融」となっているなど、ユーモラスな誤植もある。これらは、昭和五十七年九月十五日発行の三刷で、当時大学院の学生だった早川万年氏らのお骨折りにより数百箇所訂正されたので、おもとめになるなら、古書で三刷を探すか、それをもとに現在出ているオンデマンドをお勧めしたい。

○

なお、井上先生のご著作については、微力ながら、二度ほど直接かかわる機会に恵まれた。一度は、拙編著『令集解私記の研究』の刊行のときである。同書は、『令集解』所引の令釈・讃記・跡記・穴記などの成立時期に関する論文を集成したもので、多くの先生方の協力を得て完成した。井上先生の一連の論考もこのときお願いしてすべて収録させていただいた。原論文の誤植や表現の不備については、数度に及ぶゲラの遣り取りの過程でかなり手を入れていただいたので、いわばこれが先生の論文の決定版である。幸い、集解諸説の関する先生のお説は本書から引用されることが多く、先生の学説の普及に貢献できたことはうれしかった。ただ、この本も、現在は品切れで、古書価格も高騰しているので、折をみて復刊したいと思う。

いま一度は、遺著になった『慶滋保胤』である。脱稿された原稿を小生のもとにお送りくださったのは、亡くなる一年ほど前のことである。「出版したいので、適当な出版社を探して折衝してほしい」とのことであった。小生などが先生のご本の出版にかかわるのは分不相応な気がしたが、わざわざご指名くださったのは光栄なことなので、直ちに二三の出版社に刊行を打診した。井上先生のご著書なら、と企畫に意欲をみせる出版社もあったが、データで入稿してほしいとの希望であった。先生は亡くなるまで著述にパソコンをお使いになることはなく、原稿はすべて手書き。小生のところにお送りいただいた原稿も、二百字詰原稿で一千八百枚ほどの自筆原稿であった。

そこで、小生が暇をみつけては入力していったのだが、なにしろ厖大な量で、かんたんには終わらなかった。ほぼ全文の原稿の入力を完了し、内校も終えたので、先生にそれをご覧にいれようと思い、ご自宅にお電話を入れたのが、平成二十七年二月一日のことであった。じつは、この日、先生は退院されたばかりであった。退院されたとはいえ、お声には元気がない。そのような状態の先生に出版の話を切り出すのはいかがかと思われたので、原稿の入力が終わったことと、いずれ先生にもご確認いただきたいことなどをお伝えして電話を切った。ただ、その後、先生は入退院を繰り返し、十一月二十三日にお亡くなりになったので、ついに入力したデータをお目にかけることはできなかった。八月のお見舞いの際にも、「ご退院後は、ぜひお目通しを」と申し上げると、先生は頷いておられたが、それは実現しなかった。

せっかく託していただいた玉稿を生前にご出版できなかったのは、返す返すも残念だったが、平成二十八年五月七日におこなわれた先生を偲ぶ会に合わせて刊行することとなり、遺著として関係者のかたにお配りすることができたのはせめてもの幸いであった。刊行までに多くのかたがたのお世話になったが、本文の校正では早川万年氏に、略歴では中野目徹氏に、先生の著作目録（増補版を附録として掲載）の作成では堀部猛氏に、それぞれ多大なご苦労をおかけした。ここにそのことを特記して、もってお礼にかえたい。

先生は、ご健勝で体格にも恵まれておられた。研究旅行などでごいっしょする際には、その大きなお背中を頼りについて行けば、はぐれることも道を失う心配もなかった。

思えば、研究もおなじであった。先生の書かれたものを羅針盤として、その方向性を頼りに自分も研究を重ねていけば、けっして道を誤ることはなかった。その意味で、先生のご著書は、まさにその後ろ姿のそのものであった。

もはやあのお背中を追うことがないのは寂しいかぎりが、先生が遺された著作は不朽である。それらは、いまなお、高みからわれわれ門下生を導いてくださるのである。

合掌

第四章　塚口義信博士の古代史研究

―『邪馬台国と初期ヤマト政権の謎を探る』に寄せて―

塚口義信《つかぐちよしのぶ》博士（以下、「著者」と称する）は、処女作「三韓の用語に関する一考察―日本書紀資料論研究序説―」上・下（『日本歴史』二五八・二五九、昭和四十四年十一・十二月）以来、半世紀近くにわたって、日本古代史研究をリードしてきた斯界の重鎮である。この豊中歴史同好会でも、顧問として毎年の講座やツアーの企畫に尽力されていることは、会員の皆様方がよくご存じのとおりである。

本書は、著者の厖大な研究のなかから、とくに日本古代国家の形成にかかわる重要なテーマを取り上げた論文六篇を択《えら》んで編んだものである。もっとも、「論文」とはいうものの、著者の文章は本来が平易かつ明快であり、そのうえ、このたびの再録にあたっては、引用史料を読み下し文に改め、読者の理解を助けるために図版を追加するなど、随所に一般向けの工夫が施されたので、専門家以外のかたがたにも親しんでいただけると思う。

著者のこの種の著作としては、平成五年九月に学生社から刊行された『ヤマト王権の謎をとく』がある。同書も、平易な語り口で一般にも親しみやすい形をとるが、じつはきわめて質の高い古代国家形成史の研究であり、学界にも大きなインパクトを与えた好著であった。

まず、本書の目次を示しておこう。

第４章　塚口義信博士の古代史研究

これをご覧いただけばおわかりのように、本書は二部構成で、前半は邪馬台国《やまとこく》研究、後半は初期ヤマト政権にかかわる個別研究四篇を収録する。時代でいうと、前半は三世紀史、後半は四～五世紀史に相当する。

「はじめに」でものべられているように、七世紀に成立する古代国家には、それ以前に長い形成史があった。このうち、誰もが知っているのが、三世紀の邪馬台国を軸とする倭国《わこく》の存在である。いっぽう、これとはべつに、のちに律令国家を創出する政治勢力（いわゆる「ヤマト政権」）が存したことも周知のとおりであり、その存在も、近年では三世紀にまで溯るといわれている。

この二つの政権がいかなる関係にあるのかということは、古代史上きわめて重大な問題である。かりに、邪馬台国が畿内大和にあったとすれば、三世紀前半の段階で倭国はすでに西日本規模の統一政権を確立していたことになり、それがそのままヤマト政権に継承されていくことになる。しかし、邪馬台国の所在地が九州だとしたら、そうした広範囲に及ぶ統一政権を想定することは不可能である。そうなると、九州に存した邪馬台国と大和にあったヤマト政権は、いかなる関係にあったのかが問題となる。

こうしてみていくと、いわゆる邪馬台国論争は、たんなる知的遊戯ではなく、日本古代国家の成立過程をどのように把握するかという一大議論であることがおわかりいただけると思う。

とはいうものの、この問題の解決の糸口となるのは、わずか二千字足らずの魏志《ぎし》倭人伝《わじんでん》。それも肝心なところで情報不足という、いかにも心もとない史料である。また、援用すべき考古学的資料にしても、研究者によってその理解に大きな懸隔がある。そうしたことが相俟って、多年にわたる研究の蓄積にもかかわらず、論争に終止符が打たれるに至らないのが、現状である。

○

著者は、本書第Ⅰ部において、果敢にこの難問に挑戦している。すでに議論が出尽くした感があり、決定打に乏しい邪馬台国論争において、あえて自説を公けにするには、揺るぎない信念と高い見識が需《もと》められる。著者も、それまで非公式には邪馬台国＝大和説を口にされることはあったが、じゅうぶんに想を練り、私見の公表に踏み切ったのは還暦を過ぎてからのことである。まさに満を持しての感がある。

第Ⅰ部は六章にわかれているが、「はじめに」の初出一覧にもあるように、もとは「講座・邪馬台国と倭女王卑弥呼―邪馬台国所在地論管見―」と題する一連の講演速記であり、一篇一篇が独立した第Ⅱ部とは趣きが異なる。

本書に収録された邪馬台国論は百二十頁を超え、取り上げられた問題も多岐にわたるが、その内容は一言で云えば、あらたな邪馬台国＝大和説の提唱である。

そのポイントは、魏志倭人伝の解釈にある。すなわち、著者によれば、魏志倭人伝の旅程記事のうち、伊都国《いとこく》以後の部分は放射状式に読むべきであり、伊都国から水行十日ののち、周防灘附近に上陸し、そこから陸路をとって（おなじ放射式でも、榎一雄説では水行十日または陸行一月と解釈）南進し（実際には東進）、大和の邪馬台国に到達したのだという。

その際、魏志倭人伝に記される「南」は「南」のままでよいが、それは当時の中国における地理的認識においては畿内大和の方向を指していると考える。ここが塚口説の命脈である。要するに、魏志倭人伝の編者である陳寿《ちんじゅ》は、郡使の報告書によりつつも、当時の地理的認識にしたがって修正を加え、辻褄を合せて記したとみるのである。

魏志倭人伝における中国人の地理概念を問題にした論文は、過去にも数多くある。しかし、郡使の報告書では正しく記載されていたものが、伝統的な地理概念から脱却できずにいた陳寿によって修正されたというアイデアは、前人未発である。これは、魏志倭人伝を徹底的に読み、編者の思想にまで踏み込んだ、著者ならではの着想である。

このほかにも、著者の邪馬台国論には瞠目すべき点が少なくない。たとえば、著者は、卑弥呼《ひみこ》の歿後、男王派と卑弥呼派のうち、男王派がいったん聯合体を主導したが、のち卑弥呼派が盛り返し、女王（台与）を立てたと推測する。

そして、卑弥呼派は、みずからの正統性を示し、かつまた軍事力を維持・増強するために、先王の「冢《ちょう》」の造営を継続したのだと説く。著者によれば、卑弥呼の墓の完成は台与の時代、すなわち三世紀後半（第Ⅲ四半期）だった可能性が大きく、箸墓《はしはか》古墳はその有力候補だという。『日本書紀』にみえる、壬申の乱勃発直前の天智天皇陵の造営のエピソードを引きつつ、卑弥呼の墓の造営と派閥の軍事力を結びつけるくだりは、まことに興味深い。

また、卑弥呼の鬼道《きどう》や三角縁神獣鏡《さんかくぶちしんじゅうきょう》に対する著者の理解も看過できない。著者は、卑弥呼の鬼道を、日本の土着信仰と五斗米道《ごとべいどう》系の思想の習合ととらえ、道教の神仙思想などとのかかわりから、三角縁神獣鏡はその祭具であったと指摘する。そして、この鏡が畿内を中心に分布することは、邪馬台国がこの地にあったことを示す有力な証拠だと考える。

三角縁神獣鏡の生産地や製造年代については、なお議論があるが、著者が、これを卑弥呼の鬼道とのかかわりで取り上げた点は注目してよく、こうした研究は、今後の邪馬台国研究の一つの方向性を示唆していると云えよう。

以上のような著者の学説に対しては、当然のことながら、九州説論者から反論があろう。しかし、これはこれで筋の通った邪馬台国＝大和説として、説得力をもって読者に迫ってくる。著者は、第Ⅰ部の各章で、魏志倭人伝という書物の性格や、そこに出てくる用語の分析にかなりの紙数を費やしている。また、第四章「邪馬台国所在地論研究小史」などをみても、著者がいかに研究史に注意を払い、先行論文の得失を分析してきたかがよくわかる。さきに「満を持して」という言葉を用いたが、細部まで行き届いたこの論文を読めば、邪馬台国問題の解明にかける著者の情熱が伝わってくる。

つぎに、第Ⅱ部所収の諸論文についてみておきたい。第Ⅰ部が邪馬台国を中心とする三世紀の倭国の動向を扱っているのに対し、第Ⅱ部は四世紀以降のヤマト政権がテーマである。より具体的には、初期ヤマト政権を支えた各地の政治集団とその首長に関する研究で占められている。

紹介が前後するが、巻末の「むすびにかえて」は、初期ヤマト政権における主導勢力の交替にふれたものだが、これは、原田伴彦・作道洋太郎編『関西の歴史と風土』（山川出版社、昭和五十九年八月）所収の「大和のあけぼの」の一節に加筆したものである。第Ⅱ部の論文の主旨をより正確に把握するためには、この「むすびにかえて」から読み始めるのがよいと思うので、最初にこれを紹介しておく。

『古事記』『日本書紀』によれば、誉田別皇子《ほむたわけのみこ》が生まれた翌年、神功皇后《じんぐうこうごう》は、皇子をともなって穴門の豊浦宮《とゆらのみや》から大和に帰還するが、そのとき、麛坂王・忍熊《おしくま》王兄弟が謀反を起こす。彼らの母は大中姫《おおなかつひめ》で、誉田皇子とは異母兄弟にあたる。二王は、皇后が筑紫で誉田別皇子を出産したことを知り、群臣がこの幼い皇子を天皇に立てるのではないかと不安をいだいたのである。

神功皇后摂政前紀では、兄の麛坂王は、菟餓野《とがの》で戦の勝敗を占った際に、猪に喰い殺されてしまうが、弟の忍熊王は、各地を転戦しながら、神功皇后の差し向けた数万の軍に抵抗する。しかし、最後は、琵琶湖沿岸まで敗走し、瀬田で入水したという。

この内乱は、従来、神功皇后・応神天皇に象徴される河内の政治集団と鳳坂王・忍熊王に象徴される三輪山周辺の政治集団（三輪政権）の対立抗争としてとらえる研究者が少なくなかった。そして、それに勝利した前者が河内政権を樹立した、と解釈されてきた。

しかし、著者によれば、事実はそうではないという。

初期のヤマト政権は、大和とその周辺の国々に盤踞《ばんきょ》していた複数の政治集団によって構成される聯合組織であり、そのなかのもっとも有力な政治集団から最高首長が出ていた。四世紀後半、この最高首長権を握っていたのは、大和東北部から山城南部の地域を勢力基盤とする政治集団である。神功皇后陵に治定される五社神《ごさし》古墳（墳丘長二七五メートル）など、当時としては最大規模の前方後円墳が集中する佐紀盾列《さきたたなみ》古墳群西群（現奈良市山陵町附近）を築造したのも、この集団であり、その正統な後継者が麛坂王・忍熊王であった。

ところが、四世紀末に、最高首長の座をめぐる内紛が生じ、反主流派であった神功皇后・応神天皇の名で語られる一派が勝利を得た。記紀は、麛坂王・忍熊王を反逆者のように描くが、これは、のちに応神天皇を正統な後継者とする体制のなかでまとめられたことに原因があるという。

ちなみに、著者によれば、この内乱において応神天皇側の後ろ盾となった勢力の一つに、河内の政治集団があったという。記紀の皇統譜によれば、応神天皇は、品陀真若王《ほむだのまかわおう》の娘仲津《なかつ》姫命《ひめのみこと》に入り婿したことになっている。品陀真若王は、「ホムダ（ホムタ）」という名からもわかるように、河内国古市郡誉田附近を拠点とする政治集団の首長だったと考えられる。彼は、内乱のあと、佐紀の政治集団から応神天皇をむかえることによって、ヤマト政権の正統な後継者としての立場を確立する。五世紀にはいり、最大規模の前方後円墳が古市古墳群に移動しているのも、応神天皇の「入り婿」を境に、最高首長の座が佐紀から河内に移ったことに原因があると考えると、うまく説明できるのである。

かつては、崇神天皇にはじまる「三輪王朝」が滅び、四世紀後半になると、王権は「河内王朝」へと受けつがれていくという考えが主流を占めていた。直木孝次郎氏なども、ある時期までは〝三輪王朝から河内王朝へ〟という考えかたであった（「応神王朝論序説」〈『難波宮址の研究』第五〈昭和三十九年九月〉、のち、同『日本古代の氏族と天皇』〈塙書房、昭和三十九年十二月〉所収〉。しかし、のちに著者の研究を受け入れ、大きく考えを改めているのである（「応神天皇と忍熊王の乱」上田正昭ほか『日本古代王朝と内乱』〈学生社、平成元年十一月〉所収・『奈良市史』通史一〈吉川弘文館、平成二年一月〉の第二章「古代社会の発展と氏族」参照）。その意味で、著者の提唱した王権の移動に関する新説は、従来の学説に再考を迫る劃期的なものであったと云えよう。

著者がかかる構想を抱きはじめたのは、昭和五十年代に入ってからであろうか。その素描をはじめて世に問うたのが、ここに収めた「むすびにかえて」であり、著者にとっても思い出深い一篇であろう。

なお、このテーマを取り上げた著者の専論に「四世紀後半における王権の所在」（末永先生米寿記念会編『末永米寿記念献呈論文集』坤〈奈良明新社、昭和六十年六月〉所収）がある。これは、古代史学界に大きな衝撃を与えた記念碑的論文だが、やや専門的なので、一般のかたにはさきに紹介した『ヤマト王権の謎をとく』に収められた「佐紀盾列古墳群とその被葬者たち」をお勧めしたい。

○

さて、思わず「むすびにかえて」に深入りしたが、こうした著者の構想は、第Ⅱ部各論の理解にも大きく影響するので、あえて詳しく紹介した次第である。

それでは、つぎに各章の内容をみていこう。

第七章「初期ヤマト政権とオホビコの伝承」は、昭和五十三年九月に確認された埼玉県稲荷山古墳出土鉄剣銘の分析を中心に、そこにみえる意冨比垝と記紀にみえる「大彦命（大毘古命）」の関係について考えたものである。

意冨比垝《おほびこ》を「大彦命（大毘古命）」にあてる根拠としては、㋑名が一致する、㋺両者の活動していた年代がほぼ一致する、㋩雄略天皇朝にすでにオホビコ伝承の原型となるものがあったと推察され、鉄剣銘の意冨比垝がこれと無関係であったとは考えられない、㋥オホビコおよびその後裔氏族（阿倍氏や膳氏など）は東国（武蔵）と深い関係を有する、といった諸点があげられるが、著者は、㋑は、偶然の一致も考えられるので、決め手となりえないことを指摘。また、㋺も、記紀の系譜に依拠した世代の算出法には方法論的に無理があり、しかも、皇統譜と鉄剣銘文の乎獲居臣の系譜には二世代の食い違いがあるとして、これを斥ける。㋩・㋥については、結論的にはしたがうとしながらも、意冨比垝の性格をあきらかにしなければ決定的な論拠とはなりえないとして、独自のアプローチから、意冨比垝＝オホビコを論証する。すなわち、著者は、銘文中の「世々」が「意冨比垝以来、代々」の意味であったことを確認した上で、だとすると、雄略天皇朝には意冨比垝もまた「杖刀人の首」（将軍ないしは衛軍の首長）とする認識が存在していたと考えなくてはならないとする。

またいっぽうで、倭王武《ぶ》の「上表文」にみえる征服伝承の分析から、銘文が刻まれた四七一年（銘文中の「辛亥年」は四七一年説と五三一年説があるが、著者は前者を採る）には、四道将軍の一人として大王に仕え、大いに功を成したというオホビコの英雄伝説がすでに語られていたことを指摘する。その結果、「軍勢を率いる将軍としての両者のイメージは全く等しく、これを偶然とみることはできないであろう。「天下を左治した」という乎獲居臣の誇るべき始祖（意富比垝）の姿を古典のなかにもとめるとすれば、それはこのオホビコ以外にない」とのべ、これを論拠㋥と重ね合わせることによって、意冨比垝＝オホビコが確定するとしている。

ともすれば、自明のことのようにいわれる意冨比垝＝オホビコ説ではあるが、これを承認するためには、じつはこうした論証が必要なのである。

つづく第八章「初期ヤマト政権と山城南部の勢力―椿井大塚山古墳の被葬者像―」は、三十二面もの三角縁神獣鏡がみつかったことで知られる椿井《つばい》大塚山《おおつかやま》古墳の被葬者について推測したものである。同古墳の被葬者については、崇神天皇朝に叛乱を起こしたタケハニヤスビコを候補にあげる研究者が多い。しかし、著者は、叛乱によって討伐されたタケハニヤスビコは古墳の規模や副葬品からみて被葬者には相応しいとはいえず、後継の大首長墓（平尾《ひらお》城山《じょうやま》古墳・墳丘長約一一〇メートル）が存在することも、タケハニヤスビコ説には不利だとする。

ここで著者が注目するのは、開化天皇記にみえる日子坐《ひこいます》王《のみこ》系譜である。著者によれば、日子坐王は、初期ヤマト政権の有力な構成メンバーで、大和北部から山城南部、さらには近江・丹波（とくに丹後半島）と深い関係をもっていた人物を伝承化したものであり、この王こそ椿井大塚山古墳の被葬者に相応しいという。

古墳の被葬者の推定はむつかしい問題だが、著者は、徹底した文献の読み込みと、考古学の成果のじゅうぶんな咀嚼とから、すでにこの方面で大きな成果をあげている。たとえば、平野穴塚山古墳の被葬者を茅渟《ちぬ》王《おう》とみる説（「茅渟王伝考」『堺女子短期大学紀要』二五、平成二年三月）や狐井城山《きついしろやま》古墳を武烈天皇陵とみる説（「香芝―古代史の謎を探る①・④・⑤―」『香芝遊学』四・七・八、平成七年五月・同十年五月・同十一年五月）、また最近でも、飛鳥で発掘された小山田《こやまだ》遺蹟（古墳）を蘇我蝦夷の墓とする新説において（「小山田遺跡についての若干の臆測」『古代史の海』八〇、平成二十七年六月）、そうした手法が遺憾なく発揮されている。

ちなみに、このテーマに関聯する著者の論文として、「天皇陵の伝承と大王墓と土師氏」（網干善教先生古稀記念考古学論集刊行会編『網干善教先生古稀記念　考古学論集』下〈網干善教先生古稀記念考古学論集刊行会、平成十年二月〉所収）や「古市・百舌鳥古墳群と王統の確執」（『勝部明生先生喜寿記念論文集』平成二十三年二月）などがあり、いずれも逸することのできない好論である。

古墳の被葬者の問題に関心を抱かれるかたには、必読の論文である。

つづく第九章「初期ヤマト政権と磐余の勢力」も、桜井茶臼山《さくらいちゃうすやま》古墳・メスリ古墳の被葬者像に迫る秀逸な一篇である。隔絶した規模と豊かな副葬品を誇るこれら大和盆地東南部の二つの前方後円墳については、これを初期ヤマト政権の「盟主墓」（大王墓・倭国王墓とも）ととらえる研究者が少なくない。しかし、著者は、

①桜井茶臼山古墳・メスリ古墳の周辺には天皇陵伝承が存在しない、

②この地域には、王権の祭祀にかかわったとされる巫女の伝承や、キサキ・皇女の陵墓伝承もない、

などの点から、大王墓とみることに疑いを抱く。そしていっぽうで、初期ヤマト政権において大王を「左治」した重臣、とりわけ、この地域とかかわりの深いオホビコ・タケヌナカハワケ父子（いわゆる四道将軍のうちの二人）の伝承に注目し、記紀にこれらの名で登場する人物こそ桜井茶臼山古墳・メスリ古墳の被葬者ではないかと推測する。

なるほど、著者のように考えると、

①桜井茶臼山古墳・メスリ古墳の築造年代が三世紀後半から四世紀前半にかけての時期である、

②二つの古墳の築造年代に一世代ほどのひらきがある、

③メスリ古墳の副葬品に大量の武器があり、被葬者の武人的性格を彷彿させる、

といった考古学の成果ともよく合致する。まことに穏当な推論というべきであろう。

最後の第十章「初期ヤマト政権と丹波の勢力―丹波の首長層の動向とヤマト政権の内部抗争―」は、四世紀末に丹波地方の政治集団の首長層に変動が生じたことを、ヤマト政権の内部抗争とのかかわりで論じたものである。著者は、網野銚子山古墳の墳形が、佐紀古墳群の佐紀《さき》陵《みささぎ》山《やま》古墳や神戸市垂水区の五色塚《ごしきづか》古墳のそれと酷似することや、丹波出身で垂仁天皇皇后（大后）となった日葉酢媛が「佐紀の寺間陵《てらまのみささぎ》」に葬られたと伝えられることなどから、四世紀代

の丹波の政治集団は、佐紀政権と密接な関係にあったとみる。ただし、著者によれば、四世紀末のヤマト政権の内部抗争の結果、この勢力は衰退し、かわって応神天皇側に加担した海部直《あまべのあたい》氏が五世紀に入って擡頭してくるという。短篇ではあるが、丹後地方の盟主墳の推移にも目配りし、考古学と文献との整合的な解釈を摸索した研究として注目される。

なお、第Ⅱ部に関聯する著者の論文としては、「四、五世紀の葛城南部における首長系列の交替」（『東アジアの古代文化』一三七、平成二十一年一月）・「百済王家の内紛とヤマト政権―四世紀末の争乱と関連して―」（『堺女子短期大学紀要』四四、平成二十一年三月）・「五世紀のヤマト政権と日向」（『つどい』二六一、平成二十一年十月）・「四・五世紀における近江の政治集団とヤマト政権」（『大阪大谷大学文化財研究』一二、平成二十四年三月）などがある。いずれも、各地の大型古墳とその被葬者である首長層の動向を、四世紀後半のヤマト政権内部の抗争とそれに伴う政権交替とのかかわりで論じた斬新な研究なので、参照を希望する次第である。

○

以上、駆け足ではあるが、本書所収の諸論文の概要を紹介しつつ、その特色とするところや、研究史上の価値についてのべてきた。

著者の研究の特色を一言で云えば、徹底した史料の読解と柔軟な発想に裏打ちされた、独創的なアプローチにある。これは、餘人の追随を許さない、著者の独擅場《どくせんじょう》である。こうした学風は、文献史学に飽き足らず、民俗学・文化人類学・考古学など、幅広い学問領域において研鑽を積まれた結果である。さらに云えば、著者がお若いころに受けた横田健一・薗田香融・末永雅雄・三品彰英諸先生の薫陶によるところが大きいと思う。

著者と同世代の、いわゆる「団塊世代」はすぐれた研究者が数多く輩出したが、そのなかでも著者の業績には目覚ましいものがある。とくに、ヤマト政権の成立過程や氏族伝承の分野における幾多の論文・著書は、いずれも不滅の光芒《こうぼう》を放っている。名著『神功皇后伝説の研究』（創元社、昭和五十五年四月）は、その代表作である。

本書は、著者の厖大な研究業績からみれば、ごく一部に過ぎないが、それでも本書収録の諸篇は、著者の学問の神髄をよく伝えていると思う。著者の意向を汲みつつ、そうした編輯作業にあたったのは、おもに西川寿勝氏と水谷千秋・生田敦司の両氏である。評者も、編集委員に名前を連ねてはいるが、わずかに校正をお手伝いさせていただいた程度で、本書の誕生は、上記三氏に負うところが大きい。

著者は、平成二十七年にめでたく古稀を迎えられた。八年前に堺女子短期大学学長を退かれたのちも、これまで温めてこられたテーマについての執筆や、市民講座等での講演活動に多忙な日々を過ごしておられる。そして、その合間を縫うように内外の遺蹟を丹念に調査しておられるのであって、その行動力には驚嘆のほかない。

本書は、著者の古稀を祝賀する事業の一つとして企劃されたものだが、収録論文が確定していざ編輯作業が始まると、著者による旧稿の補訂は徹底をきわめた。たんなる字句の修正に留まらず、ときに数頁にわたる原稿を書き足されることも珍しくなかった。夥しい朱筆が施された原稿を目の当たりにして、われわれ編集委員は思わず襟を正したものである。当初は、旧稿をテーマ別に類聚して再構成するという単純な作業をイメージしていたが、結果として著者に多大な負担を強いることになってしまった。まことに申し訳ない仕儀である。

最後になったが、本書の刊行を契機に、昨今やや沈滞化しているようにみえる、文献による六・七世紀以前の研究が再び活発になることを期待して、拙い書評を擱筆することにしたい。著者の益々のご健勝とご健筆を祈念しつつ、もって拙い書評の結びとしたい。

書後私語

本書は、ここ数年にわたって筆者が公にしてきた論文十二篇に新稿一篇を加えて編成したものである。「東アジア金石文と日本古代史」というタイトルはいささか大風呂敷を広げたようだが、金石文を取り上げたものが比較的多いことから、ほかに妙案もないまま、これを題名に択んだ。書名にそぐわないものも二三介在しているが、平にご海容を乞う次第である。

以下、初出の書誌を示しておく（原題のないものは改題していないことを示す）。

第Ⅰ部　金石文の研究

第一章　集安高句麗碑の発見とその意義―『集安高句麗碑』の刊行に寄せて―

『皇學館大学紀要』第五十三輯（皇學館大学、平成二十七年三月十五日）原題「吉林省集安市発見の高句麗碑について」

第二章　白集漢墓とその畫像石

『皇學館論叢』第四十八巻第一号（皇學館大学人文学会、平成二十七年二月十日）

第三章　「靺鞨国」考

日本書紀研究会編『日本書紀研究』第二十九冊（塙書房、平成二十五年十月十日）

第四章　広開土王碑拓本めぐる覚書―荊木所蔵の未公開拓本について―（新稿）

第Ⅱ部　古代史料の研究

第一章　帝王系図と古代王権―『日本紀』の「系図一巻」をめぐって―

『龍谷日本史研究』第三十八号（龍谷大学日本史研究会、平成二十七年三月三十一日）

第二章　磐井の乱とその史料

『皇學館大学紀要』第五十四輯（皇學館大学、平成二十八年三月十五日）原題「磐井の乱の再検討」

第三章　伊勢神宮の創祀をめぐって―豊受大神宮と丹後地方―

『皇學館大学研究開発推進センター紀要』第一号（皇學館大学研究開発推進センター、平成二十七年三月二十五日

第四章　風土記の注釈について―中村啓信監修・訳注『風土記』上下の刊行に寄せて―

『皇學館論叢』第四十八巻第四号（皇學館大学人文学会、平成二十七年八月十日）原副題は「よせて」

第五章　『出雲国風土記』の校訂本―角川ソフィア文庫『風土記』上の刊行に寄せて―

『史聚』第五十号（史聚会、平成二十九年四月五日）

附論

第一章　『續日本紀史料』編纂始末

『皇學館大学史料編纂所報　史料』第二百四十一号〈最終号〉（皇學館大学研究開発推進センター、平成二十六年三月十日）

第二章　増尾伸一郎先輩を悼む

『史聚』第四十八号（史聚会、平成二十七年三月二十五日）

第三章　井上辰雄博士とその著作

『皇學館大学紀要』第五十五輯（皇學館大学、平成二十九年三月十五日）

※ただし、本書への収録にあたって「井上辰雄博士著作目録（稿）」は掲載しなかった。

第四章　塚口義信博士の古代史研究―『邪馬台国と初期ヤマト政権の謎を探る』に寄せて―

『皇學館論叢』第四十九巻第六号（皇學館大学人文学会、平成二十八年十二月十日）原題「紹介　塚口義信著『邪馬台国と初期ヤマト政権の謎を探る』」。なお、小論は、のちいささか補訂を加えて、『つどい』三五二号（豊中歴史同好会、平成二十九年五月）に(a)「塚口義信先生著『邪馬台国と初期ヤマト政権の謎を探る』を拝読して」として掲載し、さらに『古代史の海』八九号（平成二十九年九月）にも(b)「新刊紹介塚口義信博士著『邪馬台国と初期ヤマト政権の謎を探る』」として転載されている。本書では(a)によった。

前著『金石文と古代史料の研究』を出版したのが、平成二十六年三月。はやいもので、あれから三年の歳月が流れた。本書に収録した論文は、おおむね前著刊行のあと執筆したものだが、印刷所から届けられた校正紙の束を前にして、質・量ともにその貧しさにわれながら唖然とする。近年の不勉強を恥じ入るばかりである。

なお、筆者は、これまで自身の論文集には書評・新刊紹介のたぐいは原則として収録しなかったが、今回は例外的に中村啓信監修訳注角川ソフィア文庫『風土記』と塚口義信『邪馬台国と初期ヤマト政権の謎を探る』の書評を再録した。なぜなら、前者は書評とはいうものの、その枠を超えて風土記注釈や本文校訂について取り上げており、いささか研究的な性格を有するからである。また、後者については、塚口先生の諸論文は示唆に富む指摘を多数ふくんでおり、筆者のヤマト政権の研究に大きな影響を与えたからである。『風土記』については、厳しい書評に気分を害したのか、執筆者のお一人は、その後会っても挨拶さえ返してくれない。了見の狭い話だが、風土記の先達の植垣節也先生は、つねづね「内輪褒めばかりでは、学問の発展はない」とおっしゃっていた。なるほど、『法制史研究』の「書評欄」などには毎回厳しい議論のやりとりが掲載されている。大人気ない態度で自身の不利を撥ね返そうとするのではなく、言いたいことがあれば、ペンで応酬してほしい。

○

今を溯ること三十五年、筆者がまだ大学院生だったころの話である。先輩だった早川万年さん（現岐阜大学教授）と中村修也さん（現文教大学教授）と三人で、「これから、一年に百枚を目標に論文を書こう」と約束をしたことがある。どうしてそんな話になったのか、百枚という数字がなにを根拠にしたものなのか、今は詳しく思い出せないのだが、まずは研究成果をあげようという話だったと記憶している。

駆け出しのころはなにほどの蓄えもなく、抽出も少なかったので、四百字詰原稿用紙百枚は正直きつかった。しかし、その後、研究のペースがつかめたからであろうか、十年も経つころには苦にならなくなった。それどころか、書きたいことがたくさんある年には「ノルマ」の三倍以上の原稿を執筆することも珍しくなかった。昨今では研究業績を点数化したり、査定の対象にするなど、業績主義が滲透し、世知辛くなった感があるが、筆者は、若いころから同学の士とこうして目標を決めて励まし合ってきたので、それを苦痛に感じることはなかった。お二人の先輩のおかげである。

ただ、自分ではずいぶん勉強してきたつもりだが、知らないことや手を着けられない問題があまりに多く、ときどき茫然とすることがある。多岐亡羊とはまさにこのことだが、それでも自身が関心を抱いていることについては、今後も精進を重ね、その成果を少しづつでも報告できればと思う。

最近、三上次男先生の著作集を読み返していて、先生が生前令夫人に語っておられたことばに強い感銘を受けた。

「自分が勉強したことは書き残しておかなければならないんだよ。後の人が同じことを調べなくてもすむようにね。でも学問は日進月歩なのだから、自分はせめて捨石になればと思っているのだ」（『三上次男著作集』第六巻〈中央公論美術出版、平成二年四月〉附録「三上次男著作目録」）

三上先生のご業績が「捨石」だとは考えないが、あの大家にしてこのご発言と思うと、身が引き締まる思いである。自戒の意味を込めて、ここに紹介させていただいく次第である。

大方のご批正とご指導を切に期待しつつ、もって本書の「あとがき」としたい。

○

本書の刊行にあたっては、汲古書院代表取締役社長の三井久人氏の高配をたまわった。構造的な不況が叫ばれ久しい出版業界にあって、多くの部数は望むべくもない研究書や史料集の刊行に尽力される同社の姿勢には頭が下がる思いである。三井氏のご厚意に縋って出版を託した拙編著も、本書で四冊目となる。いつに渝らぬ芳情に心よりお礼申し上げたい。

なお、本書の刊行にあたっては、平成二十九年度皇學館大学出版助成金の交付を受けた。高配をたまわった大学当局に対し、深甚の謝意を表する次第である。

平成二十九年八月三十一日

著者しるす

ら行

わ行

ま行

や行

は行

な行

た行

さ行

か行

索　引

＊この索引は、目次を補うもので、各論文における重要語句を中心に抽出した。ただし、各章の見出しにふくまれる語句については原則として省略した。
＊語句は、本文の地の文にあるものに限り、引用文・史料・補註からは原則として採択しなかった。
＊抽出にあたっては、多少字句を整えるとともに、その頁に当該語句がなくても、前後の頁に存在し、叙述が連続している場合は、頁数に加えた。

あ行

【著者紹介】

荊木 美行（いばらき　よしゆき）

昭和 34 年、和歌山市生。高知大学人文学部（史学専修）卒業、筑波大学大学院地域研究研究科（日本研究専攻）修了。四條畷学園女子短期大学専任講師・皇學館大学史料編纂所専任講師・同助教授・同教授を経て、現在、皇學館大学研究開発推進センター副センター長・教授。博士（文学）〔愛知学院大学〕。日本古代史専攻。『初期律令官制の研究』（和泉書院、平成 3 年）・『律令官制成立史の研究』（国書刊行会、平成 7 年）・『風土記逸文の文献学的研究』（学校法人皇學館出版部、平成 14 年）・『風土記研究の諸問題』（国書刊行会、平成 21 年）・『記紀皇統譜の基礎的研究』（汲古書院、平成 23 年）・『金石文と古代史料の研究』（燃焼社、平成 26 年）ほか多数の著書がある。

東アジア金石文と日本古代史

平成三十年一月二十八日　発行

著　者　荊　木　美　行
発行者　三　井　久　人
整版印刷　㈲　青　木　印　刷

発行所　汲　古　書　院
〒102-0072 東京都千代田区飯田橋二-五-四
電　話　〇三（三二六五）九七六四
ＦＡＸ　〇三（三二二二）一八四五

ISBN978 - 4 - 7629 - 4219 - 8　C3021